经济型饭店经营与管理

舒伯阳　等编著

南开大学出版社

天　津

图书在版编目(CIP)数据

经济型饭店经营与管理 / 舒伯阳等编著. —天津：南开大学出版社，2009.8

(高等院校旅游专业系列教材)

ISBN 978-7-310-03197-9

Ⅰ.经… Ⅱ.舒… Ⅲ.饭店—商业管理—高等学校—教材 Ⅳ.F719.2

中国版本图书馆 CIP 数据核字(2009)第 114182 号

南开大学出版社出版发行

出版人：肖占鹏

地址：天津市南开区卫津路 94 号　　邮政编码：300071

营销部电话：(022)23508339　23500755

营销部传真：(022)23508542　　邮购部电话：(022)23502200

*

天津市蓟县宏图印务有限公司印刷

全国各地新华书店经销

*

2009 年 8 月第 1 版　2009 年 8 月第 1 次印刷

880×1230 毫米　32 开本　12 印张　340 千字

定价：20.00 元

如遇图书印装质量问题，请与本社营销部联系调换，电话：(022)23507125

主 编 著 舒伯阳

副 编 著 徐四红 曹会林 徐 静

执行编著 黄 萍

参 编 者

黄 萍 徐秀平 王 珏

祁 明 杨 力 赵 虎

杨方芳 任 斐 徐四红

曹会林 徐 静 伍新蕾

舒伯阳

前　言

本世纪初，伴随着国内大众旅游的快速发展，中国新兴的饭店业态——经济型饭店应运而生。2004 年被称为“经济型饭店元年”，由于经济型酒店的投资相对较少、利润高、成本回收快，接下来几年，激烈的投资战战火在国内迅猛蔓延。然而，由于扩张速度过快，竞争无序，缺乏行业标准，经济型饭店业的利润空间被大幅挤占，加上经营发展缺乏理性，专业人才严重匮乏，终于导致行业利润增长逐年放缓，甚至著名品牌出现巨亏。于是便有了“2007 年经济型饭店拐点”之说。2008 年是经济型连锁酒店市场的分水岭。优秀的公司保持快速发展，好的公司继续扩张；做得不好的企业已经开始有压力，可能选择退出。同时，行业内出现越来越多的合作、联盟以及并购，有强强联合，也会有强者与弱者之间的并购，一些做得不好的国内品牌可能会选择适时变现退出。当行业进入分化阶段时，还会出现很多战略联盟的机会。

有行业人士根据国外经济型饭店的发展、国内旅游业发展及有关市场数据进行推断，即使在如今几大品牌竞争激烈的情况下，由于有着强大的市场需求，中国的经济型饭店数量至少还有 30 倍的增长空间。中国旅游业改革开放的 20 年来，是一个主动适应国外旅游、商务客源的过程，所以率先发展国际入境旅游，后出现国内旅游，再出现国际出境旅游。与此相对应的自然是率先发展适应国外客源需求的高档饭店，在商业机制、管理服务规范、星级标准上与国际接轨。而目前中国旅游业要再次获得跨越式的发展，必须顺应蓬勃发展的国内旅游浪潮。

2008年北京奥运会的成功举办，极大地提升了中国的国际形象，并将大大促进入境旅游的发展。近年来，由于受世界经济衰退、国内通货膨胀的影响，国人虽旅游欲望增强但实际行动下降。要使人们的欲望变成现实，提供经济型住宿是一个有力举措，更是中国旅游业快速发展的必要基础。经济型饭店业态的崛起为我国从旅游大国成为旅游强国增添了新的希望。现今的世界饭店业中，国内竞争国际化的趋势十分明显。中国饭店业要应对国际竞争，乃至今后的对外扩张，都必须首先夯实中国饭店业的产业基础。经济型饭店规模从小到大，从行业配角发展到主角之一，形成了新的行业机会。在发展经济型饭店上，国内饭店具有更多的本土化优势，不能丧失这个机会和新的经济增长点。中国饭店业要建立一个完善的产业体系，经济型饭店是不可或缺的组成部分，也是寻求突破的必然选择。随着中国社会经济发展，在缩短中国与国际社会经济水平差距的过程中，经济型饭店将起到重要的作用。相比已发展成熟、规范化的高档饭店，经济型饭店将有更多的商业机会，这既包括经济型饭店数量、规模、档次等涉及硬件、资金的方面，也包括经济型饭店产权、机制、经营模式、管理服务规范、行业体制等“软件”方面。而假日经济所引发的国内旅游热潮更是为经济型饭店提供了广阔的市场前景。

然而，我们要认识到，外界的竞争不是最关键的挑战，挑战主要来自内部。经济型饭店企业要想在市场上站住脚跟、扩大规模，拼的是铁铮铮的内功。经济型饭店的快速发展，需要更加有效的企业人力资源培养体系，需要管理体系和管理文化得到真正的贯彻和融合。这些都体现在经济型饭店的经营管理上。在这一方面，国外著名的经济型饭店品牌能够给我们带来很多启示。他们经营管理的方式方法有很多可取之处，无论是服务设计还是成本计算，都非常讲求人性化和科学性。如雅高酒店管理集团麾下的“宜必思”，作为全球经济型酒店品牌的领导者，从创立之初就将关注顾客的睡眠作为品牌诠释的重要内容，并且一直持续不断地给予改进（详见本书第五章）。

本书致力于结合当今经济型饭店行业最新的实践成果，系统地介绍经济型饭店的经营管理实务，尤其是在如今面临经济衰退、行业洗牌的环境下，如何借鉴发达国家先进的管理理念、经营方法和技术手段，结合本国的实际情况，做好中国经济型饭店的经营管理。

本书第一章介绍了经济型饭店的产生背景；第二章论述了经济型饭店的定义和特征；第三章对经济型饭店的现状进行了概述；第四章论述了经济型饭店的经营战略定位；第五章介绍了经济型饭店的选址和设计；第六章介绍了经济型饭店的产品与营销；第七章论述了经济型饭店的资本运营；第八章介绍了经济型饭店的事业部；第九章介绍了经济型饭店的人力资源管理；第十章介绍了经济型饭店的财务管理；第十一章介绍了经济型饭店的技术支持体系；第十二章介绍了经济型饭店的质量与安全控制；第十三章预计了中国经济型饭店的未来发展趋势。本书适合经济型饭店从业者、旅游管理（含酒店管理）大专院校的在校学生和对经济型饭店经营管理有兴趣的读者阅读学习。

本书由中南财经政法大学旅游系舒伯阳主笔及统稿。在此要特别感谢编写本书的其他参与者，他们是中南财经政法大学旅游系的徐秀平、王珏、祁明、杨力、赵虎、杨方芳、黄萍、任斐以及徐四红、曹会林、徐静、伍新蕾等。由于他们的辛苦劳动与协助，才得以把《经济型饭店经营与管理》一书呈现在读者面前。

由于目前经济型饭店行业日新月异地飞速发展，如何理论总结都显得落后于时代的步伐。本书中广泛参考了目前国内发表的关于经济型饭店的论著、论文，行业统计数据、研究报告等文献，同时大量引用了一些业内知名人士的新闻访谈内容，在此表示衷心的感谢。如因疏忽而遗漏了引用说明，敬请谅解，并欢迎及时联系本人。鉴于编著者的能力与视野所限，本书中数据及观点的前后不统一可能在所难免，敬请读者批评指正，并致信本人 E-mail。

最后，我从内心真诚地感谢出版社的编辑彭海英女士，是她在一年前就敏感地关注了经济型饭店这一题材，推荐并一直鼓励我们完成了这一工作，彭海英女士在此期间的辛勤工作对本书的顺利面世功不可没。但愿本书对大家了解近年来经济型饭店的发展全面有所帮助，谢谢！

编著者

2008 年 12 月于武汉

目录

第一章　经济型饭店的发展背景

■ **本章目标**

了解中国经济型饭店产生的经济背景、社会背景和行业背景。

■ **本章重点**

理解为什么资本市场追逐是经济型饭店快速发展的推进器。

引　言

1996年5月，锦江国际集团旗下的锦江之星旅馆投资管理有限公司选择上海梅陇建成了中国第一家经济型饭店雏形的旅馆。次年，梅陇店正式对外营业仅仅3个月，入住率就达到了90%。"锦江之星"一举成名，到2000年"锦江之星"的数量达到了10家。但"锦江之星"作为中国经济型饭店行业的第一个涉足者并没有充分发挥其先行优势，因为从1996年到2003年的7年时间里，"锦江之星"扩张开店一直波澜不惊。截至2003年，竟然只有15家分店，年平均开店数不足三家，而且都集中在上海或周边地区，并没有形成全国性的规模效应。这就给新兴品牌的"后来居上"提供了空隙和可能性。

敏感了解到这一经营动态并迅速采取行动的是当时在携程网（国内最大旅行电子商务网站）的孙坚与投资家沈南鹏。沈一孙携手的S团队与首都旅游国际酒店集团（简称首旅集团）于2002年共同投资组建了如家酒店连锁，由此打造了中国第二家经济型连锁酒店“如家快捷”。仅用4年时间，2002年才创立的如家后来居上，截至2006年8月，“如家”在全国的门店总数已经达到123家，超越了锦江之星。锦江之星和如家的迅速发展引起了经济型饭店行业的苏醒、躁动和爆发，经济型饭店如雨后春笋。据经济型饭店网的统计，2000年酒店数和客房数分别为23和3236，截止到2008年7月，酒店数和客房数分别为2187和246117，分别增长了95倍和76倍，并且还继续保持着高速增长的势头。

那么，国外的经济型饭店是否也经历了与中国经济型饭店同样的发展过程呢？中国经济型饭店的发展为什么会如此迅速呢？

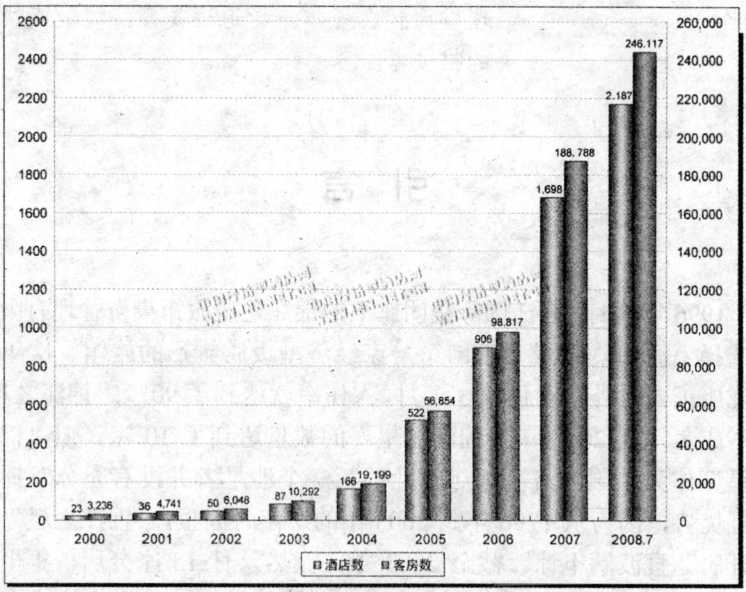

图1-1 2000～2008年中国经济型饭店的发展规模

资料来源：经济型饭店网 www.inn.net

首先来回答第一个问题。国外经济型饭店早在 20 世纪初就已经兴起，最早的家庭旅馆 B&B[①]起源于欧洲国家的郊区或者小城镇里向旅行者开放的家庭。1908 年美国著名饭店大王斯塔特勒建立的价值一个半美元的床加卫生间的饭店产品，开创了大众化商业性饭店的时代。1912 年第一家青年旅舍建于德国。最早的汽车旅馆于 1925 年建于美国加利福尼亚州圣路易斯·奥比斯波，以每晚 2.5 美元的价格出售。由此看来，经济型饭店的发展在国外已经具有相当长的历史，而且经济型饭店占整个饭店业态的 70%，已经发展得相当成熟和稳定，并没有经历类似中国经济型饭店发展过程的爆炸式成长。

再来回答第二个问题。中国经济型饭店的发展为什么会如此迅速呢？对比国外经济型饭店的发展所处的社会经济环境，我们不难感受到中国经济型饭店发展其实是与改革三十年来迅速崛起的中国经济进程及其社会消费大环境密切相关的。

第一节　经济型饭店发展的经济背景

一、经济的发展

国外经济型饭店的发展始于工业化的初步完成时期。这一时期人均 GDP 大幅提高，包括交通和通信的社会基础设施基本完善，为大众旅游的兴起创造了充分的条件。

从世界旅游业的发展历史状况看，一个国家人均 GDP 达到 800～1000 美元时，国内旅游开始得到较快发展并形成规模；人均 GDP 达到 3000 美元时，就会出现周边国家出境旅游热潮；达到 5000 美元时，就会更多地追求周游世界的远距离旅游享乐。

改革三十年来，我国经济实现持续快速的发展。从 2000 年开始，

① Bed and Breakfast 即只提供住宿与早餐服务的经济型饭店。

我国国内生产总值以每年 1 万亿人民币的水平增长；我国人均 GDP 已超过 1000 美元，一些沿海经济发达城市的人均 GDP 超过了 3000 美元；我国的国内旅游总人次已超过全国总人口的 60%，已经基本上达到了大众旅游的标准。人均 GDP 突破 1000 美元加上 3.4 万公里高速公路网络的基础条件，为中国经济型饭店的发展提供了巨大空间。现代经济型饭店在中国的扩张已是大势所趋，也已成为我国当前住宿业市场的发展重点和投资热点。

二、市场的追捧

经济饭店业态一经出现，就受到了国内消费市场的追捧，其入住率远远超过一般星级饭店。据调查，目前经济型饭店入住者主要是中产阶级[①]和商务旅行者。

据中国经济型饭店网的调查显示，目前国内经济型饭店 40%以上住客的月收入在 1000～4000 元之间，30%在 4000 元以上。该调查结果正好反映了中产阶级是目前中国经济型饭店消费的主力军。实际上，中国从 1978 年改革开放至今 30 年里，中产阶级的规模已经达到一亿人；而且从 2008 年至 2020 年的 12 年时间，中产阶级将会新增 5 亿人，达到目前的 6 倍。由此可以预见经济型饭店今后仍会有很大的市场成长空间。

商务旅客是经济型饭店另一个重要客源构成。据世界旅游组织（WTO）的估算，目前中国商务旅游的年支出在 103 亿美元左右。在中国经济迅猛发展的背景下，商务旅游也正经历飞速的发展，据估计，在未来几年可能以 20%的惊人速度增长。以往，高星级饭店是商务客人的主要选择。但是，随着私有经济的发展，以及一些公司对差旅经费的限制，人们在进行商务活动的时候更加注重性价比的选择。而且随着全球金融危机的影响，企业商务差旅支出也将趋向紧缩。一些设施设备豪华、装修考究、服务优良，但是只提供客房和会议设施，削减其他非必需设施从而大幅降低价格的新型酒店业态，将越来越受商

① 根据中国统计局的定义，家庭年收入 6 万到 20 万元为“中等收入者”。

务旅行者的青睐。

三、资本的追逐

自2004年起，中国经济型饭店进入了全面加速期，总体的发展势头极为迅猛。据报道，如家快捷、锦江之星等连锁酒店之所以每年新建客房规模的增长率保持在50%以上，是因为得到上市融资的强力支撑。7天连锁酒店集团一年之内从6家直营店迅速扩张至80家直营连锁店，也同样是因为获得了美国华平投资团1000万元第一轮风险投资的支持。莫泰连锁的年增长率最高达到400%，也是因为有了世界知名投资机构摩根斯坦利（Morgan Stanley）的投资。

以成功在美国纳斯达克（Nasdaq）上市的如家连锁酒店为例，2006年10月26日，如家快捷上市首日表现是纳斯达克2006年来排名第二好的股票，发行价13.8美元，收报22.50美元，涨幅高达63.04%，按照当时半年财报业绩计算的动态市盈率为60倍，而美国著名的精选酒店国际有限公司（Choice Hotels International）只有28倍。由此不难看出，海外成熟资本市场对于中国经济型饭店的巨大市场空间也同样给予了高度认可。

统计显示，与一般星级酒店55%的入住率和5%左右的年投资回报率相比，经济型饭店入住率在85%左右，年投资回报率平均为15%，最高可达到25%。显而易见的资金回报差距驱使各类资本加速进入经济型饭店投资领域，开始大规模的“圈地运动”。在上海，“锦江之星”、“如家快捷”、“莫泰”、“速8”等连锁品牌加速扩张，而且更多的单体酒店也开始源源不断地加入到“经济型”的市场之中。由此可见，正是因为海内外资本市场的强力支撑，才造就了近年来中国经济型饭店的爆炸式扩张。可以说，资本就是中国经济型饭店发展的推进器，资本对经济型饭店高收益预期的追逐成就了中国经济型饭店的高速成长。

第二节　经济型饭店发展的社会背景

一、消费观念的改变

改革开放以来，我国民众的消费观念经历了巨大的变化：1978 年至上世纪 80 年代中期处于节俭型消费观时期，上世纪 80 年代中期至 90 年代中期处于世俗化与从众化消费观时期，上世纪 90 年代中期至今处于理性消费观时期。

理性消费的重要内涵就是在消费时考虑商品的“性价比”，即商品性能和价格的比值。这就是说不以绝对价格的高低来判断是否购买，而是看是否“划算”；只有在同等使用功能下，价格才起绝对作用。这是理性消费的一个典型特点。

经济型饭店产品的突出特点就是性价比高。一般而言，经济型饭店的价格是同地区星级饭店的 60%左右，但服务质量和服务标准则达到星级饭店的要求。

20 世纪 90 年代以来，随着自助、家庭、小团队、散客等旅游方式的兴起，中国旅游者的消费观念渐趋理性，对旅游消费提出了经济、安全、舒适等更具体的要求。经济型饭店的房价可以被相当多的国内游客所接受，同时它还提供了一种与居家条件类似的饭店住宿环境，因而备受中低消费水平的庞大消费群体青睐。抽样统计反映：2003 年国内游客住宿过夜者占总数的 83.6%以上，过夜者中有 44.8%在饭店入住，其中有相当部分选择了经济型饭店。消费者对经济型饭店最突出的感受就是：

（1）明显的性价比优势。经济型饭店的客房并不比星级饭店的配置标准差，但支付价格却远远低于星级饭店（通常低 30%左右）。

（2）设施配备以人为本、专注细节。尤其是客房布置，虽然设施简洁，但以“客人最需要”为出发点，在许多细节方面精心考虑。

经济型饭店广受消费者追捧，可以被看作是渐趋成熟的消费者对中国饭店业发出的强劲需求信号。

二、支付能力的增强

2006年中国人均GDP比1978年改革开放之初增长了42倍，国家统计局预测，2020年我国人均GDP将超过4万元（折算美元超过5000美元）。随着中国人均GDP的增长，我国居民支付能力也得到显著增强，推动我国居民消费类型从约束型向享受性转变[①]。

中国人均GDP的稳健增长，是居民对未来拥有更好的预期，敢于“预支未来”，因为信贷消费的核心是“花明天的钱，圆今天的梦”。这样GDP的稳健增长又促进了信贷消费的增加，从而进一步增强了居民支付能力。据统计，1997年底全国消费信贷规模仅有172亿元，2001年末达到6990亿元，增长了40倍。从消费行为学的一般规律可以预见，增强的居民支付能力将最终转化为居民出游能力与住宿消费能力的增强，这也为中国经济型饭店的未来成长提供了巨大的空间。

相关链接1-1 入住经济型饭店的N个理由

出门在外，谁都想找个安全舒适、价格实惠的下榻之处。尤其是消费能力有限的自费旅行，高星级饭店开销太大，低星级饭店又嫌住宿环境不好，于是，最佳的选择就是入住经济型连锁饭店了。而且因为连锁经营，找起来也不难。

理由之一：突出的产品性价比——经济型连锁酒店的标准房价格一般在一百多元，但并不一味追求低廉的价格。所谓“经济”有另外的内涵，它省去了高星级宾馆一应俱全的大餐厅、商场、娱乐等设施，节省了成本，但在客房设施、服务与定价上体现出极高性价比。经济型连锁酒店留给人的印象是服务热情周到、客房简洁舒适，并不像传统意义上的经济酒店——弄堂招待所或者低端星级宾

① 居民消费可以分为生存型、约束型和享受型（知识型）消费。

馆那样环境邋遢，服务恶劣。

理由之二：以人为本，专注细节——从店堂装饰到客房设计，经济型连锁酒店始终秉承“以人为本”的宗旨。尤其是客房的布置，虽然设施简洁，但以“客人最需要”为出发点，在许多细节方面下功夫。例如，客房卫生间以淋浴房取代了浴缸，不仅为酒店本身节约了成本，又让客人感到安全卫生；客房基本采用独立空调，客人可按照自己的意愿开关或调节温度；床铺都选用全棉质地的被褥和床单，为客人营造舒适的睡眠环境。另外，各个酒店还根据自己主要客源的特点，添置网络等通信或其他生活设施，甚至有配以全套厨房设备的公寓套间。

理由之三：不拘一格显特色——我国经济型饭店打破了星级经济型饭店千篇一律的格局，朝多样化方向发展，在遵循“物美价廉”原则的基础上，发掘各自优势，各品牌店各有千秋，给出行在外的人们以更多的选择。譬如，“锦江之星”发挥锦江集团本土餐饮优势，联手“锦江大厨”推出特色餐点，让客人不用走出经济型饭店，就能享用到丰富而地道的上海本帮佳肴；“如家快捷”针对商务客的需求，凭借高科技后台，为商务客营建如家信息高速公路；莫泰 168 和美兴定位汽车旅馆，每家店都有停车场，最适合自驾车旅行者。

第三节　经济型饭店发展的行业背景

一、内因：国内饭店业转型

全国星级饭店经过二十多年总体规模的不断扩张，到 2007 年底已达到 13583 家。目前，我国旅游饭店产品供应能力的增幅明显高于客源市场规模的增幅，2003 年星级饭店的客房资源有 43.9%处于闲置状态，截至 2006 年底，全国共有：

（1）五星级饭店 302 家，客房 11.52 万间，占全国星级饭店客房总数的 7.9%；

（2）四星级饭店 1369 家，客房 29.0 万间，占全国星级饭店客房总数的 19.9%；

（3）三星级饭店 4779 家，客房 59.85 万间，占全国星级饭店客房总数的 41.0%；

（4）二星级饭店 5698 家，客房 42.41 万间，占全国星级饭店客房总数的 29.1%；

（5）一星级饭店 603 家，客房 3.21 万间，占全国星级饭店客房总数的 2.2%。

这与发达国家 1∶4∶5 的比例存在着较大的差距。这一方面说明了我国酒店业结构不合理，已经出现了严重的结构性过剩；另一方面也说明了我国经济型饭店的发展还处在初级阶段。

在市场供给上，由于中国过去二十多年的旅游接待业主要是建立在入境旅游基础上，忽视了对国内旅游市场需求的满足。目前，质优价高的高星级饭店和质次价低的社会饭店数量过多，而卫生、安全、价格适中的饭店却很少。很显然，介于星级饭店与普通饭店之间的新业态——经济型饭店的导入，及时填补了饭店业的供给断层，成为了传统饭店业新的市场增长点。

二、外因：国际饭店集团介入

目前，已处于发展成熟期的国际饭店集团普遍看好中国经济型饭店市场。20 世纪 90 年代末，随着豪生集团旗下的“天天客栈（Days Inn）”和假日饭店集团旗下的“假日快捷（Holiday Express）”等经济型饭店品牌的引入，境外饭店集团已开始介入中国饭店业的低端市场。近两年来，法国雅高集团的经济型饭店品牌“宜必思（Ibis）”和美国“速 8（Super-8）”品牌相继进入中国，另外，美兴、莫泰、万象等国际经济型饭店品牌也在以试探方式进入中国。

国际饭店集团高姿态进入中国经济型饭店市场的举动，成为推动我国经济型饭店发展的积极外因；其次国际饭店集团的规模化经营和品牌化扩张的运营方式开阔了国内饭店业的战略视野，同时也提供了行业参照标准，客观上促进了中国经济型饭店经营水平的提升。

经典案例 1-1：经济型饭店的“三国演义”

近年来，中国经济型连锁酒店经过了从摸索到发展创新的几年历练，已经形成了从全国性到区域性的几大领军品牌，并进入了综合实力角力的“三国时代”。

北京、华东、华南——中国经济的三块热土，既是经济型连锁酒店这两年疯狂圈地的主战场，也成为了三大品牌势力依托的总部基地。目前，上海已成为中国经济型饭店发展最迅猛、竞争最激烈的城市。

以锦江之星、莫泰 168、格林豪泰等组成的海派势力，与如家、汉庭、速 8 等京派势力分别从各自的老巢上海、北京两大中心城市出发，沿京广铁路和京沪高速南下——从环渤海到长三角、珠三角等，都成为了他们势均力敌的争锋之地。

战火蔓延至华南，珠三角的心脏城市广州才猛然苏醒。无论是 7 天，还是岭南佳园……整个华南体系的崛起都比京沪慢了半拍。7 天在广州建成第一家店的时候，如家甚至已经早一步登陆了广州，而锦江之星也早已气势汹汹杀入珠三角。

截至 2008 年底，国内经济型饭店三巨头的发展规模大致情况是：如家连锁 470 家，锦江之星 240 家，莫泰连锁 230 家。三巨头所拥有品牌的市场占有率分别为：如家连锁占 18%，锦江之星占 11%，莫泰连锁占 10%。

（资料来源：中国经济型饭店网）

本章小结

1. 关键术语

经济背景　社会背景　行业背景

2. 逻辑框架

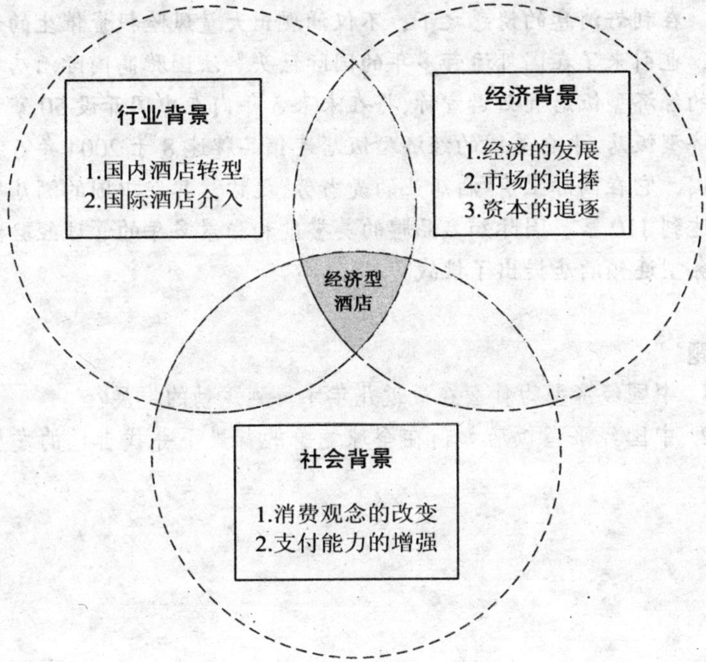

案例讨论

全球化背景下的中国经济型饭店

在成熟的国外酒店市场，经济型饭店与豪华酒店的比例大约为7：1，而在中国，这个比例是倒置的。一方面，高星级酒店的高价位给经济型饭店留出了巨大的市场空间，另一方面，经济型连锁酒店对品牌和格调的注重取代了以前曾经主导这个市场的众多不知名的低端“招待所”。现在的经济型连锁酒店行业的竞争才刚刚开始，实际上这种竞争更多地集中在经济型饭店与普通饭店之间，而非经济型连锁酒店品牌之间，远未达到我们通常所认为的饱和程度。据美国酒店业协会的统计数据，营业收入排在全美零售业第三位的经济型饭店达到了5.39万家，占酒店份额的70%。而在国内，据相关资料介绍，各品牌经济型饭店在全国酒店总体规模中所占份额比例尚不足10%。

近几年来，经济型饭店正在赚取丰厚的利润，呈现出良好的发展前景。在利好消息的诱惑之下，不仅涌现出大量风险投资催生的新入局者，也引来了在国外运营多年的国际巨头。法国雅高国际酒店集团旗下的经济型饭店宜必思宣称，将在未来5年内在中国开设50家左右的经济型饭店。来自美国的经济型饭店连锁品牌速8于2004年6月进入中国，它在国际上有“酒店业的麦当劳”之称，其在中国的酒店数量有望达到110家。国际知名品牌的美誉度和积累多年的管理经验对国内商务型连锁酒店提出了挑战。

思考题

1. 中国经济型为什么在最近几年才得到蓬勃的发展？

2. 中国经济型饭店如何在全球竞争的背景下寻找自己的发展之路？

第二章 经济型饭店的定义与特征

■ **本章目标**

使学习者了解经济型饭店的定义与特征，了解经济型饭店的类型划分方法和常见类型，理解经济型饭店与其他类型饭店的相同点和不同点。

■ **本章重点**

1. 经济型饭店的界定标准
2. 经济型饭店的类型
3. 经济型饭店与其他饭店的异同

第一节 经济型饭店的界定标准

在国外，经济型饭店最早从欧美开始，经过几十年的发展，已经成为占其饭店业总收入70%的重要业态。无论在理论上还是实践上，西方发达国家的这一行业发展都已相当成熟。而中国经济型饭店从2004年“经济型饭店元年”开始，经过2007年“经济型饭店的拐点”发展至今，已经成为了一种新型且正日趋成熟的饭店业态。目前，我国的经济型饭店还没有明确的国家标准和行业规范，因此我们有必要从理论上对经济型饭店这一业态的概念界定进行相关探讨。

一、国外经济型饭店标准

（一）欧美经济型饭店

根据史密斯旅行研究定义（Smith Travel Research Definition），经济型饭店指的是保持低廉价格，针对20%低端市场的价格敏感消费者的饭店。在《WTO 现代饭店及餐饮业管理百科全书》中，对经济型饭店的定义是：经济型饭店一般为廉价饭店，该饭店通常只经营客房，饭店本身没有餐饮管理设施或仅有十分有限的餐饮服务，价格低廉。

欧美国家的经济型饭店已有几十年的历史，发展至今已非常成熟。欧美成型的经济型饭店标准主要有：只提供住宿，基本不提供餐饮，近年来出现的B&B（Bed and Breakfast）也只是提供床位与快餐服务（B & B）。

1. 美国经济型饭店

在美国，所谓的经济型饭店是指有限服务（Limited Service）的饭店，其最突出的特征有三个：

- 从客源对象、饭店档次及收费价格上说，属于中低档
- 服务有限，并非面面俱到，客房是最主要的服务项目
- 各酒店具有鲜明的经营特色和服务特色
- 人工极其节省，组织结构简单

美国经济型饭店入住的多是自驾车的客人，因此，大部分经济型饭店建于城市郊区、高速公路两旁。公路边均有很明显的标志，15 分钟的车程范围内，均有餐馆、购物中心、加油站或社区。其硬件设施应属中档水平，规模和硬件设施要高于汽车旅馆（Motel）。这种类型的饭店均有一个共同的特点，大堂很小，地面一般是由地毯或磁砖铺成，前台一般有 1～2 名服务人员，有一个很小的休息区和一个提供早餐的咖啡厅。这些饭店通常有一个较小的室内游泳池和健身房，每一楼层均放着一个较大的制冰机和自动售货机（这和美国人的生活习惯有关）。在首层均有几台磁卡或投币电话，在电梯旁有较大的广告架，放置着饭店周边各种交通图，餐饮、购物、娱乐的介绍册。最值得一提的是这些饭店的客房，一般分为吸烟房和无烟房，硬件设施保养得

很好，房间干净、整洁，面积在 30m^2 左右，很宽敞，均有大床，客房档次可以和中国三四星级饭店相媲美。

在软件管理方面，由于美国的劳动力成本高（每小时最低 8 美元），200 间客房的饭店只有 35 名员工（其中有 4 名是销售人员），这样就大大降低了成本，而且大大减少了由于人为因素而无法保证服务质量一致性的可能。这类饭店用人少的原因主要是：①美国社会市政配套齐全、社会化程度高。电力、热力专业维修均由社会来配套，而且饭店硬件设施、设备在投资时一次性到位，质量有保证，且自动化程度高，因此无须庞大的工程维修部。②社会治安好。所有的饭店没有围墙、防盗窗（如果有防盗窗，说明这一地区治安不好，也许就不会有客人来了），也无须设置 24 小时值班的保安部。③餐饮只提供早餐，而且是由供应商直接提供，无须设置餐饮部。④这些饭店均属于大型饭店连锁集团，集团总部为其提供强大的支持系统，包括人力资源、市场营销、工程维修、质量检查、技术指导以及行业咨询等，从而为其节约了一部分专业管理人员。

2．欧洲经济型饭店

欧洲的经济型饭店众多，遍布城乡。或是连体公寓，或是单体住宅，或是小型楼房，很多业主自己就是房东。也有不少年轻夫妇租赁经营经济型饭店，以此谋生。英国为便于管理和规范经济型饭店，还对每家饭店评定了星级，以此加强“B&B”[①]旅馆的行业监管和自我约束，提高服务质量。欧洲的经济型饭店的电话和网络预订非常便捷，稍微正规一点的旅馆都有自己的网站，并备有旅馆介绍、客房图片、住宿价格、房间数量以及邮编、地址和电话等，信息齐全。服务主要也是“床位加早餐”（B&B）形式的，招牌上就写着 B&B。在条件好一点的英国 B&B 旅馆里住宿，就像住在富裕的英国人家里一样，价格相当于或低于三星级饭店，但是房间窗明几净、装饰考究，窗外一片翠绿，客人与主人气氛融洽。旅馆餐厅明亮雅致，早餐是全套英国早餐，提供咖啡或茶，自取烤面包、鲜牛奶、果酱、奶油和各种水果

① Bed and Breakfast

饮料。主餐有香肠、火腿肉、烤腊肉、炒鸡蛋或荷包蛋，配菜有煮黄豆、烤西红柿和蘑菇等。

在欧洲，还有很多的学生旅馆和青年公寓，服务对象是“背包族”。这类旅馆价钱更加低廉，服务更加简单。此外，还有一种规模较小、档次较低、不提供餐饮的小客栈。这种小客栈的房间里没有独立卫生间和浴室，只有盥洗设施和梳妆台，卫生间是公用的。在实际的运作过程中，国际上的经济型饭店品牌的发展已没什么国界和洲界之分，上述的产品差异也是相对的。

当然，在欧洲国家，经济型饭店并不放弃对舒适的追求和人性关怀，房间里也要铺地毯，为的是在走动、搬东西时不发出声响，不会打扰相邻房间的客人。这些饭店的地毯通常都保养得很好。在衣橱、卫浴的设计与保洁细节方面，国际化的品牌饭店也是做得极其到位的，选料考究、设计独特、更新迅速，维护十分专业。

综上可见，欧洲经济型饭店有以下特点：

➢ 经济性饭店众多，但层次分明，档次错落有致

➢ 服务专业，管理水平高，人性化强

➢ 设计独特，用料考究，讲求品质

（二）亚洲经济型饭店

在亚洲，经济型饭店业发展最成熟的国家是韩国、日本和新加坡。以日本为例，我们可以看到亚洲经济型饭店主要标准与欧美相似，但也自有特色。

1. 设施设备配备

日本经济型饭店在设施、设备的配备中，首先打破了饭店经营的传统理念，牢牢抓住饭店经营的最初、也是最根本的目的，即满足顾客住宿和饮食的需要。将客房和餐厅作为饭店主要的经营场所和收入来源，对经营资本作了较好的统筹安排。在经营上不求面面俱到，但求突出重点、形成风格，牢牢抓住并满足目标顾客的基本需求。如日本大阪的东急イン饭店（OSAKATOKYUINN），其经营的重点就是客房，即使有餐厅，也只提供住店客人的早餐服务。因服务内容简单，所用场地、设施设备、服务人员也相应减少，大大降低了投资成本，

为低价位经营奠定了基础。而客房的布置则充分考虑了入住客人的要求，设施设备的配备不仅一应俱全，且质量上乘。如多功能坐便器、嵌入式松下电磁灶、花王牌洗涤剂、精工牌吹风器、全绵睡衣等都是精心挑选的设施设备。

2．空间布局设计

日本经济型饭店大堂都较小，除了接待所必需的总台之外，大部分空间都被利用起来：或是出售地方特产、生活用品、书刊报纸、交通地图、饮料茶水；或是摆放通信、复印传真设备，为顾客提供有偿服务；或是陈列各种信息资料；甚至有的小型饭店还辟出空间来经营早餐。这样的空间布局安排虽稍显拥挤，比不上中国饭店大堂的气派，却方便了顾客，更为饭店开辟了多条创收渠道，将经营与服务完美地融为一体。

3．卫生保洁工作

日本经济型饭店对卫生的重视最直接的表现就是客房布草更换频率高。因为饭店布草的洗涤费是一笔可观的成本开支，所以一般饭店对连住两天以上的客人通常不提供天天更换床单和毛巾的服务，除非客人提出要求。而在日本经济型饭店，不管是连锁还是独立经营，对住店客人必定是每天更换房间的所有布草，每天擦拭、吸尘，并且在房间里还摆放客房服务员签名的承诺卡，以使顾客放心使用。

4．服务内容特色

日本经济型饭店除总台、餐厅、客房等顾客住宿所必须的服务功能外，一般不设其他服务岗位和人员安排。服务注重效率、细腻和情感。比如，可提前一天办理退房手续而无须查房，替客人保管房间钥匙，客人入住时折叠好放在床头的睡衣、客房服务员签名的欢迎卡、饭店设施的使用说明、楼道上的书报架等等。所有的服务提供都不追求形式和规格，却处处让客人感到方便、舒适和温馨，饭店也有效地减少了经营成本。

5．经营销售方式

日本经济型饭店通过采用特许经营与委托管理方式进行扩张。如大阪的东横イン饭店（OSAKA TO-KYUINN），其作为一家经济型连锁集团饭店已拥有近四十家连锁分店，以统一的经营理念、统一的经营方式、统一的标识、统一的服务、统一的管理为目标市场顾客服务，牢牢把握市场份额。

根据对发达国家的经济型饭店的标准和特征分析，我们从而给出一个更为全面的经济型饭店的定义，即在发达国家，经济型饭店是指定位于中档消费大众，以客房经营为核心业务，主要为客人提供廉价、干净、方便、舒适、安全的住宿服务的饭店。具体来说，经济型饭店的客房条件可与三星级饭店相媲美；同时，略去一些大型配套设施（如豪华大厅、宴会厅、健身中心、桑拿洗浴中心）的资金投入，大幅度降低工程费用，从而使房价降到经济合理的水平；组织上强调以人为本的管理理念、高效的机构设置、精简的人员配置以及一人多能的岗位职责。另外，经济型饭店多分布在大、中城市的繁华路段，借助成熟街区丰富的餐饮娱乐设施、城市基础建设、交通条件为客人提供便利。

二、中国经济型饭店标准

由于中国的经济型饭店是近几年兴起的新型饭店业态，目前还没有一套明确的国家和行业标准和严格的概念界定。但本世纪初，中国经济型饭店的迅猛发展，已从实践上对这一业态的理论研究开辟了有益的探索。从这几年出现的几大品牌来看，业界对经济型饭店的标准已经从服务功能、消费价格、运营成本和市场定位几方面形成共识，认为经济型饭店是指相比于星级饭店，建造和经营成本极为节约，以客房经营为核心，定位于普通消费大众，为其提供廉价、干净、舒适、安全、便捷的高性价比住宿条件的有限服务饭店。

（一）服务功能简化

经济型饭店所提供的是相对于中高档饭店的全套服务（Full Service）的有限服务（Limited Service），主要体现在住宿服务的提供上。其规范化、专业化的饭店服务（如标准化的服务制度和服务流程）是与现存的大量社会旅馆的本质差别。服务功能集中在住宿上，把餐饮、购物、娱乐功能大大压缩、简化，甚至省略。餐饮一般只提供早餐，这也就是经济型饭店在国外又有 B&B（Bed & Breakfast）别称的缘故，其功能就是床（Bed）和早餐（Breakfast）。中国经济型饭店的餐饮功能相对于国外稍强些，如家饭店连锁大多数分店提供近乎套餐式的简易三餐，“锦江之星”则有可点菜的大餐厅，但比之星级饭店，则是大大简化了。

（二）消费性价比高

任何产品，不能单纯谈论价格高低，只有性价比高的饭店才会有生命力，才能卖出好价钱。我国现在形成品牌的经济型饭店房价不菲，不仅超过二星级饭店，甚至直逼三星。究其原因，就在于它们把性能提升的重点放在了客房上，不仅空调、24 小时热水、客房面积、卫生设施不亚于二星，而且在设计理念和装潢水平上已大大超越了二星，把现代家居的简约、清新、温馨、舒适、实用的特征融入客房，给客人以“家“的感觉。

> **相关链接 2-1　如家的“如家”享受**
>
> 如家经济型饭店的立足之本，即对于住宿这一核心的关注与专注，房间小巧精致，却服务周到细致，宾至如归。如家酒店的客房虽然面积小、设施简单，但却在有限的空间中开发出了让客户感觉洁净温馨的商旅体验。床上用品虽然是棉织品，但有可能是碎花的；墙壁颜色有可能是淡粉色、淡黄色或者淡蓝色；客户可以在房间获得免费互联网接入服务；在房间里摆放图书供客人免费翻阅、在浴室设立实用的淋浴房等等。所有这些服务，都旨在向客人提供“五星级的床铺”，但是“二星级的价格”。在如家将服务体验形容为：舒舒服服热水澡、翻看免费书籍（文学类、历史类或者旅游类）或者上网冲浪，然后干净柔软睡好觉。可以说，正是专注于“床铺”这一经济型饭店的核心需求，如家通过在客房布置席梦思床、现代化家具、24 小时热水淋浴、空调、电视、电话、互联网接入、免费书籍和个性化床上用品等等，为客户营造出一个“温馨如家”的住宿环境。

（三）经营成本节约

目前二星级饭店所面临的困境是建设投资本来就不小，经营管理费用又居高不下，但房价都卖不高，餐饮也少有人问津，在这样收入少而开销大的恶性循环下，更新改造更难以进行。单只人工成本一项，低星级饭店就处于劣势。而经济型饭店投资额不高，通常是 1000～2000 万人民币的投资，重视设备的简单实用，经营活动在低成本的前提下进行，突出核心业务，把非核心业务实施外包。能源、水资源、人工、用品、设备等都高度节省。尤其在组织形式上，人员配置非常精简，通常是一人多岗。如家的员工与客房比值仅为 0.3，是一般低星级饭店的 1/5～1/7。

（四）市场定位明确

任何企业、任何产品，市场定位最关键、也是最先需要研究的。中国经济型饭店定位于对价格敏感的普通消费大众、尤其是国内消费群体，价格适中、市场规模大、需求稳定。基于此，经济型饭店的定位主要有两个层次：低层次主要接待国内旅游或商务等散客；高层次主要接待白领、海外中档消费的商务客人。这也是为什么经济型饭店的客房设计装潢完全跳出星级饭店模式的原因之一。经济型饭店的目标市场主要是度假旅游者或中小商务旅游者。“新亚之星”原设计定位于普通商务客人与工薪阶层旅游者，实际却主要被自费旅游者与自驾车旅游者使用。“锦江之星”强调既能满足出差、商务客人又能满足适应一般支付能力的客人。而“如家客栈”主要针对中小商务客人。

第二节　经济型饭店的类型划分

经济型饭店（Economy Hotel）也称为廉价旅馆（Budget Hotel），在不同的国家与地区其设施与标准也各有不同，有的称之为“旅游小店”，有的称作“旅游者之家”，还有的叫“旅店”、“旅社”、“小旅馆”等等。

在世界住宿业中，经济型饭店是个很重要的组成部分，按照不同的划分，这种饭店有不同的类型，其中有些类型是在很多国家地区比较多见的，而有些则在特定的时代和特定的范围才存在。例如在欧美，家庭旅馆业历史悠久，汽车旅馆在20世纪中期就开始盛行了。而在今天的中国，经济型饭店刚刚流行，便由商务型经济型饭店占据了主导地位，未来不久将会出现更多元化的类型。

一、经济型饭店的划分标准

经济型饭店采用不同的分类标准来划分会产生不同的类型，一般有以下几种划分方式：

（一）从形式上划分

从形式上划分有单体经济型饭店和连锁经济型饭店。单体经济型饭店是指只有一家饭店按照经济型的定位进行经营管理的经济型饭店。连锁经济型饭店是指具有两家以上的饭店按照统一品牌、统一宣传、统一经营管理的经济型饭店的联合体。

（二）从设施上划分

从设施上分有标准型经济型饭店、满足型经济型饭店、享受型经济型饭店和家庭型经济型饭店。标准型经济型饭店是指按照标准间的方式来布置饭店客房；满足型经济型饭店主要提供简单的住宿设施来布置客房，满足客人的最基本的需求；享受性经济型饭店是指提供舒适豪华的设施的经济型饭店，例如宽大的床和高档的棉制品、洁具；家庭型经济型饭店则主要面向家庭，如配备大小床或一张大床和一张隐蔽床。

（三）从客源对象上划分

从客源对象上划分有商务型经济型饭店、旅游型经济型饭店和商旅型经济型饭店。商务型经济型饭店主要面向商务客人，往往会注重互联网络、传真等上午设施；旅游型经济型饭店主要面向旅游者，注重大客车停车场和团进团出的活动规律；而商旅型经济型饭店则是对商务客人和旅游团队客人的兼顾特点的结合。客源对象分类方法还有很多类型，比如说按照年龄分成青年旅舍、老年公寓等等。

二、常见的经济型饭店类型

（一）经济型商务酒店

目前，我国的经济型饭店都是以商务客人为主要目标市场，并且首先在我国的大中型城市和经济发达地区取得突破。这些地区经济繁荣，商务、公务旅游频繁，市场需求量庞大，市场发育程度高，在规范化运作和品牌化发展方面已经达到相当的水平。高星级酒店往往集中在这些地区，市场营销、品牌建设、人力储备、资本市场等产业发展条件成熟，具备商务型经济型饭店的发展条件。经济型商务酒店一般建在这些大中城市的繁华路段、商业娱乐中心或交通枢纽，中低收入商务客人是其主要服务对象。这是目前我国经济型饭店发展的主流形式，“锦江之星”、“汉庭商务”就属于这一类。

商务型经济型饭店在选址方面一般倾向于选择繁华的商业、娱乐、金融中心地段，或者在商务集中的经济开发区，以及在交通便利的枢纽地区。硬件设施简单但质量过硬，服务水平有保证，品牌形象鲜明。这种类型的酒店季节波动性比较小，市场相对集中，消费时间稳定，是经济型饭店的最佳发展模式。目前已经发展起来的经济型饭店，如锦江之星、如家快捷、宜必思、莫泰 168、莫泰 268 等都定位于这个市场，而且取得较大成功。

（二）长住型经济型饭店①

延时居住型经济型饭店（Extended Stay）的消费者一般居住超过一周，适合商务常驻者和度假人士使用。家庭化的设施、合理的价格是吸引这些人群的主要原因。在休闲度假区、商业活动区的附近都比较适合发展长住型经济型饭店。

目前这个市场主要被星级饭店或者以周或月计的公寓所占领，但是经济型饭店在这个市场上大有可为。这种长居型的住宿需求非常符合经济型饭店的业态特征：客人周转率较低，可以节约经营成本和营销开支；商务导向的客源呈现稳定的状态，不太会出现周期性波动，

① 又称为延时居住型经济型饭店。

可以提高客房出租率；而商务型需求导向的设施能提高平均房价。这种类型的产品目前在国内还没有出现，但是国外长住经济型饭店已经发展得比较成熟。

国外著名的长住型品牌有Extended stay America、Main stay suite（隶属于精品国际酒店集团，全球共27家）、Candlewood suite（隶属于洲际饭店公司，全球共110家）、Studio6（隶属于雅高集团，全球共42家）等。

（三）经济型观光酒店

旅游经济型饭店适宜在一些经济发达城市和旅游发达地区发展。人们探亲访友、旅游休闲比较频繁的地区酝酿的散客住宿需求比较高，家庭可支配收入能够承担酒店消费；同时人们的消费心理相对成熟，已经不满足传统的社会旅馆，有更高层次的住宿需求。在这里，经济型观光酒店拥有广泛的客源基础，能够得到长足发展。

由于经济型饭店以低价格、低成本为主要特色，所以必须维持至少70%以上的客房出租率才能保本，因此经济型饭店所能承受的季节波动不大，并非每个旅游地区都适合发展经济型饭店。一般说来，旅游经济型饭店建设在市场需求比较稳定，或者有多种替代客源的地区，从而保证不同季节的客房出租率维持在一定的水平。例如，著名旅游胜地丽江的客源季节性波动不大，酒店可以保持相对稳定的市场需求，正是基于这种地区市场需求的稳定预期，著名经济型饭店品牌速8在丽江开设了分店。而很多景区由于客源流量呈现比较大的季节波动，所以就不太适合开设经济型饭店。

（四）汽车旅馆

汽车旅馆是20世纪初开始在美国一些地方出现的，最初只不过是个驾车旅游者的营地，一个临时休息、加油、上水的简易住所。其名称不下10个，使用较多的有“路边小屋”、“旅游营地”、“汽车大院”等等。它是随着私人汽车的增多与高速公路的建设而逐渐产生的一种新型的住宿设施。直到20世纪50年代才形成有一定标准的汽车旅馆业。当时汽车旅馆的主要特点是地处城市边缘、主要公路与高速公路沿线上，有免费的停车场，价格也很低廉，后来不少汽车旅馆为了取悦家庭旅游者都增建了游泳池。美国凯蒙·威尔逊先生1952年在孟菲斯建起的第一家120个单元的假日旅馆，领导了汽车旅馆业。最初的假日旅馆则成了汽车旅馆的范本。另外，美国还出现了像六元汽车旅馆、王子汽车旅馆等拥有四百多家汽车旅馆的汽车旅馆联号。

汽车旅馆一般建造在大中型城市的交通主干道两边，汽车站、火车站、机场、码头等交通枢纽附近，以及城市边缘的交通便利之处。汽车旅馆的最大特色是有较大规模的停车场，方便自驾车的家庭游客和中小商务客人、消费水平一般的团队旅游者和自助旅游者。在中国，现阶段一些冠以“汽车旅馆”之名的经济型饭店仍然是商务导向的，例如上海的莫泰168（Motel 168）。但实际上，目前中国真正意义上的汽车旅馆还没有发展起来，这与中国的高速公路建设现状有很大关系。目前覆盖全国的公路网还不够完善，驾车长途旅行还未进入成熟阶段，所以这个市场的发育还有待时日。随着中国家庭轿车消费量的上升和公路网络的日益完善，汽车旅馆在中国具有很广阔的前景。

（五）青年旅舍

青年旅舍属于经济型饭店的低端产品，也即廉价经济型饭店。青年旅舍（Youth Hostel）是一个重要的廉价经济型饭店产品，是国际青年旅舍联盟（IYHF）专门针对低收入的青年和无收入的学生设立的一种特殊的酒店业态。他们提供如学校宿舍般的住宿设施，一个房间有2～10张床，价格从几十到上百美元不等。青年旅舍主要分布在旅游风景区和城市中，为“背包旅游者”（简称背包客）提供价格便宜的栖息场所。

现在全球范围内有个国际青年旅舍协会（International Youth Hostel Association），各国青年旅舍为其附属成员。青年旅舍最初创办的初衷是为在欧洲旅行的人提供住宿服务，特别是为青年学生提供价格低廉且卫生的住处，因此被称之为青年旅舍。青年旅舍的标准是清洁、舒适、经济实惠、友好方便。其设备是最基本的，有许多地方使用公共卫生间，住双层床，甚至还要租用睡袋；有的地方设备稍好一些，带有一定娱乐设施。其宗旨就是为青年人了解社会、了解自然提供住宿方便。它对加入青年旅舍协会的会员予以优先安排，实行优惠价格，它的确是青年人了解世界、“身背睡袋走天下”时最好的住所。青年旅舍协会还定期向其成员发送《通讯》与《青年旅社名录》，有些青年旅舍对残疾人、学校休学旅游的教师以及单亲家庭的人予以特别照顾。有些国家对青年旅舍的使用者有年龄的限制（5～27岁），但只要有空位，青年旅舍是对所有人开放的。

（六）家庭旅馆

家庭旅馆在欧美许多国家颇为流行，它指的是那些利用自己住宅的一部分接待客人的旅馆，几乎没有专职人员进行经营管理。一些简单的接待服务由其家庭成员承担。这些家庭旅馆虽然收费低廉，但往往包括一顿家庭式的早餐，而且充满着一种热情友好的家庭气氛。这种家庭旅馆遍布欧洲许多国家的城市、乡村、旅游地，也都是经有关部门注册、有营业执照的正规接待处所。

家庭旅馆最具特色的是一种被称作床位加早餐的寄宿旅馆，即B+B（bed and breakfast）。它最初源于英国，现已遍及欧美。这种旅馆相当便宜，一般每夜不过20～50美元，比汽车旅馆还要低1/3。这种“床位加早餐”的家庭旅馆也有自己的组织，并由负责办理预定手续的服务公司编印名录，上面有电话、地址、老板姓名及房价，随时可以预订。

在中国，家庭旅馆主要出现在著名的旅游目的地，以地方民族文化为特色，为旅游者提供舒适、有情趣的住宿。如云南丽江古城就有众多的家庭旅馆，很多都将传统纳西民俗、云的意境以及有趣的传说完美结合在一起；在有些旅馆，躺在露台大床上就可以远眺玉龙雪山，欣赏让人流连的美景。再如浙江普陀山家庭旅馆，家居设计中常常渗透着一种海边风情和观音文化，有些房主人还为住宿者烹饪美味的海鲜大餐，情趣盎然。

第三节 经济型饭店与星级饭店的比较

一、经济型饭店与星级饭店的相同点

经济型饭店和星级饭店都是饭店，有许多共同的地方，如它们都

符合饭店的一般定义，都是指为公众提供住宿与其他相关服务的商业性建筑设施与机构。具体表现为：

（一）都属于住宿接待型企业

无论是星级饭店还是经济型饭店，都是为入店客人提供接待性设施和服务的营利场所。住店的顾客都是离家在外的个体或群体，其中绝大部分是异地他乡的客人，或是旅游者、探亲访友者，或是出差人员、商务人士等等；来到饭店，都是为了满足各自一定程度上的生活需求（如吃、住、娱乐、购物等），有时也是追求享受的一种方式。这就要求饭店的协调配合，以建立一个综合性的服务系统。因此，饭店要为顾客提供优质的有形的和无形的服务产品，从而以温馨、周到的接待尽可能让客人感受到宾至如归的关怀，这正是饭店企业所要不断完善的经营宗旨。

（二）都强调以服务取胜

饭店为客人提供的核心产品就是服务，包括设施设备的有形服务和人员与制度的无形服务。饭店的宗旨就是让客人在外也能获得温馨舒适、宾至如归的食宿服务。相对星级饭店提供从美食到娱乐一应俱全的全面服务而言，虽然经济型饭店所提供的是有限住宿服务，但经济型饭店的服务质量依然是赢得市场的核心因素，只不过这种服务更强调的是物有所值和突出的性价比。

（三）都以客房为经营重点

现代饭店都注重住宿功能，并且让渡形式都是以“间“为单位。星级饭店的客房收入占到饭店总收入的70%左右，而经济型饭店的核心服务更是住宿功能。饭店本质上就是为顾客提供在外栖居服务的企业，这就使得客房住宿必定成为饭店服务接待的重点。在欧美发达国家，他们的饭店业被称为“住宿业”。近几年，美国中、低档饭店甚至出现了”膳宿共管分离“的趋势。这无疑对“专业化管理”和“连锁化经营”是有好处的。

（四）都追求经营的盈利性

商业经营强调的是以盈利为目的，饭店业是典型的资金密集型企业，在各产业的比较中，仅次于民航业和石油业。据调查，饭店投入成本主要包括：购置土地（土地成本占项目总成本的10%～15%，如果超过 20%，投资难度就很大），建筑费用（指建造、供水、机电、送气等费用，这些成本基本都处于攀升阶段），家具、装饰和设备（这是商务饭店的一大项，一般家具占总成本的 10%，设备占总成本的20%），开业筹备（主要包括营销、招工、培训等），经营资本金（主要指饭店必备的一些库存物资）。下表列举了美国各等级饭店的投资成本平均水平，可供参考。所以无论是星级饭店还是经济型饭店都要寻求经济效益。而经济型饭店的重要优点便是成本低，盈利能力强。

表 2-1　美国各等级饭店的投资成本平均水平　单位：美元/百平米

项目类型		土建	建筑	软成本	家具、装饰和设备	开业与营运	总额
经济等级	金额	7200	31700	1200	6400	2400	48900
	比例	15%	65%	2%	13%	5%	100%
中档（无餐）	金额	12100	53900	7800	10000	3200	87000
	比例	14%	62%	9%	11%	4%	100%
中档（有餐）	金额	13800	76800	10100	11600	4000	116300
	比例	12%	66%	9%	10%	3%	100%
高档（服务齐全）	金额	19500	110100	16100	20200	6200	172100
	比例	11%	64%	9%	12%	4%	100%
豪华及度假胜地	金额	48500	202100	60500	52000	12400	375500
	比例	13%	54%	16%	14%	3%	100%

说明：软成本包括人员、前期广告等。
资料来源：美国 HVS（International）市场调查公司 2002 年

二、经济型饭店与星级饭店的差异

三星级以下的饭店，大多由于“小而全”、费用居高不下、目标客户重叠、恶性竞争严重，导致企业效益低下。随着业内经济型饭店概念的强化，很多这个档次的饭店都有重新定位并向经济型饭店方向发展的想法。经济型饭店、星级饭店，这是由不同的分类依据造成的两类不同的概念。它们有交集的时候，但大多数时候是无法统一的。虽然我们可以将一、二星级饭店，甚至三星级饭店划入经济型饭店的范畴，但两者的差异并不简单地是全部与部分、高端与低端的关系。经济型饭店与星级饭店的差异可以归纳为如下几点：

（一）二者的市场定位不同

经济型饭店是以接待中低收入商务客人、家庭式度假客人和青年学生等为主。这些客人在消费上讲求实用性，要求饭店能够提供价格实惠、简单、实用的产品。据统计，2001 年我国星级饭店的平均房价分别为：一星级为 42.9 元、二星级为 63.6 元、三星级为 107.9 元、四星级为 210.7 元、五星级为 378.6 元。而国内城镇居民人均花费约为 635.85 元，住宿花费占总花费的比例为 14.4%，人均住宿天花费仅为 22.2 元；农村居民人均花费仅为 563.5 元，住宿花费占总花费的比例为 10.24%，人均住宿天花费仅为 9.05 元。因此，国内旅游者受消费能力及星级饭店房价的限制，在住宿的选择上，首先选择投宿亲友，其次就是价格便宜的旅馆、招待所，只有少量游客选择宾馆、饭店。随着人们收入水平的提高、消费观念及消费习惯的改变，人们外出下榻饭店将成为一种必然。但受条件限制，高星级饭店依然还不是国内旅游者的主要选择，他们还是希望能有价格实惠、方便、卫生、安全的比较规范的饭店来满足其基本的需要，这样经济型饭店就正好可以成为这一市场的主力军。中高档星级饭店客户比较稳定，多以国外商务客人为主，对饭店的各方面要求普遍较高，而且重视品牌效应，并且由于中高档星级饭店的客户服务系统较为到位，所以中高档星级饭店的客户较经济型饭店更为稳定。

星级标准作为饭店的等级评定制度，面向所有的饭店类型，目标是划定统一的最低标准，以便让公众很容易地识别各类饭店的综合档次。而经济型饭店是以顾客的基本需求为导向，为市场提供“价廉、方便、卫生、安全”的饭店产品，在满足顾客住宿过夜这一基本需求的前提下，着眼于从投资上降低造价、运营上降低成本，最终以较低的价格赢得市场。

从最新的星评标准看，新的一星级、二星级饭店的必备条件规定已基本上符合“经济型饭店”的特征。如果在设施、保养、卫生、服务软件等方面作一些合适的设计，对服务功能结构作些适当调整，强化客房功能，减弱餐饮和娱乐，是可以逐步从“齐全服务”转向“有限服务”的。

如果简单从价格的角度看，我国的多数一星级、二星级饭店和部分三星级饭店完全可以纳入到经济型饭店分类中来，社会旅馆也完全可以纳入。而严格来说，它们还只是潜在的经济型饭店而已，这些卖价低的星级饭店必须在有效削减成本的情况下才能纳入经济型饭店的范畴。因此，经济型饭店并不是对低星级饭店和社会旅馆的简单的价格调整而已，它对中国饭店行业而言是一种全新的综合业态。我国不是缺少经济型“价格”的饭店，而是缺少经济型“标准”的饭店。

（二）二者的设施设备重点不同

中高档星级饭店的硬件设施齐全，投资规模大，设备档次高，而经济型饭店规模较小，设施简单舒适，除前台、客房和餐厅这三大基本要素外，并没有宽敞的大堂、游泳池、娱乐室等配套设施。因为普通旅客外出住宿其实并不太需要这些服务，从而可以省下大笔费用。而一般的打印、复印及传真等商务服务由前台代劳，这样足以满足一般客人的要求。

经济型饭店一直把客房作为经营的绝对重点，客房的条件可与三星级饭店相媲美。饭店略去一些大型配套设施及娱乐设施，如豪华宴会厅、健身中心、桑拿中心、KTV 房等，不仅可以大幅度减少饭店前期投资，也可以降低房价，间接将实惠留给住客。与此同时，饭店针对商务客人多的特点，在全饭店范围内都配置了有线和无线的宽带上网设备，大堂还设有网吧，满足其特有的信息需求。据调查，近乎 100% 的上海经济型饭店提供免费宽带上网服务，而能提供免费宽带服务的三星级饭店约为 20%。表 2-2 为经济型饭店与中高档饭店设施设备比较情况。

随着中国社会经济发展，以及与国际社会经济水平差距的缩短，经济型饭店将发挥重要的作用，相比已发展成熟、规模化的高档饭店，将有更多的商业机会。这些机会既包括饭店数量、规模、档次等涉及硬件、资金的方面，也包括饭店产权、机制、经营模式、管理服务规范、行业体制等方面。

表 2-2 经济型饭店与中高档饭店设施设备比较

项目	上海金茂凯悦大饭店（五星）	上海兆安饭店（三星）	上海莫泰旅店-安远店（经济型）
饭店服务	保险箱、外币兑换、服务到屋、机场接送、洗衣房、照看儿童服务、行李储存室	保险箱、停车场、医务室、外币兑换、残疾人设施、洗衣房、照看儿童服务、饭店客车服务	出租车、洗衣服务、外币兑换、票务服务、商场、停车场
商务设施	会议室、商务中心、多功能活动室、高速宽带和无限因特网通路	会议室、会议设施、商务中心、宴会厅	商务中心
娱乐设施	健身中心、夜总会、按摩、SPA、桑拿浴、游泳池	乒乓球、保龄球、射箭、按摩、SPA、桑拿浴、游乐园、游泳池、理发师、美容院	无
餐饮设施	花园咖啡、粤珍轩（粤菜和特别风味菜）、金茂俱乐部、食在 56（意大利、日本和烤肉餐厅）、Food Live（中餐和亚洲菜）、钢琴酒吧、浦劲 DISCO	咖啡阁（中餐和西餐）、高档酒吧、咖啡店	美林阁中餐厅、美林阁小厨
所有客房	宽带互联网、有线/卫星电视频道、浴室、电话、空调机、迷你酒吧、闹钟	客房保险箱、有线/卫星电视频道、电话、空调机、迷你酒吧	宽带互联网、电话、浴室
客房数	555 间	207 间	160 间
平均价格	312 美元	68 美元	35 美元

资料来源：根据上述饭店相关网站资料整理

（三）二者的服务定位不同

国内星级饭店大多数是全服务饭店，“食、住、娱、购、行”都提供；而经济型饭店一般都为有限服务饭店，大多数只提供“住宿+早餐”式的服务。经济型饭店以优质服务和人性化服务赢得良好的口碑，尽一切努力向宾客提供完美的服务，通常提供电脑、上网、打字、传真、复印及熨衣、邮政（特快专递）和订票等服务。客房小巧温馨、简约清新、舒适实用，给客人一种“家”的感觉。墙面以暖色调为主，地毯及室内用品与墙面相映衬，透出家居的风韵情调。此外，独立卫生间、空调、电视、电话、软垫床、磁卡门锁一应俱全，24 小时供应热水则完全符合三星级饭店的要求。经济型饭店也并不是所有的设施都是低于相应的星级评定标准，有些地方甚至较大地超过标准，关键是该设施的采用能否使投资和运营成本最低。如在公共区域安装相对较贵的感应式水嘴，目的是减少运营时的维修和水的浪费，降低使用的总成本；有些经济型饭店提供不同颜色的一次性牙刷、拖鞋、梳子，以便于客人区别。另外，经济型饭店多分布在大、中城市的繁华路段，借助成熟街区丰富的餐饮娱乐设施、城市基础建设、交通条件为客人提供便利。

另外，经济型饭店又不同于社会旅馆，多数小型社会旅馆和招待所因经营不善或缺乏发展资金，价格虽低，但服务、卫生、安全等条件相对落后，不尽如人意。

（四）二者的营利模式不同

“饭店上星”、“经济型饭店发展道路”，对饭店来讲，都是企业战略的选择，都是以获取平均利润以上的利润为最终目的。但它们的实现途径有所不同：饭店上星，是从提升饭店知名度和稳定服务水平来获取竞争优势，扩大客源，赢得超常利润；而走经济型饭店发展道路，是通过有限服务，尽量满足目标客户的最根本需求，实现低成本运营，最终以廉价来获取竞争优势和市场份额。

在饭店业仍存在许多“非市场化”因素的今天，“上星”在评价经营者业绩、饭店档次提升等方面，仍极具诱惑，也可能导致低星级饭店像“千军万马过独木桥”那样，继续挤上“上星”、“添星”的小道。

（五）投资回收期不同

经济型饭店回报周期短；星级饭店回报周期长，即使是星级饭店中效益好的高星级饭店，虽设施齐备，定价颇高，但终因投资巨大，也使得回报周期很长。预期在外国饭店管理集团占据我国大城市高星级饭店的主要市场的竞争态势下，不少内资高星级饭店经营已面临亏损局面。

表 2-3 经济型饭店与高星级饭店投资经营比较

	经济型饭店	高星级饭店
投资	小	大
回收期	3~5 年	12~20 年
出租率	90%以上	65%~80%
平均房价	200 元左右	500~600 元左右
REVPAR①	180 元左右	380 元左右
收益指数	高	中（低）
管理难度	高	较高
营运成本	低	高
人工成本	低	高
收益指数	高	中（低）

（六）等额资本投入产出收益不同

等额投资一家五星级饭店就可以建造 50 家经济型饭店，但是从投资回报上来看，经济型饭店的经营毛利率（GOP）是 40%，而大型豪华饭店只有 25%；从营业收入来看，50 家经济型饭店每年收入可达 4 亿元人民币，而一家五星级饭店只有 2.5 亿元人民币；从企业对社会的贡献看，50 家经济型饭店可解决就业 3750 人，而一家五星级饭店仅吸收 1500 人；从土地资产折价兑现上看，50 家经济型饭店占地 250 亩，而一家五星级饭店占地 20 亩，经济型饭店的土地资产折价兑现价值大于五星级饭店。

表 2-4 等额资本在不同等级酒店投入产出收益的比较

等额资本（万元）	投资项目	饭店数量	营业收入	经营利润率	为社会提供就业（人）	占地面积（亩）
100000	五星级饭店	1	25000	25%	1500	20
100000	经济型饭店	50	40000	40%	3750	250

（七）二者人力资源配置不同

经济型饭店的运作模式，特别是百间客房只配备 30 名员工的配

① RevPAR 是 Revenue Per Available Room 的缩写。RevPAR=所有售出客房的收入/所有可出售的客房总数。RevPAR 显示酒店出售客房数量和单价的综合能力指数。

置方式，是星级饭店所不能模仿的，这就大大地降低了人力资源的成本。现代意义上的经济型饭店要满足以下几个条件：功能简化；性价比高；成本节约；房价“经济”。针对其中成本节约和房价经济都涉及到人工这一项，若经济型饭店配备很多人员，那么经营成本中人工费就会上去，随之而来的就是“不经济”的问题。经济型饭店把餐饮、娱乐等服务推向社会，节省人力资源。其客房与员工的配比一般在1∶0.3以下，低于星级饭店1∶1或1∶1.2的比例。我国现有经济型饭店如“如家”、“城市客栈”等客房与员工的配比，不超过1∶0.4，大多数在1∶0.3～1∶0.4之间；日本福冈的东横客栈（Toyoko Inn）有269间客房，却只有18名员工，全部配在总台，服务全部电子化和自动化，客房打扫全部包给清洁公司，对客房实行工业化流水作业、高效整理，由此可见用人经济是经济型饭店的特点之一。

本章小结

1. 关键术语

经济型饭店界定标准　经济型饭店类型　经济型饭店特征　经济型饭店

2. 逻辑框架

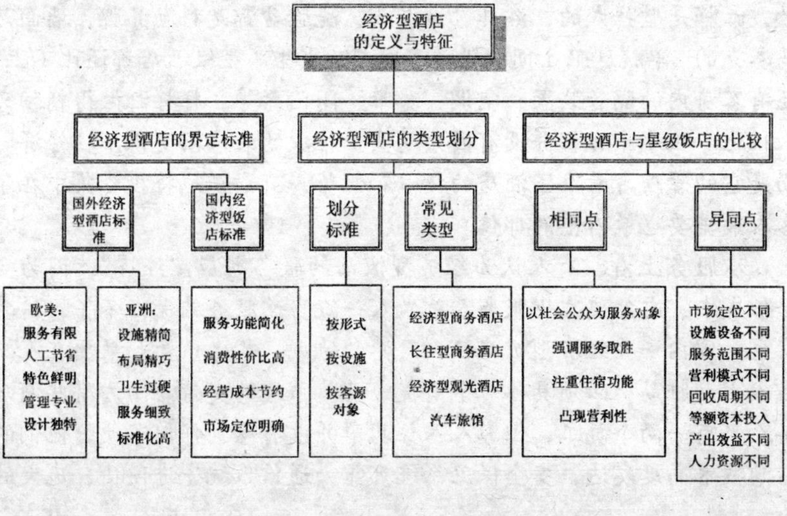

案例讨论

经济型饭店的“经济”误区

“经济型饭店”这个名称给人直观的感觉就是经济实惠、价格便宜，这也正是经济型饭店吸引普通消费群的一大优势。但是，在对经济型饭店的理解上很多人有一个误区，认为“经济”的酒店就意味着低级、不周全、不完善、不到位，什么都得靠自己。这种误区的形成，一方面是认识上的偏差所造成；另一方面则是国内一些经济型饭店由于刚走上轨道，发展不成熟，所以在实际运营中确实存在不完善、不到位的地方，这些不尽如人意之处自然会让选择经济型饭店并对其抱有期望的人们最终失望。

从硬件上看，经济型饭店的设施设备虽然不能与四五星级酒店相媲美，但对客人住宿过程中使用的硬件的关键要素必须到位。站在客人的角度想,入住一家经济型饭店最想要的是什么？是能冲个热水澡、睡个好觉、给公司发个邮件，所以床、卫生间和宽带就成了酒店必须费心思的关键要素。这方面有的经济型饭店做得很好，床上用品一律使用进口名牌产品，高档热水器绝对保证舒适的恒温，宽带上网方便快捷。国内经济型饭店如华侨城城市客栈还将卫生间的用料做到了极致，恭桶是壁挂式的，浴具、水龙头、洗脸盆都是科勒品牌，墙面是马赛克的。单就这卫生间的设施和材料，某些高星级酒店都还比不上。还有客房内的隔音装置、空调、宽带、闭门器等，样样都做得精细又人性化。但城市客栈并没有因为这些上档次的装修而变得不“经济”，而是它的管理者看准了酒店的核心和优势，有意识地将投资集中在了客人最需要也最看重的部位。

从服务上看，有人认为经济型饭店的服务也应“经济”，因为要降低成本，自然要减少服务人员，人一减当然服务就保证不了，这其实也是国内一些经济型饭店让人遗憾的地方。笔者认为如果要在人工成本上动脑筋，必须具备一个前提，就是系统的支持。西方有些酒店甚至只有一两个员工，但客人入住其中并没有感到任何不便，他们的信息技术高度发达，安全保卫系统可靠，通信系统先进便捷，庞大的系统支持延伸了服务人员的眼耳手脚,时刻为客人提供着所需的服务。而我们的经济型饭店大多数还缺乏完备的系统支持，如果再过分削减人力，势必会大幅降低服务质量。如果一家酒店“经济”得连顾客起码的生活便利甚至人身安全都无法保障的话，那还有谁敢放心地住进来呢?

（资料来源：慧聪网酒店用品行业频道 2007/10/23/）

问题：

1. 你是如何理解经济型饭店的“经济”二字的意义的?

2. 请你从顾客需求和经营管理的角度，对“经济型饭店”的特点进行一个归纳总结。

第三章　中国经济型饭店现状概述

■ **本章目标**

通过对本章的学习，了解国际经济型饭店品牌在中国的发展现状和计划，了解中国经济型饭店的发展历程和特点，掌握中国经济型饭店在发展过程中所面临的问题以及解决对策。

■ **本章重点**

我国经济型饭店在发展过程所面临的问题以及解决对策。

从 1997 年中国第一家经济型饭店“锦江之星”开业以来，中国的经济型饭店得到了快速发展。国际酒店集团纷纷看好中国的经济型饭店市场，国内民族品牌经济型饭店更是遍地开花。了解国内经济型饭店的发展状况以及国际经济型饭店在我国的发展情况，对于我们更好地进行经济型饭店的经营管理，具有重要的现实意义。

第一节　国际经济型饭店品牌在中国

进入 21 世纪以来，欧美等国著名的经济型饭店品牌在本土发展的同时，不断向发展中国家进军。从上世纪 90 年代末，国际著名的酒店管理集团就瞄准了我国的经济型饭店市场，并陆续扎根驻营，经济型饭店的扩张非常迅速。例如，雅高集团的宜必思（Ibis）、方程式 1（Formula 1），圣达特集团的速 8（Super 8）、天天客栈（Days Inn），洲际集团的假日快捷（Holiday Inn Express）等，都纷纷在中国布局抢滩。见表 3-1。

表 3-1　2005 年度全球经济型饭店品牌排行榜

品牌	酒店数		客房数		所属集团	在中国开业酒店数
	2005 年	2004 年	2005 年	2004 年		
假日饭店 Holiday Inn	1484	1529	278787	287769	洲际集团	25
舒适客栈 Comfort Inn	2415	2366	182034	177444	精选国际饭店	0
天天客栈 Days Inn	1872	1892	153701	157995	圣达特	4
汉普顿客栈 Hampton Inn	1290	1255	130398	127543	希尔顿	0
快捷假日 Express Holiday Inn	1512	1455	126035	120298	洲际集团	0
速 8 酒店 Super 8 Motel	2076	2085	125844	126421	圣达特	13
品质客栈 Quality Inns	966	878	98432	92012	精选国际饭店	0
6 号汽车旅馆 Motel 6	893	880	92949	92468	雅高	0
宜必思 Ibis	692	651	75603	69949	雅高	2

一、国际经济型饭店品牌在中国发展情况

由于在豪华和高档饭店市场上战略布局已基本定型，跨国饭店集团自 21 世纪初开始在中国全面推行“二线城市、全要素、多品牌”的发展战略。宜必思、速 8 以及假日快捷等国外经济型饭店品牌的进入，标志着外资饭店已经介入我国经济型饭店市场。从 2004 年开始，国际酒店集团开始大规模在中国经济型饭店市场上实施一系列战略布局。

（一）圣达特酒店集团（Cendant）

2000 年圣达特酒店集团旗下速 8（Super 8）以 1900 家酒店和 116000 客房成为世界最大的经济型连锁酒店。这是第一个进入我国的国际经济型连锁品牌，它是美国圣达特酒店集团旗下专门经营经济型饭店的特许经营品牌，自 2004 年 5 月在北京发展了其在亚洲的第一家加盟店起，已先后进入杭州、成都、大连、厦门等城市。圣达特计划 5 年内在华发展 40 家中档天天连锁酒店、55 家速 8 经济酒店。2005 年 2 月，速 8 有关人士在上海举办的首届中国经济型饭店投资(基金)经理研讨会上表示，速 8 在北美地区用 30 年的时间发展 2100 家店，而现在的计划是在中国用 15 年的时间发展到这个规模。2005 年 4 月起正式设立速 8 投资基金，用于投资今后加盟速 8 的中国酒店。2005 年 5 月 17 日，速 8 在江苏地区的第一家连锁加盟酒店苏州金瀚林速 8 酒店开业。2005 年 5 月 30 日，速 8 继 2004 年开出北京天瑞速 8 酒店后，在北京胡同里开设了第二家加盟店，也是其首家旗舰店。截至 2007 年 2 月，在中国 70 多座城市里已经有 140 多家开业或即将开业的美国速 8 酒店。

相关链接 3-1　速 8 酒店发展史

1974　第一家速 8 酒店在美国南达科塔州阿柏丁开业，只有 60 间客房，每晚 8.88 美元。

1988　每 88 小时就有一家新的速 8 酒店开业。

1992　速 8 已扩展到 48 个州，超过 900 家酒店。

1993　速 8 在俄亥俄州庆祝第 1000 家酒店开业。

1998　速 8 的第 10 万间客房所在的酒店开业，它在北美已发展到 1700 多家酒店。

1999　速 8 在新加坡有了一家酒店，第一次发展到北美以外的地方。

2001　速 8 被《企业家》杂志评为年度特许经营 500 强之一，特许加盟酒店的第一名。

2001　速 8 庆祝其第 2000 家酒店的开业。

2004 速8酒店通过注册在萨摩亚的天瑞酒店有限公司进入中国。

2004 速8酒店在中国的预订系统投入使用。

2004 天瑞酒店有限公司于6月8日在北京的市中心举行中国第一家速8酒店开业仪式。

（二）法国雅高集团（Accor）

法国雅高国际酒店集团旗下的经济型饭店三星级的"宜必思"（Ibis）是其入驻中国的首家经济型饭店品牌。2004年，宜必思首家店在天津开张。"宜必思"经济型饭店品牌创始于1973年，是欧洲领先及全球前三的经济型连锁酒店品牌，在全球的40个国家拥有总共769家酒店。宜必思正迅速扩张其全球酒店网络，目标在2010年时酒店数量达到1200家。近年来基本以每年50家的数量持续增长，主要针对的是国内和区域市场。

雅高高层表示，由于持续看好中国经济型饭店业的发展，会提速"宜必思"在中国的扩张步伐。截至2008年5月，宜必思在中国已经拥有12家酒店，并有14家酒店预计在2008年年底前开业，预计到2010年开业33家。这意味着到2010年时宜必思网络将会覆盖上海、北京等门户城市，同时扩张到包括苏州、杭州、哈尔滨、广州和大连等在内的重要城市。到目前为止，中国区的所有"宜必思"都以直营店形式发展，即雅高直接投资并管理。

（三）洲际饭店集团（Inter-continental）

2005年4月，洲际集团中国区总部迁到上海，其管理层决定2年内将快捷假日引入上海，以每年超过4家的速度快速发展。2006年10月，洲际集团在上海开设首家快捷假日酒店。目前，英国洲际集团与中州国际集团签署战略合作协议，中州国际集团将陆续投入约10亿元人民币，负责洲际集团旗下"假日快捷"品牌在中国市场的推广。接下来，洲际集团将在中国二线城市大力发展"假日快捷"品牌，与另一跨国酒店巨头雅高集团麾下的"宜必思"品牌以及美国的"速8"经济型连锁酒店一决高下。

另外，1998年7月，国际青年旅舍在广州、珠海、肇庆开业，它是落户中国的第一批国外经济型饭店品牌。另外，美国著名的天天客栈（Days Inn）商业饭店连锁特许品牌和青年旅舍公益连锁特许品牌，以特许方式迅速进入中国。

“宜必思”、“快捷假日”、“速 8”等国外经济型连锁酒店的成功业绩，对我国的经济型饭店发展起到了良好的示范作用。同时，国外成熟的经济型饭店品牌高调进入中国市场，凭借其成熟的管理经验，雄厚的资金、人才储备和品牌实力，发达的营销网络和严格的质量控制体系优势迅速发展起来，也对我国的民族品牌形成了强大的冲击。

二、国际酒店集团在中国发展的新趋势

众多国际酒店集团将逐渐加强中国市场的战略地位，有些集团已把中国区域作为战略重心，它们在中国发展有以下新趋势：

（一）由一线城市向二线城市扩展

国际酒店集团早期开发的五星级酒店主要集中在北京、上海、广州等中国的一线城市，而随着一线城市的市场趋于饱和，以及二线城市的居民消费支出和可支配收入上升迅速，目前国际酒店管理集团已经开始将业务拓展到中国经济和文化中心城市以外的地区。如 2003 年在中山、郑州，2004 年在福州，香格里拉纷纷开业。洲际集团在济南、太原、武汉、长沙等城市都有酒店开业。另外，雅高的“宜必思”品牌首先选择了二线城市，第一家店开在天津，第二家店开在成都。据统计，2000 年，北京和上海共占据了中国 117 家五星级酒店的 29%。而到 2005 年，这个比例下降到 25%。

以香格里拉集团为例，由于一线城市市场竞争日趋激烈，香格里拉集团也加快了进入中国二三级城市的步伐。中国的 21 家香格里拉酒店中有 12 家已在二线城市。有信息显示，香格里拉集团在 2006 年到 2010 年之间将在全球新开 31 家酒店，其中中国占 14 家。除深圳、广州和上海等沿海城市外，其余均位于成都、西安、温州等发达的二线城市。

（二）由单一品牌向多品牌发展

洲际集团已陆续推出皇冠假日、洲际、Holiday inn 等品牌；万豪集团（Marriot international）由主推万豪品牌到目前推出全品牌发展战

略，既有高档的丽嘉-卡尔顿、万豪、万丽，又有中高档的万怡、新世纪、华美达；雅高集团在中国市场拓展了索菲特、诺富特等品牌后又将三星级美居品牌引入中国。

（三）从高端向经济型饭店延伸发展

近几年来，中国酒店市场发生了很大变化，国际酒店管理集团开始评估扩大经济型饭店市场份额的机会。当四星和五星级酒店仍在向二线城市发展时，一些酒店经营者已经采取积极的扩张战略，瞄准了潜力巨大的中档酒店市场，开始关注经济型饭店。如天天酒店、洲际、雅高等集团的高层纷纷调研中国市场，计划在拓展豪华品牌酒店的同时，积极从高端豪华酒店向经济型饭店市场延伸，以经济型饭店品牌进入中国市场。

在未来的几年内，国际酒店集团将把中国作为重要的市场战略要地。雅高、万豪、洲际、喜达屋等酒店集团将在中国展开全方位竞争，这种竞争已明显从高星级酒店向中档酒店、经济型饭店和公寓住宿方面下移，各大酒店集团的中、高、低端品牌将全方位登陆中国市场。如美国的万豪酒店集团总部在两年前就提出要加快在中国的发展速度。万豪集团放慢了在世界上其他国家的发展步伐的同时，却加快了在中国市场扩张的发展战略，以其将近 20 个酒店品牌和超强的管理经验，万豪酒店集团在中国的发展将是实力雄厚、前景广阔。

第二节 中国经济型饭店发展现状

一、中国经济型饭店的发展历程

（一）品牌初创阶段（1996～2004）

我国第一家经济型饭店以 1996 年“锦江之星”的开业为标志。从经济型饭店品牌的地区发展来看，如家、欣燕都成长于北京，锦江、莫泰现身于上海，7 天连锁则崛起于广州、深圳。

“锦江之星”隶属于锦江国际集团的锦江旅馆投资管理有限公

司。2003年6月，锦江集团和新亚集团重组成立锦江国际集团，原新亚旗下的“新亚之星”品牌全部翻牌加盟锦江之星。2002年6月首都旅游国际酒店集团与携程旅行服务公司共同投资组建的“如家饭店连锁”公司，打造“如家快捷酒店”核心品牌，成为首批如家酒店连锁直营经济型饭店。2002年6月北京欣燕都旅馆连锁有限公司成立，推出“欣燕都”经济型旅馆。2002年浙江新宇旅业集团创办浙江第一家经济型饭店“新宇之星”杭州西站店。2003年5月，上海美林阁餐饮集团在上海推出中国第一家汽车旅馆“莫泰168”。2003年，宝隆集团旗下的“宝隆居家”旅店在上海开业3家店。

与此同时，其他经济型饭店品牌也在不断扩张中，如“中州快捷”、“城市客栈”等品牌。在2002～2004这三年中，经济型饭店市场实现了“三级跳”，开业酒店数从2002年初的50家增加到166家。2004年国内的经济型饭店品牌的发展速度非常快，增长速度达到200%～300%。

这一阶段经济型饭店发展的特点是：市场需求增长快、供给少，发展空间大，市场需求旺盛。有市场开发和经营管理经验的饭店管理公司或饭店集团抓住机会，进行产品开发，以城市商务型的直营店为主要形式，以北京、上海为中心，向环渤海、长三角、珠三角三大经济圈的发达城市迅速扩张，呈现出区域性和点面结合的蓬勃发展局面。

（二）品牌扩张阶段（2004年至今）

2004年是现代意义上的经济型饭店发展的元年。无论是跨国饭店公司还是国有饭店集团、民间投资主体等，都不约而同地把经济型饭店作为一个势在必得的竞争领域。2005年，市场供应前十名的经济型饭店品牌平均增长速度为74%，在我国经济和土地价格上涨最快的华东地区占据了半壁江山（达60%以上）。

在经济型饭店业态高速发展的同时，本土品牌也迅速成长起来，并占据了较大的市场份额。如家连锁酒店截至2007年10月已经覆盖三十多个省近八十个主要商务城市，拥有三百多家连锁酒店。2006年10月如家酒店连锁成功登陆美国纳斯达克，成为美国上市的中国酒店业第一股。截至2008年5月，锦江之星总店数已超过300家，仅上海一地就有 70 多家。2010 年之前，锦江之星预计门店总数将达到 600 家以上。另外，其他酒店连锁品牌也发展迅速。7 天连锁酒店（7 Days Inn）集团，于 2005 年 3 月由美国风险投资基金与国内知名企业家共同投资组建，以华南为基地，眼下正积极向北渗透。截至 2008 年 4 月，7 天已有直营门店 130 家。2004 年初，格林豪泰由外资私募基金投资组建。2004 年 12 月中国飞雕集团投资的经济型饭店品牌“瑞登”在成都开业。

经济型饭店的经营利润高达 50%以上，平均投资回收期仅为 3～5 年。良好的经济效益吸引了各类投资主体纷纷进入，为经济型饭店的成长提供了资本支持。根据国家发改委公布的《2006 中国经济型饭店调查报告》显示，截至 2005 年底，中国经济型饭店已开业数超过 600 家。但相对美国酒店业协会统计美国 6 万家经济型饭店的数量来看，尚存在很大的发展空间，蕴藏着巨大的商机。巨大的商机、高利润的诱惑，使得经济型饭店的增长态势在 2005～2007 年达到又一个高度。特别是 2007 年，经济型饭店数量激增。截至 2008 年 4 月，我国经济型饭店数量已达到 1935 家，客房总数达到 217109 间。

相关链接 3-2　2007 中国经济型饭店行业 TOP10 事件

- 如家酒店连锁斥资 3.4 亿元收购七斗星连锁酒店
- 锦江之星十周年华诞
- 莫泰在上海浦东机场建成超过 700 间客房的酒店
- 三大金融巨头（美林集团、德意志银行和华平基金）联手投资 7 天连锁酒店集团 9500 万美元，创服务行业融资纪录
- 汉庭酒店连锁融资 8500 万美元
- 格林豪泰百万巨献慈善公益
- 速 8 在中国开设其全球第一家直营店
- 维也纳酒店获软银赛富风险投资 1.15 亿投资
- 万好万家借壳沪市上市
- 丽星邮轮首家“我的客栈”经济型饭店在杭州 99 元开业

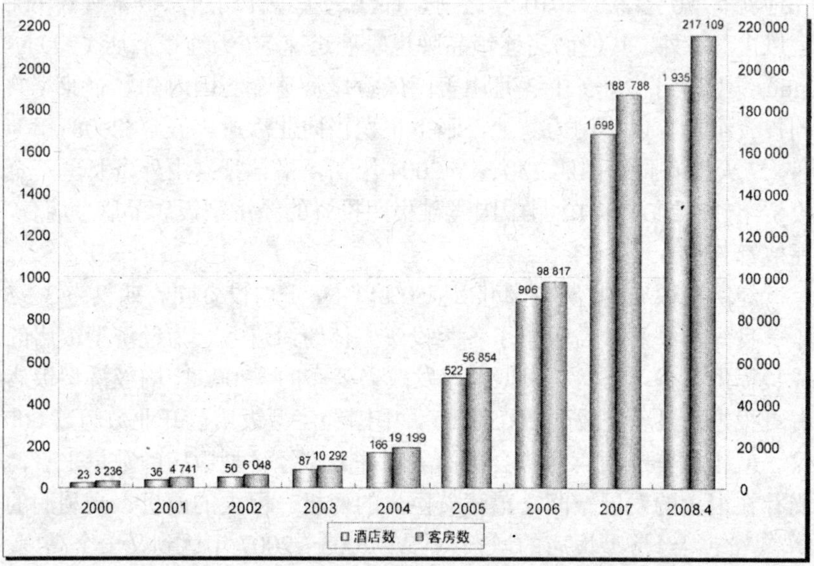

图 3-1 2000～2008 年 4 月中国经济型饭店发展情况

二、中国经济型饭店的扩展态势

2008 年 6 月 12 日，根据商务部和中国饭店协会联合发布的《2008 年中国经济型饭店调查报告》统计，2007 中国经济型饭店市场供应前 10 强企业依次为如家、锦江之星、莫泰、7 天、汉庭、格林豪泰、中州快捷、速 8、万里路和宜必思。与《2007 中国经济型饭店调查报告》相比，前 3 位企业中如家超越锦江之星，原排名第八位的 7 天成为第四，其已开业客房数增长率为 354%，宜必思是新进榜单者。前 10 强企业已开业店数超过 1000 家，比 2006 年增长 125%。7 天连锁以分店数 384%、客房数 354%的增长率，连续三年成为增长比例最快的经济型饭店企业。根据中国经济型饭店网的调查，截至 2008 年 7 月，以开业客房数排序的中国经济型饭店市场供应前十强（如表）是：

表 3-2 2008 年 7 月全国经济型饭店品牌排行榜

品牌	酒店数	客房数	平均房价(天/元)
如家酒店连锁	344	41372	195
锦江之星旅馆	203	28161	187
莫泰连锁旅店	133	27665	207
7 天连锁酒店	153	15942	187
汉庭酒店连锁	111	13326	225
格林豪泰	93	10931	208
速 8 酒店	77	7328	204
维也纳酒店连锁	15	3351	225
万好万家酒店	26	3133	271
中州快捷	20	2660	151

资料来源：中国经济型饭店网

第三节 我国经济型饭店发展的特点

一、酒店数量增长迅速，全国品牌和区域品牌共存

自 1996 年锦江集团创建我国第一家经济型饭店——锦江之星以来，经济型饭店增长非常迅速。全国品牌如锦江之星、如家快捷、七天酒店、莫泰 168 等，已实现全国主要城市的开店。此外，还有一些地方品牌的经济型饭店，如北京的和家、郑州的中州快捷、太原的金广快捷等，这些品牌均呈现蓬勃的发展势头，并有向周边城市发展的势头。目前，经济水平和土地价格上涨最快的华东地区占领了我国经济型饭店的半壁江山，紧随其后的是华北区和华南区。从品牌来看，瓜分国内经济型饭店的强势品牌有：以锦江之星、莫泰 168、格林豪泰等形成的“海派势力”和如家、汉庭、速 8 等“京派势力”及 7 天酒店。除“速 8”采用“加盟”连锁模式外，其余品牌都借助资本的强大支持加快扩张步伐。

从市场扩张范围来看，“如家”在北京和华北市场占有优势。在布

局上采用中心开花、点面结合的策略，以上海、北京和广州的根据地为中心和整体赖以发展的基础，以华东、华南、华北、华西作为四个经营中心，从东往西、从沿海向内地挺进。而上海和华东片则是“锦江之星”和莫泰 168 的大本营。目前，锦江之星正加快在京津渤海湾地区的发展力度，并相继设立了华东、北方、南方、西南、华中、西北和上海等七大区域性公司。虽然“如家”和“锦江之星”都已完成了全国布点，但是华东地区（特别是上海）作为市场重点的地位不会变，仍是双方争夺的热点区域。面对先行者的优势，格林豪泰、24K、莫泰 168 和 7 天酒店等“后起之秀”也不甘示弱，采取不同的策略争先恐后地在全国掀起第二轮的圈地战，力争在区域市场形成突破。例如，7 天酒店已在北京、上海、广州、深圳、成都、重庆等二十多个国内主要商务城市进行布局。

从区域经济发展的角度分析，经济型饭店的目标市场更适合定位在二线甚至三线城市，而不一定要从一线大城市开始。特别是实力较弱的中小连锁品牌。中部（河南、安徽、湖北）、东北三省以及西部四川、云贵地区，也将成为经济型饭店布局的新兴地区。

表 3-3　中国经济型饭店的主要品牌的市场成长情况

酒店连锁品牌	已开业饭店数			已开业客房数			2005 年底总饭店数[1]	2005 年底总客房数[2]
	2004 年底	2005 年底	增长率（%）	2004 年底	2005 年底	增长率（%）		
锦江之星	47	69	53	6354	9877	55	110	15475
如家酒店连锁	45	75	75	4903	8967	83	104	11754
莫泰 168	9	20	122	2000	5000	150	40	9560
中州快捷	18	25	39	3000	4000	33	36	-
中江之旅	23	23	-	2700	2700	-	23	2700
新宇之星	10	17	64	768	1627	90	19	-
速 8 酒店	8	18	143	931	1809	117	40	4215
城市之家	2	6	133	408	872	114	9	-
扬子江	11	12	18	652	752	15	33	1752
7 天酒店连锁	0	6	100	0	662	100	6	662

[1] 包括已开业饭店数、筹建中饭店数、已签约待筹建饭店数。

[2] 包括已开业饭店客房数、筹建中饭店客房数、已签约待筹建饭店客房数。

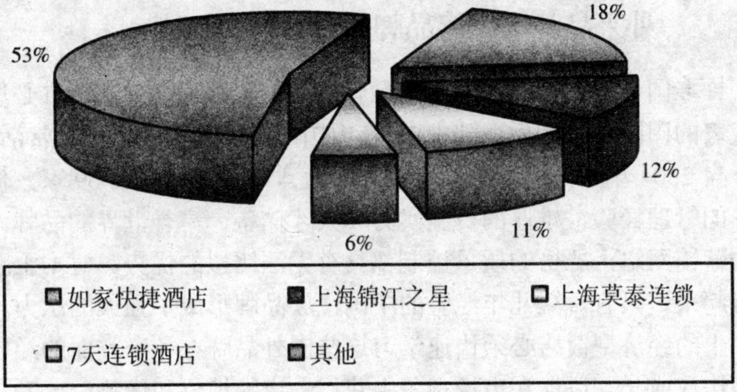

图 3-2 2008 年 7 月中国经济型饭店市场占有率

二、各类资本大量涌入，市场需求旺盛

由于经济型饭店的投资比较小，而投资回报率明显高于一般的酒店。同时，中国目前的投资环境比较好，资金供给充足，很多闲散资金一直在努力寻找适合的投资项目，这种结合了物业与酒店的优质项目格外吸引资本的涌入。

另外，中国房地产的升值空间也导致了投资者对经济型饭店地产的升值预期，所以来自社会各个行业的资金纷纷看好这类项目。如法国宜必思酒店，在中国主要以购买物业的方式实现扩张，除享有酒店投资收益外，物业的升值、人民币的升值所带来的汇率收益都成为企业盈利的方式。

从市场需求来看，北京、上海、广州、成都等大型城市的经济型饭店需求非常突出，市场条件比较成熟。仅北京一个城市，经济型饭店品牌就近 20 个，酒店达上百家。除沿海大中型城市外，各大品牌也开始在内地城市“跑马圈地”，如在太原，锦江之星、如家快捷等如雨后春笋般地出现在街头。

三、外来品牌与民族品牌的竞争日益加剧

许多国外成熟的经济型饭店品牌，如以美国速 8、法国宜必思等为代表的国际品牌先后登陆中国，在中国的经济型饭店市场异常活跃。速 8 自 2004 年 4 月进入中国以来，短短 4 年时间已开店 69 家。他们成熟的管理经验，雄厚的资金实力和人才储备，享誉世界的品牌，发达的营销网络，严格的质量控制都具有无法比拟的优势，对本土刚刚发展起来、只有短短几年经验的中国民族品牌形成了强大的压力。中国本土的经济型饭店必须快速学习这些国外品牌在各个方面的经验，从而快速成长，以期在市场竞争中获得一定的地位和优势。

相关链接 3-3

中国银联战略发展部研究报告显示，截至 2007 年 10 月，全国经济型饭店品牌大约有 50 家，其中已具有一定规模的品牌在 35 家左右，基本形成了全国性（锦江之星、如家）、区域性（7 天酒店、中州快捷）和国际性（速 8、宜必思）等三大品牌阵营。其中，本土品牌"如家快捷"、"锦江之星"和"莫泰 168"共占据市场份额约 31.6%；但进入中国市场仅两三年的外资品牌"速 8"和"7 天连锁"发展很快，市场排名迅速升至第四位和第五位。

四、行业并购开始，经济型饭店行业加速发展

2007 年 10 月 22 日，如家酒店以 3.4 亿元人民币的价格，收购七斗星商旅酒店 26 家连锁酒店 100%的股权。收购完成后，如家酒店的酒店和客房规模稳居第一，市场领先地位进一步巩固。如家收购事件标志着行业内重组整合的浪潮已经开始，类似事件将会越来越多。具有品牌优势、网络优势、规模优势、资本优势的公司发展速度会更快。行业的整合、重组有利于优秀的管理方法和模式的扩张。2008 年以后，由于行业规模的极速扩张，而奥运会过后客源的迅速回落，部分规模小、品牌差的酒店可能出现经营困难，行业内部通过兼并、收购等方

式的整合可能在这一阶段集中出现。

酒店业是一个典型的资本密集型行业，特别是在经济型饭店迅猛扩张的时期，资金支持更显得尤为迫切。2006 年 10 月 26 日，如家酒店连锁成功登陆美国纳斯达克，为其高速发展“如虎添翼”，所融得的 1.09 亿美元为公司的迅猛扩张打下了坚实的基础。如家从成立到拥有第 100 家酒店用了 4 年的时间，从第 100 家酒店到第 200 家酒店只用了 14 个月的时间。在完成“七斗星商旅酒店”的收购后，如家酒店已经在中国 80 个城市拥有了 320 间酒店的近 3 万间客房，居中国经济型饭店规模之首。

相关链接3-4 如家3.4亿并购七斗星 经济型饭店整合拉开帷幕

如家酒店连锁于 2007 年 10 月宣布以 3.4 亿人民币的价格收购七斗星商旅酒店 26 家连锁酒店 100%的股权。整合完成后，如家酒店连锁的网络将覆盖全国八十多个城市，拥有酒店数量超过 330 家。此次收购也成为了近年来国内酒店行业最大的收购案。

此次收购意味着国内经济型连锁酒店行业从大量投资涌入阶段进入了行业收购、兼并、重组的阶段。如家酒店连锁于 2002 年 6 月创立，其连锁酒店网络截至 2007 年 10 月 15 日已经覆盖三十多个省近八十个主要商务城市，拥有三百多家连锁酒店，是中国发展最快、酒店数量最多的经济型连锁酒店品牌。2006 年 10 月如家酒店连锁成功登陆美国纳斯达克，成为在美国上市的中国酒店业第一股，并被美国知名投资机构评选为年度 IPO，这也是第一家非美国公司获得该项荣誉。截至 10 月 21 日，如家酒店连锁市值已达 14 亿美金。

2007 年 9 月，7 天连锁酒店集团获得了国际知名金融投资机构美林集团、德意志银行和美国华平投资集团等投资者联手投资 9500 万美元。正是因为有了资本的支持，7 天连锁酒店集团 2008 年门店扩张速度近 400%。近年来，由美国资本创办的著名经济型连锁酒店“格林豪泰”发展势头强劲。2007 年“格林豪泰”登陆北京市场后，一口气开出 9 家店，开业期间甚至打出了单人间 99.8 元的超低价揽客。在 2008

年北京奥运会之前，该集团在北京建设了50家经济型饭店。此外，莫泰、速 8、汉庭等酒店也先后进行了巨额融资，以支持其新店发展和市场扩张。在国内外资本的热捧下，中国经济型饭店踏上了行业发展的快车道。

第四节　我国经济型饭店存在的主要问题

经济型饭店的由来和发展现状，从宏观、微观和市场运作讲，都与体制有着密切的联系。由于种种原因，我国酒店业到目前为止，在宏观上尚未形成统一的行业管理规范与体制，在微观上许多经济型饭店内部还未形成市场化的现代企业制度和有效的商业运作。

一、存在两套基本隔离的酒店行业管理体制

涉外酒店制度，指酒店经营中接待涉外人员入住，资格牌照须经公安部门和旅游管理部门批准，有涉外资格的酒店被称为“旅游涉外饭店”或“旅游饭店”。涉外酒店的行业管理归旅游行政管理部门，非涉外酒店的行业管理归商业行政管理部门。商业部在国家机构体制改革后，并入了其他的管理功能，其中就包含了对非涉外酒店的行业管理，但相对以前而言，管理功能趋于萎缩。酒店实施涉外制度，形成了旅游局负责涉外酒店的行业管理，商业部负责非涉外酒店的行业管理。问题的关键是，作为统一的、有交叉的、有市场内在联系的酒店业被体制因素人为分割。对于经济型饭店而言，如果是涉外酒店则成为旅游行业管理范围内的旅游饭店，如果不是涉外酒店则成为商业行业管理范围内的普通旅馆。实际上，在行业管理的实际运作中，旅游行业管理的重点是高档酒店，商业部的行业管理没有充分的资格、又缺乏足够的能力去管理普通旅馆以外的经济型饭店，经济型饭店是否是涉外或是否实际涉外，也缺乏有效的划分和管理。所以，经济型饭店被涉外制度分割后，使经济型饭店多年来实际成为一个行业管理相

对薄弱的交叉地带。

二、经济型饭店融资难度增大、增速减缓

尽管与2006年相比，2007年经济型饭店品牌企业的整体经营能力和经营收入都有显著的提高，增幅达11%。其中，平均房价为190元，涨幅为13%。除西北地区略有下降外，其他地区均有不同程度上涨。但是，行业快速扩张的隐患也在显现。虽然部分地区的出租率有一定程度的增幅，但全行业的平均出租率下降了0.4%，其中热点区域如北京、上海和整个华东区域的出租率则出现了4%～5%的下降。

中国经济型连锁酒店的发展，资本一直是主要推动力。除了如家和锦江之星实现上市融资外，7天、莫泰、汉庭等其他经济型饭店的资金无一例外均主要源于风险投资的支持。由于目前全球金融危机这一经济大环境的影响，美林、德意志等不少投资公司损失惨重，因此它们在进行经济型饭店项目投资评估时更加谨慎。当海外资金不再唾手可得的同时，国内信贷收紧亦给经济型饭店行业的发展带来更多变数。受美国“次贷危机”引发的金融危机的影响，如家等上市公司股价产生了一定波动，其他未上市企业的融资和上市估值也受到影响，摆在经济型饭店面前的直接问题就是融资成本提高，难度加大。例如，在如家2007年首次报出1520万亏损后，7天连锁酒店也表示2008年不会继续过去两年门店年增400%的发展速度，将增速下调为140%。另外，汉庭也将缩减2008年新开酒店的数量，原定增开150家左右，现在改为增开100家酒店，包括汉庭商务酒店、快捷酒店和汉庭客栈几种类型。汉庭酒店集团负责人也向媒体透露，2007年7月签订的8500万美元融资协议，是与投资方约定分数次注入，最后一笔融资由于付款周期问题未能到账。

三、系统化管理经验缺乏，人力资源不足

在几年的积累过程中，国内的经济型饭店积累了一定的管理经验，但是与国外一些成熟品牌几十年的系统化管理经验相比，不足之处仍然很明显。在成本控制、服务质量、培训机制、物流配送、企业

文化等方面，需要继续改进和整体提升。

同时，在经济型饭店物业中25%以上为酒店专业化改造，急需专业人才。但由于近年来国内经济型饭店发展速度过快，引入人才良莠不齐。据了解，目前经济型饭店行业中管理人员先前真正从事过酒店行业的比例大约只占30%。目前经济型饭店的用人模式讲求的是精简高效，一人多岗、一职全能，因此要求经济型饭店的管理人才必须是不仅专业化，而且更要复合型，因此经济型饭店目前从业人员相当匮乏，特别是酒店高层管理人员紧缺的现象尤为明显。

四、产品层次不清晰，市场营销手段匮乏

经济型饭店在中国刚刚起步，一些民族品牌酒店一拥而上，但并没有明确的目标市场，或者对目标市场的细分工作不够细致深入，于是导致了众多经济型饭店市场重叠或者过于宽泛，产品设计没有层次，缺乏针对不同细分市场需求的产品和服务。根据国外发展经验，经济型饭店可分为三种类型档次：有限服务酒店（Limited Service Hotel）、经济酒店（Economy Hotel/Budget Hotel）和廉价酒店（Super Budget Hotel）。有限服务酒店在经济型饭店中属于高档次，经济酒店中档，廉价酒店则属于最低档次。这三种层次的酒店价格相差较大，其硬件设施的差距也非常大，有限服务酒店的客房硬件设施不亚于四星级宾馆，而一些廉价酒店则在削减成本的理念指导下尽量简化设备，客房设施比较简陋。但是在目前中国市场上还没有出现这种非常清晰的产品层次划分。

与国外品牌相比，中国国内的经济型饭店品牌在市场营销的意识和运作手段方面的差距更为明显，尤其是一些区域性的品牌，知名度非常低，品牌形象构建也不够成功。值得指出的一点是，除了锦江之星、如家快捷、速8、7天、新宇之星等少数几家酒店连锁建设了自己独立的销售预订网络和呼叫中心以外，其他很多酒店都主要依靠第三方的专业订房中心和旅行社来销售客房。即使是有预订网络的酒店，其预订技术和效率也不是很高，系统设计中还存在诸多有待完善之处。

五、经济型饭店的民族品牌群体尚未强大

饭店业虽是我国与国际接轨较早的行业之一，但在 20 世纪末以前，基本上是外资酒店占据市场的高端，国有酒店由于在硬件和软件方面都与外资饭店存在一定的差距，处在市场的低端。

与经济型饭店民族品牌的弱势相比，近几年由于国内旅游对经济型饭店的巨大需求，经济型饭店的非凡表现吸引了国外众多饭店集团的关注。他们纷纷调整自己的战略，凭借各自的品牌优势，开始大举进入我国国有饭店长期以来占据的中低端市场，使得我国经济型饭店面临着国际品牌巨大的竞争压力。法国雅高集团在我国的第一家经济型饭店——天津宜必思（Ibis）于 2004 年开业，并且雄心勃勃，计划未来 10 年在中国将拥有至少 200 家宜必思;美国著名的经济型饭店品牌“马瑞卡”在成都大显身手，计划到 2010 年在中国拥有 130 家店；号称世界最大经济型连锁酒店集团的美国“速 8”（Super8）放眼 2008 年北京奥运商机，从 2004 年开始抢滩北京市场；英国 Bass（巴斯）集团旗下的假日快捷（Holiday Inn Express）、万豪（Marriott）集团旗下的万怡等著名酒店集团都已经开始行动，并且有发展数十家甚至上百家连锁店的计划。

经济型饭店的成熟发展必然要求建立有自己强大的品牌。在我国酒店行业中，欠缺的不是经济型饭店的产品形态，而是群体意义上的经济型饭店品牌。我国三星级以下的经济型饭店占据着整个住宿设施的 80%以上，但长期以来都以单体的形式存在，没有形成规模，缺少有影响力的品牌，彼此之间主要靠价格进行竞争，所以实力不强、综合效益较差。目前，相对知名的如家快捷、锦江之星、莫泰连锁等，也仅仅是在国内有一定的影响力，还未发展到成熟品牌的程度。

对于经济型饭店来说，规模是管理的基础，品牌高于有形资产。只有在若干个知名民族品牌的旗下聚集了一定规模的企业群，才可以说经济型饭店已经发展到了相对成熟的业态。

第五节　中国经济型饭店的发展策略

一、增强企业竞争力，坚持连锁化道路

国内外的经验证明，经济型饭店比较适合连锁和特许经营（Franchise）。经济型饭店规模小，财力有限，发展连锁和特许可以使酒店有品牌、客源、管理质量的保证，但又不是依靠自己的长期的经验积累，又无须支付太多的费用。据英国一家投资机构对全世界酒店业的调查和统计发现，到 20 世纪末，世界上酒店客房总数的 1/6 被 34 家酒店集团连锁经营，而欧美等发达国家的饭店总数中超过半数都是连锁经营的。首先，单体经济只有小利润，仅仅靠单体店的盈利，经济型饭店难以获得长足的发展。从单体经济走向网络经济（规模经济）是必然的趋势。其次，酒店是在特定的空间环境中向顾客提供住宿设施和服务的行业。酒店硬件设施是固定在特定的空间环境中的，单体酒店的商品销售具有较大的空间局限性，会严重影响酒店对客源的吸引力。单体饭店只有通过连锁经营，尽可能扩大经营的规模，并通过规模效益极大地降低交易成本和管理成本，整合内部资源，扩大品牌影响力，才能取得市场竞争的优势。连锁化是发展经济型饭店的必经阶段，可以统一规划、统一经营、统一管理、统一宣传，有利于实现规模化经营、专业化管理、规范化服务；还有利于资源共享，并提高品牌影响力，增强竞争力。所以，国内锦江、新亚、首旅集团，就采取了连锁加特许方式，通过投资或租赁，发展经济型饭店。

集团化的优势在于集合相关资源，既形成规模经济和资金、资本势力，又利于快速扩张，集中资源做好、做快、做大。我国提倡酒店走集团化的口号已叫响多年，也组建了不少的集团，但在酒店业中的影响小，尤其在高档酒店，起影响作用大的还是外国的投资者和酒店管理公司。可以讲，国内著名的五星级酒店，大多被外国投资者、管

理公司控制和实际管理。经济型饭店的发展，为酒店集团提供了新的机会。国内的酒店集团比外国的酒店集团，在发展经济型饭店上，有更多的优势，不能丧失这个机会和新的经济增长点。

相关链接 3-5　经济型饭店走向联盟时代

"这是一个危机与机会并存的时代"，用这句话来描述当今经济型饭店市场尤为贴切。一方面，泡沫论、拐点论充斥着整个行业，物业成本高涨、专业人才短缺令众多经济型饭店受到生存的威胁；另一方面，中国经济高速增长，商务活动日益频繁，旅游业蓬勃发展，行业远未达到饱和的程度，种种利好因素又为经济型饭店行业注入了强心剂。

7天连锁酒店CEO郑南雁高瞻远瞩，他看到了一个商机，那就是：扩大规模来提升竞争力是国内经济型饭店最直接的途径。日前，7天连锁酒店CEO郑南雁宣布，由其创立的国内首个品牌经济型连锁酒店跨区域酒店联盟——"星月联盟"正式成立。

郑南雁这样阐述自己的商业模式，星月联盟是国内首个集分销与互动为一体的经济型饭店品牌联盟，其宗旨是由联盟各成员所联合的酒店网络，在7天连锁酒店提供的网络系统平台上，向中小品牌经济型饭店输出先进的电子商务营销经验、精准会员体系以及领先的酒店管理经验等，一方面加强联盟旗下各品牌会员忠诚度的维护；另一方面有效地降低联盟成员的运营成本，使各成员在获利的同时，把更多的利益返还给消费者，达到三方共赢的目的。

业内人士认为，未来经济型饭店市场的竞争不再是单体酒店间的竞争，而是酒店品牌联盟间的角力。星月联盟的创立将吹响了新一轮经济型饭店行业竞争的号角，可以预见，谁抢先跨出第一步，谁就抢占了先机。

二、突出品牌建设，创建有效扩张模式

加盟连锁是国外经济型饭店品牌在我国的主要经营方式，但为保

障质量和探索积累经验，在初期发展直营店的做法是目前国内大多数品牌的主要方向。2005 年，全国经济型饭店品牌企业选择直营模式的门店数占 70%左右，这是我国经济型饭店初级发展阶段市场驱动的必然选择，同时也为下一阶段以品牌特许为重点的高速扩张预留了空间。虽然锦江之星是品牌加盟连锁的典型例子，但经济型饭店在我国是一个新的行业机会，大多数投资者缺少相关经验，需要较长的学习积累过程。而经济型饭店的发展通常是从一些单体酒店开始，在积累了一定的管理经验和品牌资产以后，逐渐推广连锁店。因此切不可盲目跟风，一味强调扩张速度，过早引入特许经营之类的连锁经营模式。因为良莠不齐的加盟者在市场上的不规范经营行为极有可能让你的品牌快速贬值，从此一蹶不振。另外，加盟国外经济型饭店大品牌也要谨慎，也许盲目的加盟最初可以快速获得一定的利润，但从长远来看不利于我国经济型饭店核心竞争力和自有品牌的培育。

经济型饭店的进一步发展必然要求拥有其自己的品牌，品牌不但有助于经济型饭店形成核心竞争力，赢得长久竞争优势，而且可以提高产品的附加值，带来可观的经济效益。所以，我国经济型饭店在经营中要努力创造酒店的特色和文化，体现出酒店的产品和企业的核心价值观，保证酒店的质量和品牌信誉。经济型饭店的品牌建设是建立在品牌文化、团队精神、产品设计和酒店管理之中，让消费者通过品牌传递，切实感受酒店的文化和核心价值，从而建立对经济型饭店的信任。酒店管理人员在指定经营计划和工作开展中，要以品牌意识为指导，注重酒店质量、服务和文化，结合自己的长处，选准市场上的空缺，树立一个独特、鲜明、新颖的形象，利用广告等传播手段展现品牌特色。同时，经济型饭店连锁的直营店和旗舰店必须用心经营，只有自身的品牌获得了真正的成功，才有可能吸引外来者加盟你的经济型饭店品牌连锁体系。

三、走差异化道路，突出核心竞争优势

国内经济型饭店在达到一定数量以后，市场竞争必然会加剧，笼

统的市场定位和无差异的产品已经不能有效地吸引顾客，尤其是产品的同质化将是经济型饭店参与市场竞争的致命缺陷。因此，市场细分和产品差异化是酒店经营者必须面对的问题。每个经济型饭店品牌必须在未来的几年时间内完成品牌形象的定位和内涵的定义、目标市场的细分和顾客忠诚度的树立、产品设计的改进和服务的完善，只有这样才能在越来越激烈的市场竞争中获得稳定的客源，形成自有的核心竞争优势。为此，按照顾客群体的年龄、性别、出行目的、职业、收入等指标，可以将目前的经济型饭店客源市场进一步细分为很多目标市场，如老年游客市场、青年市场、团体游客市场、学生市场、求医者市场、商务游客市场，白领度假市场等等。根据这些细化的目标市场的消费特征设计不同的经济型饭店产品和服务，填补市场的空白，形成稳定的目标消费群体。如在价格上可以分为廉价型、舒适型和精品型，从功能上还可以分成商务型、旅游型、会馆型、社区型等等。

经济型饭店的核心是经济性，迎合消费者的实际需求。经济型饭店的发展重点在大中城市，因为大中城市是商务、旅游的交织密集点，有庞大、稳定的流量，使经济型饭店有发展的空间。经济型饭店重视住宿和必不可少的早餐。住宿和必不可少的早餐的设施按需要设立，无关的就尽量不设，或功能合并、或少设。

例如，北京地区就有很多酒店的配套设施处于闲置状态，占用了建设资金，扩大了运营费用，而且在经营中亏损。据研究，北京大部分酒店的餐厅按独立核算都是亏损，而且还是酒店管理最烦琐的工作，但住店客人除早餐外，至少70%的客人由于时间、价格、消费习惯、餐饮特色等原因，并不在酒店内用餐。实际上，酒店大多把餐饮租赁、外包、合作，集中力量做房务。因此应多研究经济型饭店的规律，采用既使建设、运营费用低，又使客人在主要方面最大满意的 B&B 模式，从而实现酒店向现代经济型饭店的成功转型。

四、拓宽融资渠道，实现持续稳步增长

经济型饭店属于资金密集型行业，特别是目前国内经济型饭店主

要是靠雄厚资金来推动快速发展的。除如家快捷酒店、锦江之星靠上市融资外，汉庭、7 天、莫泰 168 等其他经济型饭店的资金来源主要是靠风险投资。在美国“次贷危机”的影响下，众多投资银行和风投基金损失巨大，可以预见，这些投资机构今后在对经济型饭店项目进行考虑时必然会更加谨慎，因此在未来几年行业资金总供给量将明显下降。海外资金不再唾手可得的同时，必须拓宽融资渠道，如寻找本土私募资金（PE）、银行贷款等，以此来实现经济型饭店的稳步增长。

五、加强政府引导，营造健康发展环境

经济型饭店产业发展的基本点是“形成一条与旅游、商务活动相匹配的经济利益链”，即经济型饭店的发展规模，是以接受经济型饭店服务的旅游者和商务人员的消费群体规模为基础。基于这个经济利益链就可以避免盲目上马、过热投资、恶性竞争、资源浪费的不良循环，使经济型饭店的发展符合规模经济的基本要求。加强政府引导，制定经济型饭店发展的产业政策和扶持措施，尽快出台经济型饭店经营规范及国家行业标准，整体控制经济型饭店的发展规模、合理布局，防止由于盲目发展造成人为的供求失衡。有效的产业引导将是经济型饭店健康发展的保证。

相关链接 3-6　海南省家庭旅馆划分等级标准

从 2004 年 10 月开始，海南省的家庭旅馆也将实行质量等级划分标准。家庭旅馆是指以经营和盈利为目的，以家庭合法拥有的空置房为基本接待单位，以个体管理服务为主要形式的小型旅游住宿接待设施。今年 8 月份，海南省质量技术监督局发布了海南省《家庭旅馆质量等级划分标准》，并于今年 10 月 10 日起实施。该标准将家庭旅馆质量等级分为甲级、乙级、丙级，质量等级认定有效期为 3 年。该标准对家庭旅馆房间的面积、床的质量、装修情况，卫生间的设备，安全环境、房间里的设备等都作了具体的规定。标准

规定：在甲级家庭旅馆中，房间的面积不小于 20 平方米，要有不小于 1.1 米宽的软床垫，有写字台、床头柜、床头灯、防盗装置，公共客厅面积不小于 40 平方米，配备电话和电话薄，有供顾客使用的洗衣机、不小于 8 平方米独立自助式厨房，炊具齐全、排风良好，有电冰箱、消毒碗柜等 22 项具体规定。乙级的客房面积不小于 16 平方米，丙级的客房不小于 14 平方米等。

该标准于 10 月 10 日开始实施，先在三亚市试点，然后向全省推广。

（资料来源：《海南经济报》2004 年 10 月）

第六节　我国经济型饭店发展的机遇和挑战

一、经济型饭店是传统酒店转型的新机会

随着中国社会经济发展，与国际社会经济水平差距的缩短，经济型饭店将在酒店业的发展中起重要的作用。相比已发展成熟、规范化的高档酒店，经济型饭店有更多的商业机会，这既包括饭店数量、规模、档次等涉及硬件、资金的方面，也包括饭店产权、机制、经营模式、管理服务规范、行业体制等方面。国内的酒店集团，如锦江集团、新亚集团、首旅集团，在近年内已开始启动经济型饭店发展的品牌、连锁计划，基本上是迎合了酒店发展的新方向，得到社会、市场的积极反应，获得了经济效益。

外国的酒店投资者和酒店管理公司，都形成共识，近期在中国发展高档酒店已不是投资酒店的最好选择，经济型饭店的发展是酒店的新机会。假日集团、雅高、万豪都有明确的在中国发展经济型饭店的动机。万豪还专门请咨询公司，作了中国未来酒店业发展报告，结论之一是：经济型饭店是一个新热点、新机会，比高档酒店有发展前景。另外，国外著名的“天天”（DAYS INN）商业酒店连锁特许品牌和青

年旅舍公益连锁特许品牌，以特许方式迅速进入中国，得到经济型饭店的青睐并迅速结合。经济型饭店有品牌要求，也看好连锁客源预订中心，接受特许经营方式，外国公司也看好中国的市场和经济型饭店发展的契机。

二、中国需要国际水准的经济型饭店样板

目前，对于客源市场来讲，批评经济型饭店的最大问题是“不像个（规范的）酒店”，“四五星级像个样，三星级以下就走样”，缺乏硬件、软件上的规范，难以符合高消费水平的国内消费者和国外希望住经济型饭店的客源的需要。按道理讲，经济型饭店只是投资标准和设施配套程度少，不是酒店的基本管理服务质量的下降。对经济型饭店的要求已不仅是“安全、卫生、符合基本生活需要”。经济型饭店虽然投资额有限，但也有相应的规范和基本服务质量和专业水平。在酒店业发展成熟的国家，经济型饭店有重要的客源市场地位，在必备项目和基本服务上，经济型饭店与高档酒店是一致的水平。我国的经济型饭店“不像个（规范的）酒店”的现象亟待改变。

高档酒店目前处于利润集中点的基础在发生改变，由于体制和市场需求的变化，经济型饭店蕴藏了巨大商机，将成为近期内酒店业的热点领域，酒店业的竞争格局将发生改变。在这种产业变革的混沌时期，中国经济型饭店的健康发展急需符合国际水准的经济型饭店样板企业和连锁，在这方面，目前引入国际资本和管理背景的“如家连锁”作出了积极而有益的探索。

本章小结

1. 关键术语

国际经济型饭店，民族经济型饭店品牌，经济型饭店现状和问题，经济型饭店发展策略

2. 逻辑框架

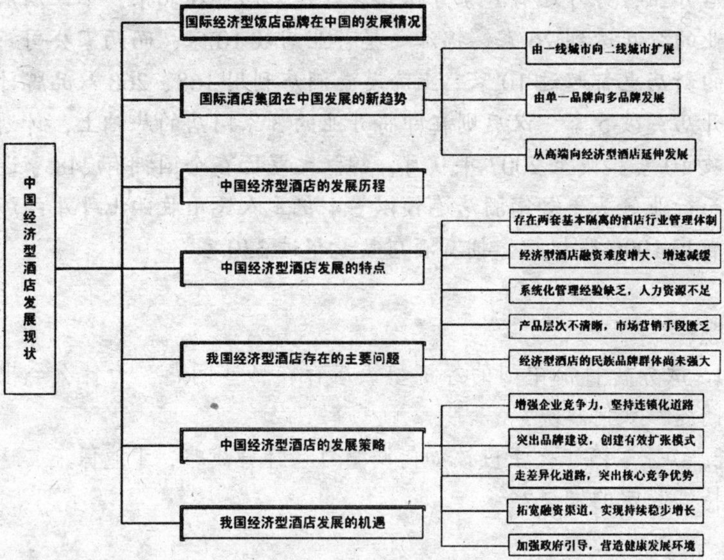

案例讨论

如家的危机和隐痛

2008 年 3 月 4 日，如家连锁酒店发布 2007 年第四季度财报，该季度总营收 3.276 亿元，净亏损 1520 万元。这是如家上市后首次曝出亏损。

“要命了！”坐在锦江之星上海新虹桥店餐饮区的沙发上，回想起刚刚驾车路上沿途看到的场面，锦江之星旅馆有限公司市场部总监怎么也轻松不起来。锦江之星的这家店位于吴中路和桂林路口，这里并不是上海人气最高的地段。但在不足 4 公里长的吴中路周边，却挤下了莫泰、7 天连锁酒店、上海优家旅店、上海东湖之旅虹锦酒店等超过 8 家经济型饭店，其中汉庭竟然在同一区段拥有两家店面！锦江之星扎堆的选择并不是什么新鲜事，现在，经济型饭店们比拼的是开店的速度和密度。门脸对着门脸那也没关系。以 7 天连锁酒店集团为例，在 2007 年之前，这家之前立足华南市场的经济型连锁酒店在北京仅有一家分店；不到一年的时间，截至 2007 年 12 月，7 天在北京已有 12

家分店开业，另外还有8家分店正在筹建。同样在北京，如家酒店已经开业的分店达到26家，锦江之星营业店数10家，而两家公司正在筹建的新店也都超过10家。上海莫泰酒店利用168、268双品牌计划年内开店突破5家，汉庭则在即将开业的3家门店的基础上，计划年内突破10家。截至2007年9月，锦江之星已在全国拥有248家连锁店。而行业领头羊如家酒店连锁以3.4亿元人民币收购七斗星经济型连锁酒店100%股权后，拥有酒店数量超过330家。

思考题：

1. 试分析目前中国的经济型饭店存在哪些问题？为什么会出现这些问题？如何解决？

2. 如家、锦江之星应该如何调整自己经营战略，才能保证其连锁酒店持续稳定的发展？

第四章　经济型饭店的经营战略定位

■ 本章目标

使学习者了解经济型饭店的经营战略环境，了解经济型饭店的市场需求，理解影响经济型饭店区域空间拓展的因素，了解经济型饭店的投资效益优势。

■ 本章重点

1. 经济型饭店的战略环境
2. 影响经济型饭店区域拓展的因素
3. 经济型饭店的投资优势

第一节　经济型饭店经营战略环境分析

战略环境是指与企业经营战略有关的各种因素总和。我们下面主要讨论影响经济型饭店经营战略的外部环境。

一、国有饭店改制与转型的机遇

在国企改革的宏观背景和住宿业市场转型的双重压力下，低星级饭店、条件较好的招待所和疗养院等必将大举转型。在今后经济型饭店板块成长的进程中，前些年大量兴建饭店造成的市场供给过剩决定了目前最急需的是对现有饭店资源通过市场机制加以整合，而不是新建经济型饭店。即经济型饭店的规模成长可以依靠于存量资产的调整，而不是在增量资产上做文章。目前，政府正在进行机构改革，附属服务单位与政府机构脱钩是改革的大势所趋。一大批国有饭店和政府招待所将面临改制和最终市场化，这将为经济型饭店集团通过租赁、托管、入股等方式的快速扩张提供充足的饭店后备资源。目前，我国经济型饭店50%来自于原有酒店的改造。大量的社会旅馆有待升级改造，这也增大了经济型饭店的市场空间。此外，房地产业的发展，为经济型饭店提供了大量的物业资源。

二、国内外资本市场的追捧效应

随着经济型饭店的发展，国内外大量资本涌入经济型饭店。2006年10月，如家快捷连锁酒店成功登陆纳斯达克，融资1.02亿美元，以超过30倍的超额认购完成招股，成为首家海外上市的经济型饭店。如家酒店连锁于2002年6月成立，到2006年上市前，如家经营及授权管理的酒店数量已达82家，总收入达2.49亿元人民币，展现出巨大的经营活力。如家的成功上市，刺激了国内外资本对经济型饭店的投资热情。2006年11月，美国华平投资集团宣布以1000万美元投资入股7天酒店。这是继如家成功登陆纳斯达克之后，海外基金首度对中国经济型饭店进行的大规模单笔投资。7天酒店是由美国风险投资基金和广东今日投资有限公司于2005年在深圳发起组建的连锁酒店集团，当时其已在广州、深圳、东莞、北京、长沙、无锡等中心城市拥有酒店近20家，皆为直营。华平投资则为美国历史最为悠久的私人股权基金之一，在国外有高达10亿美元的酒店公寓类投资。在国内，此次投资7天酒店是其第一次选择投资经济连锁酒店，选择的合作对象却是该行业内最为年轻的企业。

以上现象折射出的信号是，国内外资本对中国经济型饭店的前景非常看好，纷纷加快了对本土经济型饭店资源的投资和争夺。这更加速了经济型饭店在我国的发展，截至2008年4月，我国经济型饭店已达1935家，客房数21万余间。

国内外资本为何如此看好经济型饭店的前景？首先是经济型饭店所蕴藏的巨大的市场潜力。2007 年中国旅游业总收入达 1.09 万亿元，首次突破一万亿元。2007 年国内旅游人数达 16.1 亿人次，增长 15.5%；国内旅游收入达 7771 亿元，增长 24.7%。经济高速发展带动的商务出行以及大众旅游，加上大量的海外游客，促进了饭店业的发展，同时也对饭店提出了新的要求：舒适、干净且价钱不贵。我国星级酒店有 11000 多家，其中三星级以上酒店 5000 家。这些高档酒店并不能满足市场的全部需求，而社会旅馆由于条件简陋也无法满足旅游者的需求，即豪华的不经济，经济的不实用，但这恰好给经济型饭店创造了一个巨大的成长空间。资料显示，在欧美发达国家，经济型饭店的数量占饭店总数的 90%以上，市场份额在 70%左右。据中国饭店协会统计，现在我国酒店住宿业的市场规模已经超过 2000 亿元。据此推算，处于星级酒店与社会旅馆中间的经济型饭店的市场空间约在 1500 亿元左右。

其次是经济型饭店低投资高回报的诱惑。据经验分析，豪华型酒店的投资回报期在 15 年左右，经济型饭店则在 5 年左右，而且市场大、抗风险能力强。在非典时期，豪华型酒店的开房率为 30%左右，而经济型饭店的开房率高达 60%～90%。据统计，近两年来国内的经济型饭店平均入住率为 80%以上，甚至有数据显示为 90%以上。

经济型饭店投资规模相对较小，主要包括前期项目所需物业的改建造费用、设备物资费用、运营费用等等。以国内几家较大的经济型饭店管理集团为例，开设一家由其管理的经济型饭店的前期投资规模如下：锦江之星 750 万～1250 万元（以建筑面积 5000 平方米，每平方米投资 2000 元计算，包括土建改造、装修、设备及营运物资准备）或者 1750 万元（在空地上新建，不含土地费用）；如家快捷至少 594.5 万元；莫泰 168 约 800 万～1000 万元；速 8 约 300 万～500 万元（以 100 间房，每间房改造费用 3 万～5 万计算）；格林豪泰约 500 万～700 万元。对于资金风险和投资回报率的问题，较短的投资回收周期是吸引投资者的一个重要原因。综合各方数据来看，对于非自建性质的经济型饭店而言，一般 5 年左右便能收回前期投资。一些黄金地段的饭店，仅仅开张一年半到两年时间内，就可将资金全部回收。不同的地理位置对于投资回收周期有一定影响。

表 4-1 经济型饭店投资规模

经济型饭店品牌	投资规模	备注
锦江之星	750 万～1250 万元或 1750 万元	5000 平方米或新建
如家快捷	大于 594.5 万元	
莫泰 168	800 万～1000 万元	
速 8	300 万～500 万元	改造 100 间房
格林豪泰	500 万～700 万元	

三、国际经济型饭店品牌的助推

1. 国际知名饭店集团的中低端扩张战略

2004 年，全球第二大跨国连锁酒店企业——英国洲际酒店集团在北京与 9 家酒店业主签署酒店管理合同。此次签约标志着洲际集团旗下经济型饭店品牌“快捷假日酒店”首次进驻中国大陆市场。外资饭店集团已经把在中国的“淘金”范围从中高档饭店领域延伸到了中低端市场。美国的天天酒店集团于 90 年代末期进入中国大陆市场，并与中国大陆建设银行联手推出了 11 家天天品牌酒店。

同年，由欧洲最大饭店集团法国雅高集团独资经营的宜必思经济型饭店在天津开业，这不仅是雅高集团旗下最具竞争力的品牌，同时也是国际饭店集团首次在中国大陆投资建立的经济型饭店，它标志着国际饭店集团开始进入中国大陆饭店业的中低端市场。

不久，号称世界最大经济型连锁酒店集团的美国“速 8”（Super8）酒店集团在北京宣布进军中国大陆市场，根据已经签订的有关协议，“速 8”将在中国开出 68 家经济型饭店。

另外，万豪集团旗下的万怡，圣达特集团的拉美达（Ramada），洲际集团旗下的假日（Holiday Inn）、假日快捷（Holiday Express），雅高集团的美居品牌中的商务、经济型饭店等中档品牌也已经在国内中档酒店市场抢滩。

相关链接 4-1　宜必思——雅高经济型饭店的国际航母

宜必思建立于 1974 年，是欧洲领先及全球前三的经济型连锁酒店品牌，在全球的 39 个国家拥有总共 790 家酒店，其中在中国已经拥有 15 家酒店。宜必思正迅速扩张其全球酒店网络，目标到 2010 年酒店数量达到 1200 家。在中国,自 2004 年出现天津首家宜必思饭店后，在沈阳、青岛、无锡、中山、杭州、淄博、重庆、西安、武汉、香港，乃至上海和北京的宜必思酒店已经开业。按照该公司的初步计划，“宜必思”会以每年增加开业 10 家左右的速度发展，几年内，中国将有 50 家左右的“宜必思”。从 2007 年开始，宜必思启动了其品牌历史上最大的扩张计划，在巩固其在欧洲以外成熟市场（澳大利亚、新西兰）的力量，特别加强了包括东欧、印度、中国和拉美等新兴市场的增长，并将品质视为重中之重。

2. 国际知名饭店集团资本的投入

经济型饭店自产生以来，就受到普遍的重视，各国际知名饭店纷纷推出自己的经济型饭店品牌，并积极地在世界范围内抢占市场分额。

以中国为例，上世纪 80 年代，各国际知名饭店集团纷纷进入中国，并非每个都成功，但总体上是有不断强化的趋势。目前，全球酒店业前 10 强企业均已进入我国市场。其中包括法国雅高国际酒店集团、英国洲际酒店集团、美国速 8 酒店集团、美国万豪国际集团以及美国戴斯酒店集团等。这些酒店集团通过输出品牌等方式进行经济型饭店业务的扩张。

国外酒店品牌在中国的扩张主要体现为两大特征：①进入力度更大。从以前定位于大都市、区域中心城市和旅游热点城市到近期向有经济实力的二三线城市和中西部城市渗透，从跨国饭店集团的高端品牌在中国的试探性进入到综合性扩张，从跨国公司之间的分区域错位竞争到同区域集中化竞争，无不反映了跨国资本在中国经济型饭店市场的战略取向。②进入方式更为灵活多样。主要表现为以前以管理输出为主，近期则是带资管理、合资建企、管理输出、特许经营、营销平台开放等多种方式综合使用。

第二节 经济型饭店的市场需求分析

一、饭店的现有产品空隙

（一）饭店业产品供给分析

饭店业产品供给是指饭店经营者在一定时期内在各种可能的价格下愿意而且能够提供出售的饭店服务与商品的数量。如果经营者或生产者对某种商品只有提供出售的愿望，而没有提供出售的能力，则不能形成有效供给，也不能算做供给。

饭店供给方面，我国星级饭店数量继续保持适度增长。到 2006 年末，全国共有星级饭店 12751 家，比上年末增加 923 家，增长 7.8%；拥有客房 145.98 万间，比上年末增加 12.76 万间，增长 9.6%；拥有床位 278.55 万张，比上年末增加 21.38 万张，增长 8.3%。

星级饭店数量方面，截至 2006 年底，全国共有：

- 五星级饭店 302 座，共有 11.52 万间客房，占全国星级饭店客房总数的 7.9%；
- 四星级饭店 1369 座，共有 29.00 万间客房，占全国星级饭店客房总数的 19.9%；
- 三星级饭店 4779 座，共有 59.85 万间客房，占全国星级饭店客房总数的 41.0%；
- 二星级饭店 5698 座，共有 42.41 万间客房，占全国星级饭店客房总数的 29.1%；
- 一星级饭店 603 座，共有 3.21 万间客房，占全国星级饭店客房总数的 2.1%。

2006 年，全国星级饭店平均客房出租率为 61.03%，比上年提高 0.07 个百分点。其中：

➢ 五星级饭店的客房出租率为 66.4%；
➢ 四星级饭店的客房出租率为 64.3%；
➢ 三星级饭店的客房出租率为 61.3%；
➢ 二星级饭店的客房出租率为 56.9%；
➢ 一星级饭店的客房出租率为 53.1%。

值得一提的是，低星级饭店出租率有了较大提升，也反映出大众旅游的蓬勃发展。

表 4-2　星级饭店客房供给情况

	数量（单位：座）	客房数（单位：万间）	占星级饭店客房总数比例（%）	客房出租率（%）
五星级饭店	302	11.52	7.90	66.4
四星级饭店	1369	29.00	19.90	64.3
三星级饭店	4779	59.85	41.00	61.3
二星级饭店	5698	42.41	29.10	56.9
一星级饭店	603	3.21	2.10	53.1

（二）饭店业产品需求分析

饭店业产品需求是指饭店消费者在一定时期内在各种可能的价格水平愿意而且能够购买的饭店服务与商品的数量。如果消费者对饭店服务与商品只有购买的欲望而没有购买的能力，就不能算做需求，需求必须是既有购买欲望又有购买能力的有效需求。

（1）境外客源市场：境外高消费水平的公务、商务客人有较大幅度的增长。中国经济的持续快速发展以及日趋完善的国际化商业环境，促进了国际间的商务交流活动，经贸洽谈、国际展览、国际会议连续不断，境外商务客人络绎不绝。远程客人增加，增多了在华停留天数：2007 年，增加到 7.0 天，比上年增加了 0.1 天；人均每天花费也增加为 196.39 美元，比上年增加了 21.32 美元，同比增长 12.2%。说明了在华从事商务活动的人数增加。一个团要到 3～4 座城市谈生意，住房天数明显增加。

同时，随着我国加入 WTO，许多国家的旅游机构纷纷调整游客的旅游计划，将中国列为主要目的地。各大旅游公司不约而同地调整了游客的走向，到中国旅游成了旅游者们首要的选择。由此导致境外旅游客人的大幅度增加。2007 年，入境旅游人数达 13187.33 万人次，比上年增长 5.5%。其中：外国人 2610.97 万人次，比上年增长 17.6%；香港同胞 7794.89 万人次，比上年增长 5.5%；澳门同胞 2318.68 万人次，比上年下降 5.0%；台湾同胞 462.79 万人次，比上年增长 4.9%。其中，入境过夜旅游人数达 5471.98 万人次，比上年增长 9.6%。在入境过夜旅游者中，外国人 2139.89 万人次，比上年增长 18.2%；港澳同胞 2929.97 万人次，比上年增长 4.8%；台湾同胞 402.12 万人次，比上年增长 4.7%。

（2）国内客源市场：国内客源市场也发生了很大变化。随着人民生活水平的提高，人们的生活需求消费观念发生了变化，生活方式正由生存型向享受型转化，消费水平正由低档向中高档发展，出现了新的消费观念、新的消费水平，追求生活高质量，形成了一个“新、新、高”的局面。在这种形势下，旅游成了人们的主要选择，旅游消费也在不断提高。一项对国内客人住房需求选择的抽样调查显示，要求住四星级酒店的占 12%，要求住三星级酒店的占 54%，要求住二星级酒店的占 29%，要求住一星级酒店的占 5%。国内客人出差住房由过去住小旅馆、住地下室那种四五人一个大房间，发展到今天多数要求住经济、舒适、干净的饭店。同时，假日经济的发展，为旅游住宿提出了更新、更高要求。游客的这些新的需求和要求为饭店业开拓了新的发展空间。

（三）经济型饭店产品分析

消费能力有限的大众旅行者通常都想有个安全、舒适，价格又实惠的下榻之处。因为高星级酒店开销太大，低星级酒店又嫌住宿环境不好，最佳的落脚点非经济型饭店莫属了；而且大部分知名的经济型饭店多为连锁经营，找起来也相对容易。

经济型饭店的标准房价格一般在一百多元，但并不一味追求低廉的价格，也有价位超过 200 元，甚至更高的。这里所谓的“经济”，是指它省去了高星级宾馆一应俱全的大餐厅、商场、娱乐等设施，节省了成本，但在客房设施、服务与定价上体现出极高的性价比，它是具有现代国际接待水准的非奢华型酒店。这些经济型饭店对品牌和格调的注重在某种意义上改变了大众旅游者的旅行方式——曾经主导这个市场的是星级酒店和众多不知名的“招待所”，前者的高价位和后者的服务差距给经济型饭店留出了大量的市场空间。

经济型连锁旅店留给人的印象是服务热情周到、客房简洁舒适，并不像传统意义上的经济旅店——弄堂招待所或者低端星级宾馆那样环境邋遢、服务恶劣。有人形象地概括为“一星的（大）堂，二星的墙（装饰），三星的客房（基本设施），四星的床”。

从店堂装饰到客房设计，经济型连锁旅店始终秉承“以人为本”的宗旨。尤其是客房的布置，虽然设施简洁，但以“客人最需要什么”为出发点，在许多细节方面费尽心思。例如，客房卫生间以淋浴房取代了浴缸，不仅为旅店本身节约了成本，又让客人感到安全卫生；客房基本采用独立的空调设备，客人可按照自己的意愿开关或调节温度；床铺都选用全棉质地的被褥和床单，为客人营造舒适的睡眠环境。另外，各个旅店还根据自己主要客源的特点，添置网络等通信或其他生活设施，甚至有配以全套厨房设备的公寓套间。

经济型连锁饭店打破了星级酒店千篇一律的格局，朝着多样化的方向发展，在遵循“物美价廉”原则的基础上，各自发掘优势，各个品牌店各有千秋，给出行在外的人们以更多的选择。譬如，“锦江之星”发挥锦江集团本土餐饮优势，联手“锦江大厨”推出特色餐点，让客人不用走出酒店，就能享用到丰富而地道的上海本帮佳肴；“如家快捷”针对商务客的需求，凭借高科技后台，为商务客营建如家信息高速公路；莫泰 168 和美兴定位汽车旅馆，每家店都有停车场，最适合自驾车旅行者。

值得注意的是，现在的经济型饭店绝大部分都瞄准商务市场，有意无意之间忽略了观光、休闲、汽车旅馆等更为细分市场的创新与发展。即便是在商务市场上，现有的商业模式也是就高不就低的，以如家酒店连锁和锦江之星为例，在上海等地198元人民币的房价，已经逼近一些大中城市三星级酒店的房价。虽然低价并不是经济型饭店的惟一特征，但肯定是其主要特征之一。另一方面，为大众旅游者、也就是处于金字塔基的客人服务的经济型饭店则比较缺乏，全国各景区内也缺乏合适的中低端酒店。如果我们的眼光仅仅盯着商务市场，经济型饭店就只能是原有旅游星级酒店的一个裂变，只不过关注的是中低端市场。经济型饭店首先应该是按消费水平来划分的一个概念，其次才涉及具体的细分市场。当然，通过定位于中低端商务市场来启动和推进这一业态，其积极意义还是不言而喻的。

面对货币支付能力比较低的人群，不管是商务还是旅游目的，经济型饭店在具体操作中价格都不能高，单位产品（每间房）的收益率也不高，因而只能走规模之路，靠量取胜。截至2007年11月如家酒店连锁目前拥有了203家店，走的就是这样一条路。大规模的产品复制需要资本市场的支持，而且酒店不可移动，必须靠资本市场的支持快速形成品牌影响力。国际上著名的经济型饭店品牌，都是在资本市场的支持下迅速实现规模扩张的。

二、经济型饭店市场定位

市场定位即根据所选定目标市场竞争者现有产品特点和企业自身条件，从各方面为本企业和产品创造一定的特点，塑造一定的市场形象，以求在目标顾客心中形成一种特殊的偏好，留下一个最佳位置。就如一提到锦江之星就想到"锦江大厨"，一提到如家快捷就会想到"舒适、干净、安全"，一提到莫泰168就会想到每夜收费168元的"汽车旅馆"。

经济型饭店市场定位是指为了让经济型饭店产品在目标市场顾客的心中树立明确以及深受欢迎的形象而进行的各种决策活动。通过市场定位，使经济型饭店的经营者明白企业所处的位置、所面对的是什么类型和层次的顾客，然后根据需求设计酒店产品，展开促销活动。

（一）经济型饭店市场定位的作用

经济型饭店分布广，辐射范围遍及全国各地，所面对的顾客层次十分复杂，市场定位的难度较大。所以经济型饭店更需要正确的市场定位作为其发展的指南。

1．通过市场定位，突出饭店特色

截至2007年10月，我国已有经济型饭店1475家，虽然有一部分为连锁经营，还是存在众多品牌。如何在众多品牌中突出经营、独树一帜呢？这就需要明确的市场定位，树立特色鲜明、深受欢迎的形象，增强对顾客的吸引力和竞争实力。

2．通过市场定位、降低经营风险

随着旅游逐步成为大众消费活动，饭店市场的客源类型和层次由此变得复杂起来，并且不断变化，这使饭店经营的机会与风险同步增加。同时政治因素、经济原因和旅游中的危机事件等也增加了饭店经营的风险性。经济型饭店需要正确的市场定位来选择稳定的客源作为目标市场（如家庭出游者、商务差旅人士等），减少经营活动中的不利因素，降低经营风险。

3．通过市场定位，减少错误决策

经济型饭店在进行经营决策时，如果没有明确的市场定位就会带有一定的盲目性。主要表现在：对目标市场认识不清，经营方向不明确；进行目标市场定位时主次不分，缺乏针对性等等。这都在不同程度上影响到饭店的经营绩效。因此，经济型饭店决策时，必须以客源市场为基础，以市场定位为前提，尽量减少决策中可能产生的错误。

（二）经济型饭店市场定位过程

经济型饭店市场定位的过程大致可按以下四个步骤进行：

1．选择特定的客源层次

经济型饭店在进行市场定位时，要根据目标市场不同层次的顾客的不同需求进行有条件的选择，明白不同层次的顾客的关键利益所在，有针对性地投其所好。经济型饭店的基本特点是经济、方便、舒适，在定位时应把目光放在消费档次偏中、低收入的顾客群体上。

2．树立独特的市场形象

在选择了具体的目标市场后，就要考虑树立什么样的饭店形象来吸引消费者的好感。这时经营者要根据竞争对手的产品特点和市场定位，从消费者的角度来思考。经营中要突出自己独树一帜的风格和个性，才能吸引更多的消费者。例如，如家连锁所确立的“明净似月，温馨如家”的品牌形象就十分鲜明，令人记忆深刻。

3．开发设计特色产品

酒店产品能否被顾客接受并使客人满意是检验酒店经营优劣的标准，也是进行市场定位所要达到的最终目的。经济型饭店根据目标市场和自身形象来设计或更新饭店产品，始终本着满足客人所需的原则，以“物美价廉”取胜。通过高质量产品加深酒店在顾客心中的地位。

4．选择适当的传播媒介

酒店的市场形象和产品一经决定，就应通过宣传媒介向目标客源市场宣传。宣传要注重简练、具体，强调自身的特色和满足消费者需要的能力，同时挑选适当的媒介也是十分重要的。既要考虑到媒介在目标市场的影响力，又要考虑到饭店的广告开支预算。

第三节　经济型饭店的市场空间拓展

一、经济区位选择

（一）经济因素

经济型饭店的区域拓展所要考虑的问题有很多，首先要考虑的是所选择的区域或城市的经济发展水平如何。在通常情况下，一个区域或城市的经济发展水平越高，其商业活动也越多，对外交流也越频繁，人口流动性也越大，那么客源也就一定的保证。目前，国内大部分连锁经济型饭店，新开店面一般都在东部沿海城市或者中部省会城市，也就是这个原因。但是随着竞争的加剧，一些连锁品牌已经开始把店面向二线城市拓展。

（二）竞争因素

经济型饭店目标市场比较大，但是同类性质的饭店数量也在不断增多，消费者对经济型饭店品牌的选择也很多，所以经济型饭店在区域拓展的时候要考虑到该区域的竞争状况。首先，这个区域内的客源状况是丰富、一般、还是少，以后目标市场发展的潜力有多大。其次，酒店的投资者在确定拟建酒店位置时，必须考虑周围有哪些酒店是直接或间接的竞争对手；而且必须分析竞争对手的优势和劣势，因为酒店业的客源市场相对于其他行业来说会显得供给不足。如果拟建酒店周围已建成或在建酒店的数目已使客房出租率不足，投资者除非有足够的把握凭借自己的酒店设备设施和服务质量可以从其他酒店吸引足够的客源，否则酒店就要重新考虑选址，以免造成投资损失和酒店之间的恶性竞争。

（三）相关基础设施建设

经济型饭店区域拓展的经济区位选择还有一个重要的因素，那就是相关基础设施的支持。经济型饭店必须位于交通方便、进入性强的枢纽位置，还需要信息网络、能源供应、食品加工等相关基础产业的支持。正是由于经济型饭店的特色，决定了饭店周围相关基础设施的支持是相当重要的。经济型饭店选址有一个“5 公里”概念，在这 5 公里之内一定要有商业区，自身饭店没有的，周围区域内一定要有服务配套的支持（如餐饮、娱乐服务等），有便利的交通网络，有成熟的市场，并充分利用饭店周围的公众资源。

二、交通区位选择

酒店的位置与周围的环境，对酒店的经营有极大的影响。任何酒店都受交通的影响，交通方便与否，直接影响客人对饭店的选择。同时，周围环境对旅客有没有吸引力也是一个重要的方面。

（一）地理位置

被人们誉为酒店经营大师的美国酒店联号之父——埃尔斯沃思·斯塔特勒认为，对任何酒店来说,取得成功的三个最重要因素是位置、位置、位置（The three most important elements in any hotel's success are Location, Location, Location）。也许这位酒店大师的话有点夸张，但不可否认，随着旅游业的飞速发展，处于优越地理位置的酒店在日趋激烈的市场竞争中显示出来的市场竞争能力和影响能力，是一些区位较差的酒店难以匹敌的。纵观近年来所评选出来的世界最佳酒店，可以毫不夸张地说，优越的地理位置是其成功的一个重要因素。今天，地理位置已不仅是酒店产品的一部分，而且对饭店的经营成功与否起着非常关键的作用。在考虑酒店位置的时候，要结合酒店的类型。酒店地理位置的不同，往往决定了宜建何种类型的酒店。酒店投资者必须根据专家的分析选择合适的地址，以便因地制宜，确定拟建酒店的类型。以现在实例来看，大部分经济型饭店并非选在经济繁荣的市中心，但交通都十分便利，可以借助成熟街区和丰富的餐饮娱乐设施、城市基础设施为客人提供便利。此外，经济型饭店区域拓展还应考虑当地酒店业的总体情况。在一个确定的区域里提出建店的问题以后，必须分析该区域酒店业的总体情况及其发展趋势，这对酒店投资者是非常有益的。

（二）交通条件

交通也是经济型饭店空间拓展的一个重要组在部分。任何酒店都受交通的影响，交通方便与否，直接影响客人对酒店的选择。而且在影响拟建酒店交通区位的所有因素当中,交通是最具有影响力的。因此，确定拓展酒店的区位时，投资者必须考虑酒店与需求客源产生点之间的距离，以及当地的交通方式。就现在的交通方式来说，主要是火车、汽车、飞机和轮船。对位于城市中心的经济型饭店来说，住店者多为商务客人，因而首要的考虑是酒店与机场、火车站、汽车站或码头之间的距离。距离这些地点近且可进入性强的酒店在竞争中往往处于有利地位。此外，酒店的客源除了外地的旅游者外，还有当地的居民，故必须同时考虑当地居民进入酒店就餐或娱乐休闲的难易程度。

第四节　经济型饭店投资效益分析

一、投资效益分析

投资效益是指投资活动所取得的成果与所占用或消耗的投资之间的对比关系。无论是对投资的宏观调控，还是对每一个具体投资项目的管理，都要重视提高投资效益。

对经济型旅馆的效益，可以进行初步测算。测算口径为目前国内经济型旅馆所常见开发模式即租赁场地改造，比如建筑面积 5000 平方米，客房 150 间，餐位 150 个，停车场 50 个的单店测算投入为 620 万元左右（项目改造周期控制在 6 个月左右）。

（1）改造、装修费用为 5000 平米×500 元/平米=250 万元

（2）消防系统 30 万元

（3）照明系统、通信系统、电脑系统 100 万元

（4）电梯 1 台 50 万元

（5）客房家电 150 间×4000 元/间=60 万元（单位空调和电视机及其他）

（6）客房用具、布草 150 间×2500 元/间=37.5 万元

（7）餐厅设施设备 40 万元

（8）其他 50 万元

1. 收入预测，预计销售收入在 880 万元左右

（1）客房收入 150 间×80%×365 天×130 元/间·天=569.40 万元

（2）餐饮收入 150 餐位×2×60%×40 元/人×365=262.80 万元

（3）其他收入 50 万元（小商场等）

2. 运行成本及费用合计 630 万元

（1）租金 120 万元（按杭州市旧厂房租赁均价 250 元/平米·年测算）

（2）税金 50 万元

（3）水电等能耗 60 万元（按收入 7%测算）

（4）员工工资 70 万元（按 40 人测算）

（5）办公费 30 万元（按收入 4%测算）

（6）布草洗涤费用、维修费用 20 万元

（7）广告及培训费用 20 万元

（8）折旧 60 万元（按 10 年计提）

（9）物料消耗及其他费用 170 万元

（10）财务费用 30 万元（投入资金均按银行贷款算）

3. 经营利润初步估算为 250 万元，投资回收期两年半左右

但如果以购地自建方式开发(按占地 3000 平方米，建筑面积 5000 平方米估算)则投资成本需要在 1500 万元左右，则投资回收期为 5 年左右。在自营店经营成功的基础上，存在机会收益，即开发一个加盟者，可以收取品牌使用费和特许经营费，品牌使用费在 30～50 万元左右，管理费按营业收入的 2%～3%。不难得出，经济型饭店具有投资小、投资回收期短的特点，同时进入门槛也很低，想要占据稳定的市场份额，就需要优质服务质量的保证。

二、经营模式选择

企业经营模式就是企业赚钱的方式——即企业将自己所拥有的人力、物力、财力等资源有效组合，从而使得企业价值不断增长以达到盈利的目的，简而言之就是经营的方法。从实现经济型饭店品牌快速扩张的角度讲，经济型饭店可以采取多种投资经营模式，如直接经营（直营）或连锁加盟经营等（见下表）。

表 4-3　经济型饭店二种主要经营模式的比较

<table>
<tr><th colspan="2">经营模式</th><th>优点</th><th>弊端</th></tr>
<tr><td rowspan="2">直接经营</td><td>品牌方直营</td><td>便于对经营活动进行直接控制，质量和品牌形象有充分保证，可获得全部经营利润。</td><td>一次性投资过大，连锁品牌的扩张速度较慢。</td></tr>
<tr><td>业主方直营</td><td>对经营活动可直接控制，并获得全部经营利润。可以创造自己的酒店品牌。</td><td>缺乏管理经验、技术与品牌优势，经营的风险较大。</td></tr>
<tr><td rowspan="2">特许加盟</td><td>品牌方特许</td><td>以极小的投入（人力资源）就可以迅速实现自有品牌的市场复制与扩张。</td><td>难以全面监控加盟者的经营活动，品牌质量可能会受损。只能获得部分经营利润。</td></tr>
<tr><td>业主方加盟</td><td>可以充分借鉴品牌特许方的成熟管理经验、技术网络与品牌形象，快速步入正常经营轨道。</td><td>缺乏自我品牌、核心技术和网络，除了赚取利润外，难以长期积累自我核心竞争力。</td></tr>
</table>

注：1. 品牌方指拥有经济型饭店连锁品牌同时掌握有相关管理经验与技术的一方，如“如家快捷”酒店集团。

2. 业主方指拥有酒店物业所有权或经营使用权的一方，如 XX 公司拥有市中心的一栋 16 层大楼的所有权，准备经营一家经济型饭店。

相关链接 4-2　加盟还是直营？

——经济型饭店运营模式的战略选择

由于租赁经营模式涉及酒店与房产业主的复杂关系，且运营成本较高，因此大多经济型饭店更倾向于加盟或直营模式。目前国内著名经济型饭店品牌中，如家明确表示采取直营为主的经营模式，直营店和加盟店的比例为 7∶3。而与之相对，锦江之星则高调宣称今年其直营店和加盟店比例已达 4∶6。一直以来都采用直营方式发展的“7 天”，目前其直营分店约占 94%，管理直营分店仅占 6%。在其今年 100 家分店开发计划中，加盟指标为 10 家左右。加盟对“7 天”而言，仅为直营开发计划的辅助性计划。

1. 对“不成熟市场”的两种思考　如家连锁表示：“目前经济型饭店市场处于不成熟状态，特许加盟模式并不利于实施管控。相对而言，直营模式虽然投入大，但是产出也大，其风险远小于加盟模式。”如家于今年进行了两次收购。6月，宣布收购北京都市阳光酒店管理公司，该公司拥有3家经济型饭店；10月，以3.4亿元的价格收购排名位列经济型饭店十强的七斗星商旅酒店 100%的股权，如家透露，收购七斗星更多的是出于扩大规模的考虑。

11月如家发言人告诉记者“目前整个行业处在高速发展期，并购价格过高，此时再做并购并不是很合理，因此，如家会将发展重点仍然放在直营上”。如家的扩张计划是在3至4年内开业店面数达到1000家。

锦江之星表示“将把发展加盟、特许经营作为主要推动力”，锦江之星同样认为目前的市场存在“不健康发展的怪圈”，而加盟则是不成熟市场中的蓝海[①]。“也许3年，也许5年，经济型饭店将会出现衰退期，届时锦江之星再运用本阶段积累的足够资金，收购被淘汰出局的经济型饭店。”

相对于如家与锦江在各自运营模式上的坚持，“7天”显得尤为谨慎。“7天”连锁表示，对于一个快速发展的品牌，品牌管理、控制能力至关重要，直营策略对各分店的控制与管理是直接的，管理环节上的优化有利于降低成本。“7天”从一开始就选择了全部直营，以此来规避加盟所带来的管理规范风险。在今年提出“投资加盟”计划中，也仅分配了10家门店的指标。目前，7天采取以直营分店为主，管理直营分店为辅的发展模式，暂时不考虑特许加盟。

“7天”所采取的“管理直营店”方式，即类似投资加盟方式，与传统特许加盟方式不同，区别在于“管理直营店”仍是由“7天”进行全面经营管理，以保证品牌、服务质量的标准与统一。截至2007年11月28日，7天开业连锁分店超过90家，客房总量接近10000间，另有近90家分店正在筹建中。预计到今年年底，7天拥有分店数将超过200家。

---

① 蓝海战略（Blue Ocean Strategy）最早由W. 钱·金（W. Chan Kim）和勒妮•莫博涅（Renée Mauborgne）于2005年在合著《蓝海战略》一书中提出。“红海”意指竞争极端激烈的市场，“蓝海”代表未知的市场空间，是一个通过差异化手段得到的崭新市场领域，在这里，企业凭借其创新能力获得更快的增长和更高的利润。

2. 加盟收费，另一种层面的竞争 虽然各家酒店对经济型饭店应采取的经营模式有不同的看法，但是至少，他们都对加盟模式敞开了大门。从加盟收费基本构成来看，都是“首期加盟+持续加盟管理”模式。

加盟费的基本构成

	如家	锦江之星	7天
首期加盟费	**特许初始费**（一次性支付）：按3000元/间计算。 **特许经营保证金**（一次性）10万元（五年后有息退还）。 **如家酒店管理系统安装维护费**：首次安装费5000元。 **工程筹备期管理支持费**：10000元/月（一般四个月，具体视工程进度而定）。	**技术服务费** 20万元； **品牌牌誉费** 2500元/间	**品牌使用费** **输送会员CRS佣金** **工程筹备期管理费** **7天酒店管理系统费免收** **投资加盟保证金**：20万元（合作期满后无息退还）
持续管理费用	**特许品牌使用费**：每月特许酒店总收入的3% **特许服务支持费**：每月特许酒店总收入的3% **如家酒店管理系统安装维护费**：维护费10000元/年	**持续加盟费** 加盟店客房及餐饮年营业收入的4.5%，按月收取。	**投资加盟管理费**： 三年内 回收投资前：免收。 投资回收即收：利润×20% 三年后 从第四年的第一个月收利润×20%

数据资料来源：如家、锦江之星、7天官方网站加盟条款

如家和锦江之星的加盟模式已经是清晰的“特许加盟”模式。而“7天”提出的“投资加盟”虽然在费用收取上给予较大优惠，但业主只以物业及现金形式入股该店，年终获取分红，不得参与该店的管理，否则合作立即中止。而且，7天会派驻店长进入加盟店，店长再招募自己的管理团队。

如家和锦江先后上市，7天也于2007年获得由华平基金、美林集团和德意志银行联手9500万美元的投资。如家和“7天”以资本为依

托走直营路线，希望获得更多实业；锦江之星由于集团内拥有较为完善的品牌结构，在实业上开拓较早，因此现在着重发展加盟。在各自的发展前景上，三家都认为自己拥有适合自己的发展模式。

11 月，锦江之星宣布将于明年发展经济型饭店中的低端和高端新品牌。如家也表示：正在努力探讨新的细分计划，并将于合适的时机推出。随着企业的发展，7 天也不排除推出细分品牌的计划。

资料来源：环球旅讯 2007-11-30 记者 赵慧

本章小结

1. 关键术语

经营战略环境　饭店业产品供给　饭店业产品需求　市场定位　投资效益

2. 逻辑框架

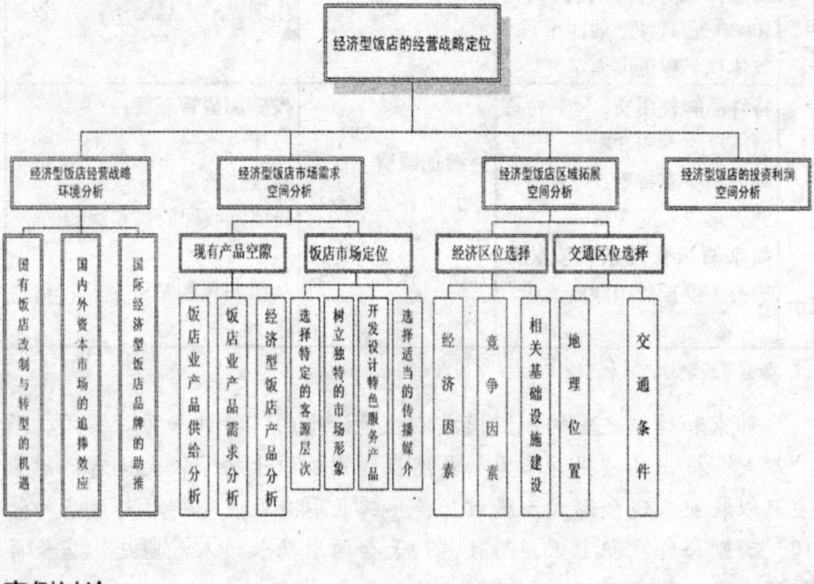

案例讨论

是否应该加盟“锦江之星”？

2002 年，一位河南企业家欲加盟“锦江之星”，这是锦江之星首次吸纳民间资本。

加盟方花了将近1年的时间，对几个项目同时进行考察。在这块3600平方米的土地上，他们准备将其改造成民政系统养老院，或市医院联合病房，或同济大学分院，或“锦江之星”连锁店。经过比较分析，最终选择了加盟“锦江之星”项目，并委托一家投资咨询公司进行项目可行性研究。接着，加盟方以地产作为抵押，向银行贷款1100万元，再加上自有资金，总共投入资金1500万元。

在有效的管理下，这个加盟店在经营几个月后就开始盈利。第一年的营业额为623万元，客房平均出租率为82%；第二年营业额为833万元，客房年均出租率为91%；第三年营业额预计可达1000万元，客房年均出租率95%左右。

这并非是孤立的个案。根据“锦江之星”的加盟收益预测，如果把投资资金定为1500万元，其年投资回报率接近20%。当然，这没有计算资金成本和房屋、设备折旧费、加盟管理费等。大致测算：“锦江之星”一个连锁店的规模占地2000～3000平方米，有100～120间标准客房和一个100餐位的餐厅、停车场，员工75人。如果以平均房价150元一天，平均客房出租率80%计算，一个连锁加盟店每年客房收入为526万元左右；餐厅如果每天营业额能达到8000元，一年收入也有292万元。这样一年总收入超过了800万元。而整个店不计算折旧和资金利息的话，每年开销也就530万元左右，一个连锁店的营业利润率可接近35%。假设投资额为1500万元，那5年多一点点就可以收回投资。

思考题

1. 根据“锦江之星”的加盟收益预测，一家“锦江之星”加盟店的投资回报周期为多少？

2. “锦江之星”和星级饭店相比，有那些投资效益优势？

第五章　经济型饭店的选址与设计

■ **本章目标**

使学习者了解影响经济型饭店选址的宏观和微观因素，了解经济型饭店的筹建步骤，掌握经济型饭店的各个服务功能的设计原则，理解经济型饭店的特色设计原理，了解经济型饭店的动线流程规划。

■ **本章重点**

1. 经济型饭店的选址

2. 经济型饭店的筹建

3. 经济型饭店的功能、特色设计以及动线流程规划

第一节　经济型饭店的选址与筹建

一、经济型饭店的选址

酒店的选址决策对于长期的客源和经营非常重要。经济型饭店的选址分为宏观选址和微观选址，宏观选址也叫区域选址，是从酒店经营的大环境来说的，往往涉及对省市的选择。微观选址也叫区位选址，重点选择酒店经营所在的城市的具体街区路段。就经济型饭店发展现

状而言，两者一定程度上存在混淆、重叠的现象。

在经济型饭店投资决策中，区位原则是非常重要的一条原则。区位原则必须综合考虑可用性、可进入性、可见性和就近性等4个因素。所谓可用性，就是从成本节约的角度出发，需要有外部的设施和基本服务供给可承接经济型饭店外包的功能；所谓可进入性，是指经济型饭店所在的区位应该容易到达，主要考虑交通距离远近、交通工具组合等因素；所谓可见性，是指对于那些随机消费者而言，酒店应该有良好的视觉设计，有助于其提前选择、决策；所谓就近性，就是要尽可能选择接近于住宿需求产生地的区位。因此在各个城市中应该瞄准的区位主要有：商业区包括商务区、政府机关或高校集中的地方、接近交通要道以及社会服务设施较为完备的位置。

（一）宏观选址

1．经济因素

中国经济型饭店的客源市场定位于中产阶层，尤其是一般商务人士和普通旅游散客。在选择区域或城市时，应该首先考虑经济活动比较活跃的城市和地区。这些地方往往商业贸易活动频繁或旅游业较为发达，有符合经济型饭店定位的广阔的客源市场。国内著名的经济型饭店品牌如“如家”和“锦江之星”等都把北京、上海、广州等一线城市或长江三角洲、珠江三角洲等经济发达地区作为品牌扩张的首选区域。

2．竞争因素

经济型饭店由于进入门槛较低，所以除了一些大企业、大集团涉足这一领域外，一些中小投资者也会进入这个行业，因此这也是投资者在选址时所要考虑的重要因素。例如，了解在我的竞争区域范围内现在是否有同类酒店？目前如没有以后是否会有？对我的经营将会产生什么影响？所以选址既要考虑目前竞争者因素，同时也要考虑未来竞争者进入的威胁。

3．人文因素

经济型饭店由于要严格控制建造成本，因此在选址上还要考虑人文环境协调需要支出的成本，如在老城区要考虑同老城区的原有建筑相匹配等；如果是建在生活社区，就要考虑同相邻的住户的关系，否则会给以后的经营带来麻烦，从而影响酒店的形象。

4. 政治因素

经济型饭店的选址要考虑所在城市的总体发展规划，这需要与政府部门积极沟通加以了解。同时要了解酒店的选址有没有与城市规划冲突的问题，包括新的道路建设、批租等等。

在产业发展过程中，凡市场需求比较旺盛的地区，盈利能力往往较高，因此在这些我国目前经济最为活跃的地区，经济型饭店自然能够获得较好的回报。在这些区域布局的经济型饭店可以称之为"收获型投资"。从目前经济型饭店投资的宏观大区域选择而言，珠三角地区、长三角地区和环渤海地区为最佳。但另一方面的问题往往是，好的区域和好的区位毕竟是有限的，企业进入市场慢了，在好区域中选到的也可能是非优的区域，而现在非优的区域里进入得早了同样能拿到好的区位，这种区域布局可以称之为"发展型投资"。

当然，目前适合于开发经济型饭店的好物业已越来越有限了。这不像如家快捷和锦江之星的起步是建立在北京和上海这两个大城市，它们自身有很多资源可供使用；而且前几年的市场空白很大，投资能够获得先入为主的"首位效应"。因此，今后的经济型饭店扩张应立足于行业长期发展的谋局，适当调整投资区域选择的次序，优先考虑中西部大城市或者东部二线城市市场的开拓。进军这些市场的好处在于，商务机会较多，地价较便宜，也有一些位置很好的烂尾楼。这就意味着开始时可以用很低的成本进入，增加了投资成功的可能性。法国雅高（Accor）创始人保罗为饭店寻找新址的秘密武器就是根据米其林轮胎的指示图发现正在建设的高速公路线索，搜索富有前景的地皮，在这些城郊建设的酒店不断被城区发展的步伐跟上并不断增值。另外，先从发展基础相对薄弱的地区入手，有助于获得地方政府的优惠，也有助于通过做出样板，创出酒店品牌。

（二）微观选址

由于经济酒店的客源对象主要是社会大众，他们对酒店的要求往往是以方便、舒适、卫生、安全、实惠为出发点，具体在微观选址时应考虑以下的因素：

1．地理位置

在酒店选址上首先要考虑地理位置这一因素。经济型饭店的特点是少花钱快赚钱，往往只能在经济发达，人口流动快、密度高，交通方便、市政设施成熟的城市或地区生存。经济落后的地区很难诞生真正意义上的经济型饭店。由于经济型饭店大部分客源来自商务市场，酒店较为理想的选址，是在人流密度高的主干道两旁，或是高速公路和桥的附近。一般来讲应选择靠近机场、车站、码头、商业网点、商务中心、大型游乐场、大型居民社区、小型疗养区、大型停车场等区域。经济型饭店在选址上同时应考虑：周边现有和即将要有的酒店、旅馆的情况，如等级、规模、房价等；客流量情况；周边企事业单位的情况，如单位性质、数量、经营状况等。

2．交通条件

酒店选址应充分考虑其交通条件，尤其是经济型饭店。一般选址以地铁站附近为最佳条件。因为地铁的覆盖面广、客流量大。如果没有地铁的城市，应选择在百米方圆内至少有能通达商业中心、机场、车站、码头的公交线路的地区。

3．配套服务

经济型饭店内部以客房为主要经营项目，餐饮、康乐、会议等配套设施很少或没有，所以为经济型饭店选址时，要特别注意当地已有的市政条件和通信条件，从而为住店客人提供相关的配套服务。酒店四周 300m 半径范围之内应有能满足客人综合需要又步行可及的餐馆、酒吧、商店、邮政、娱乐、便利店等设施，交通站点也应较近。因此在各个城市中应该重点关注的区位主要有：商业区包括商务区、政府机关或高校集中的地方、接近交通要道以及社会服务设施较为完备的位置。

4．建筑改造条件

对新建经济型饭店要考虑到市政设施的配套情况，如交通、物业、餐饮、购物条件是否到位；而对现有建筑则要考虑其可改造的条件，如建筑物的框架结构、宽度、进深，周边的空地，现在的排污、通信、水、电等设施是否允许改造。

5. 价格因素

投资较少，运营成本低，是经济型饭店的特征之一。因此应考虑所选址的土地价格和租赁费价格，如果土地价格过高，就将影响酒店的投资回收和土地价格的升值；如果是租金过高，酒店经营的利润空间就比较少。应根据对这一地段客流量所能带来的营业额的估算来衡量地价成本的高低。

6. 其他

酒店的展示和广告位置一定要有一定的醒目特点，或者广告位置醒目，虽然广告位置不一定在楼体本身，但是其指向作用很重要，而楼体本身的展示效果和广告位置安排也是一定要在选址时考虑的。另外，从车位到水电的配置，一定要根据酒店本身的经营特点来做出充分的预留空间。

相关链接 5-1　速 8 选址举例

品牌	城市	地理位置
速 8	北京	王府井（北京最繁华的地段）附近
	大连	展览中心（大连著名会展区）附近
	杭州	西湖（中国著名风景区）附近；高新开发区（新商业区）
	武汉	汉口火车站（人流量大）；水果湖（武昌行政区）

二、经济型饭店的筹建

（一）投资前期分析

经济型饭店的投资前期分析包括：项目市场调研、项目分析与总体定位/酒店定位及功能规划、投资可行性分析、酒店投资概算、项目经营业绩预测及财务分析、投资回报分析、风险分析及防范；做完可行性分析后，接着就要进行酒店的投资分析具体化，比如主要项目经营的概算，这个项目概算大概是多少，将来经营起来的盈利情况，回报率是多少、风险有多大。从财务的角度还要进行分析，以确保项目的顺利进行。

（二）选址方案优化

现代酒店鼻祖斯塔特勒就一再强调，酒店经营成功的关键要素除了位置还是位置。因为好位置有利于酒店非主营业务社会化配套，同时方便了顾客。美国的经济型饭店要求在15分钟的车程范围内，有餐馆、购物中心、加油站或社区等。首旅集团在京沪两大城市的“如家客栈”的区位一般选择闹市区、商业区、改造发展区或景观优势区，北京的几家均在三环之内，上海的第一家位于浦东中心地区。

因此，经济型饭店的选址一定要经过严格周密的调查分析后提出最优方案。在选址过程中要重点考虑本地商业状况：注意收集和评估酒楼周围商业快速增长的相关数据，并作出客观准确评估。对于经济型饭店来说，商业区、交通枢纽、高速公路边是很好的区位。在地价方面，应注意考虑潜在价值与现实价值之综合评估；不论市中心或城郊，关键看消费住户、流动人员规模大小；考虑地价上涨是否对营业投入、产出产生较大影响。此外，还十分注重公共服务设施的配套性，要考虑到购物中心、商业区、娱乐区的距离和方向。最后，还要评估保安、防火、垃圾废物处理和其他所需的服务。同样要评估服务设施、费用及质量。既不能拥挤，又不能空位太大，避免资源浪费。

相关链接5-2　斯塔特勒——酒店标准的起源

美国“酒店之父”斯塔特勒先生立志要建造一种“为一般公众能负担的价格之内提供必要的舒适与方便、优质的服务与清洁卫生”的酒店。这个愿望在1908年终于得以实现，他完全从公众出发的设计思想成为了酒店标准的起源。其创新主要在于：

1. “一间客房一浴室”，斯塔特勒酒店共有300间房，每间客房里都有单独的浴室，这在美国历史上还是头一家。

2. 斯塔特勒大酒店还实现了一间客房有一部电话。电灯开关安在房门旁边，楼房各层设防火门，门锁与门把手装在一起等都是他的创举。

3. 在经营方面，他提出“对任何酒店来说，取得成功的关键是地点、地点、地点”的原则，而“客人永远是正确的”这句行业名言，也源自斯塔特勒先生。

（三）酒店设计与施工

经济型饭店为基本功能所进行的设计主要体现在客房建筑平面、家具平面、水电应用平面、天花板平面的布置中，以及在这些平面设计中已经定位的门窗、家具、洁具、五金和主要电器设施的选择，当然还要有必要的设计说明。经济型饭店的房型设计和具体面积可根据其市场定位，将文化内涵与经营理念融合进去。

接着就要对项目工程进行概算分析。通过之后就要针对项目工程进行具体实施和施工建设：楼层的建设工程开发，包括建设计划编排及进程管理，工程设计方案（建筑及安装工程、装饰工程、酒店LOGO形象设计等）及会审和实施监管、工程预算（建筑及装修）、工程项目招标方案及具体招标、工程项目进场施工及监理、工程项目综合验收、工程档案管理、设备选型及采购。

（四）经营计划编制

经济型饭店在施工期间要制定好营业计划，编撰好经营计划书，从而保证企业一开张就能迅速进入经营正轨。经营计划包括经济型饭店的市场定位、经营目标及实现每一阶段目标的具体实施计划。在筹备管理阶段，应制定前期规划，包括酒店前期运作计划、酒店前期运营管理、物品采购计划和措施、员工手册；在开业筹备上，应制定好试营业、开张时各项筹备以及酒店产品价格的前期议定；部门配备上，制定部门前期协调工作计划和前期部门体制监督运行。另外，还包括企业进入正式运营阶段后所应采用的经营管理模式，部门协调原则，酒店前期运作成本预算、控制、管理，酒店前期营销策略等等。

（五）设备物品采购

酒店在筹建期间要采购大量的设备和物品，某些设备、物品在采购时如不严格控制、把关，可能会给酒店营业时带来难以估量的损失。

这个程序需要一份完整、详细的物件清单来完成，什么样档次、规模的酒店，就要配备相对应档次、规模的物件、设备标准。获取一份完整、详细、准确的物件清单，有以下几个比较好的方法：

➢ 向同档次、规模的酒店财务或仓管索取，那里有每件物品、设备的用途和存放何处的详细登记；

➢ 向已招聘的部门经理统计、整理；

➢ 依据酒店规范标准配置，但必须视本店实际情况由有经验人士统计。

有了这份清单，然后根据各部门的筹备进度计划，分类准备供应商的供货或送货日期，做到货到即可归位而不堆积、不浪费、不占用临时仓库。切不可无计划地购进物件，以免堆积在酒店营业区，影响正常工作的进行。

（六）人力资源组建

1．人力招聘优化组合

在招聘中应注意员工是否符合该经济型饭店的人员基本素质要求（比如有服务精神、工作态度良好及渴望工作，身体健康、无传染病和生理缺陷，相貌符合酒店工作要求，有团队精神、能服从管理，有酒店从业经验，并具有学习能力者为好），如：总经理助理应有酒店销售或前台工作经验，并具有学习能力；前台服务员以女性、性格外向为主，会电脑操作，有数字概念；值班经理以男性为主，一定要有酒店前台工作经验和管理意识；客房服务员能吃苦耐劳者优先；客房主管应有酒店客房管理经验；安保以男性为主，应忠厚老实、本分，身体健康、年龄在25～45岁之间为宜；工程管理必须具有电工证，应有一人能在酒店住宿，有设备管理经验者从优。

管理层起着关键作用，所招聘的高层管理者（部门经理级以上）要有丰富的工作经验和实战能力，需从长远计划来开展筹备工作，做好一期、二期、三期直到N期的管理发展规划，以保证顺利试业后还能让酒店、稳步、健康、正常地发展下去。平衡地组合布置人才，善加培养利用，让企业在各个阶段都有各方面的人才“把脉诊断”，才能健康发展。

基层人员是直接面向顾客的服务队伍，可以从外地成批招聘，或是就地广招，包括大胆聘用刚从学校步入社会从未工作过的毕业生。筹备期的人员要求大批量一步到位，企业来不及逐个精挑细选，因此宠大的作战队伍要赢得胜利，必须要有很强的心理素质和强烈的团队合作意识。要让他们拥有这种素质，除了企业花一定的时间培训教育他们之外，还应在组织这些人力时，采用一些辅助措施以取得成效。

2. 一专多能人员培训

人力成本节约是经济型饭店的一大优势，经济型饭店要提高控制人力成本的能力就必须把培训定为一个长远的系统性计划目标。经过系统培训的员工，知识全面、一专多能才能经得起考验，才能提供更优质的服务。

人力资源培训主要介绍企业背景、文化，决策、管理机构；认识本行业和了解需要遵守的行业规章制度、礼貌、态度、修养、福利待遇和安全规则；统一员工思想，树立酒店的基本服务意识和强化职业道德观念；明确公司目标、协调员工动机。

部门培训是一项很细的工作，需要把理论和实际操作有机地结合起来，规范员工的行为、操作流程，使之达到统一标准作业并养成习惯。在试业前进行一段时间的模拟训练。在实地练习中要各岗兼顾、轮岗实习，不断提高员工一专多能、胜任多个岗位的能力，如前台接待人员同时还能胜任会计和大堂副理的角色，客房员工同时还能担任前厅的清扫保洁工作，工程管理人员还能担任一部分安保工作等等。

相关链接 5-3　经济型饭店开业准备倒计时表

编号	准备项目	距开业时间
1	安排初级人员和销售人员的招聘工作，并完成其培训	60 天
2	考察周边酒店，了解市场竞争现状，制定本酒店房价	50 天
3	锁定并深入了解竞争对手情况，制定本酒店销售计划	45 天
4	招聘总台服务人员，以及工程、保安、财务部门人员	40 天

5	排出开业前具体的倒计时工作计划	40天
6	明确服务岗位，启动按岗位细分的实际上岗培训	38天
7	核对酒店业务运营所用的全部表式	38天
8	核对酒店采购物品清单	35天
9	量定酒店员工制服	35天
10	选定洗衣厂，试洗布件，确认洗涤质量	30天
11	指导购买清洁卫生工具	25天
12	购买工程人员的维修工具	25天
13	酒店工程验收与交接	15天
14	客房钥匙交接，指导分配全店员工，布置打扫清洁	10天
15	客房布件、一次性用品发放到位	5天
16	客房全部达到OK房标准	5天
17	总台办公用品及表式领用	5天
18	总台设施设备安装、调试到位	5天
19	总台进行模拟业务演练	5天
20	逐间房间保洁后报OK房，同时注意检查房间设施设备情况，有问题及时与工程项目经理协调沟通。	4天
21	试住客房并提交相关报告	4天
22	进行模拟开业操作培训	4天
23	房间清洁呈OK状态， 固定房态并提前按房型做好房卡给客人看房（安排专人带客看房）	4天
24	完成专业操作培训课程	3天
25	各部门排定上班班次，以及本部门的内部协调制度	2天
26	检查服务人员仪容仪表，检查酒店各部门卫生情况	1天
27	各岗位各就各位，准备迎接客人（向VIP客户发出邀请）	1天
28	带领值班经理做好标准化接待工作	1天
29	管理层确定开业后的例会日期，以及相关部门的工作协调制度	1天

第二节　经济型饭店的设计

一、经济型饭店功能设计

（一）客房设计

经济型饭店的客房设计原则是指经济型饭店的客房设计要遵循酒店的功能定位，并根据功能定位的要求来对客房内的家具，电器，通信、卫浴设备及用品、饰品，各类开关进行平面、立体布局、安排，包括摆放的位置 、高低、款式、颜色等的设计方法。客房常用设计原则是：以消费需求为前提，而不是以投资者的喜好为条件；方便员工的操作；针对目标市场；经久耐用，符合常人的生活惯例；体现出品牌的内涵；有艺术美感。

经济型饭店的功能定位，主要是按照酒店所在地的客源市场的需求和客户的生活习惯、文化等来对酒店的客房功能进行定位。例如，锦江之星的客源市场，其中就有家庭自助旅游者，那么就要设计符合一家三口居住的客房。锦江之星将客房设计成一张大床、一张小床作为标准客房。美国经济型饭店的客房都放置大床，而且在美国土地资源不缺乏，因此美国的标准房面积相对中国的锦江之星就显然要大得多，而且是两张大床。在日本东京经济型饭店，由于日本人多地少，标准房的面积相对中国的锦江之星就要小得多，仅仅在 20～18 平方米，要放两张小床，显得非常拥挤。所以，经济型饭店的功能定位要取决于目标客源市场、生活习惯以及客源文化。

设计不但是对布局、家具、电器、卫浴等硬性物品的设计，一般经济型饭店客房的实用面积，在标准房中不少于 20 平方米，卫生间实用面积不少于 2.5 平方米。设计上考虑区域定位，如书写区、休息区、储物区、盥洗区等。客房设计要考虑员工和客人的通道，不能交叉，干净物品（布件、客用品等）不能与脏的物品走同一个通道，要有严格的区分。客房设计要考虑员工工作用具的存放，员工取用物品的方便。客房设计要考虑在发生突发事件时，便于客人疏散、员工逃生、施救人员进入。总之，客房设计要考虑总体的功能布置，在合理、合法、合情的环境中一气呵成。

经济型饭店的设计理念是指对经济型饭店客房的平面、立体布局要遵循酒店的功能定位和消费者的需求，而非投资者的喜好和设计者的个人喜好来进行客房设计的思想。例如，锦江之星在客房家具设计时，考虑客人的逗留时间在2天左右，不会使用抽屉一类的家具，就采用板式结构的家具。这样，既容易让客人在退房时，一目了然地知道是否有行李遗漏，还可以让服务员在清扫时方便、快捷，同时又降低了投资建造成本。

相关链接 5-4　宜必思的神奇床!

宜必思根据最初调查了解到，顾客在新的环境中常常觉得晚上睡不好，或者越睡越累，很大程度上是由床及床上用品引起的。于是宜必思就从“床”着手，在全球宜必思品牌范围内开始了一场新的科学改进——寻找“特殊的床”，并给顾客提供全世界独一无二的卖点——高质量的睡眠。在宜必思的任何酒店中，我们可以看到，悬空的床架通风且容易清洁。宜必思的专家认为，床下往往是酒店的卫生盲点，平时难以清理，容易受潮发霉或孳生细菌。床架设计成悬空式的，便于清洁卫生，避免卫生死角形成。同时宜必思专家还提到，人们在八小时睡眠时会出现70～200次左右的翻动。为了保证顾客能有一个松驰而快速的入睡环境，宜必思请专业公司根据人体工程学的原理设计了宜必思特有的床垫。这种床垫所提供的承托力足够人在睡觉时所需要的床垫的软硬度。当顾客平躺在宜必思为其特选的床垫上，人的颈、背、腰、臀和腿的自然曲线是与床垫贴切吻合、没有空隙的。对于床上用品的选择，宜必思用棉质的被褥代替了厚重的毛毯，这样既可以保证床品与皮肤接触时柔软的舒适度，又能排湿导汗，保持床垫干爽卫生。另外，宜必思在室内设计上也颇费了一番心思：床放在距离窗子较远的地方，这样可以让顾客避免受风雨的干扰；采用能降低45分贝的双层隔音墙，让顾客在睡觉中避免受噪音干扰；采用柔和的节能灯和遮光窗帘，给顾客提供一个合适的入睡光线。

（二）大堂设计

大堂设计要求把客人在大堂的需要了解清楚，根据经济型饭店的实际情况来安排功能，如接待区域，进房通道区域，购物区域，电话、上网区域，休息区域等。经济型饭店大堂设计原则是：要将有效面积控制在最小范围内；要尽量考虑客人进出的线路流畅；门面设计要能够通透；灯光设计要明亮，同时也可有区域控制。

1．总台设计

总服务台是整个经济型饭店的灵魂，所以总台的位置应该眼观六路，耳听八方，同时它又是各种设施的控制中心（消防、电话等）。另外，总台是所有客人入住或离开的第一道或最后一道环节，要让客人留下好印象就要从总台的设计开始（柜的高低、用材、灯光、饰物等）。还有总台的接待员每天要接待大量的客人，他们工作的高效率是客人满意和管理方便的重要指标和要求。

2．休息区域设计

休息区域一般控制在实用面积10平方米以下，而这10平方米要成为这个经济型饭店的一个景。一个有企业文化内涵的景，既要从流程上考虑同其他区域不冲突，而且又要是一个比较安静、自在的场所，并且是可以让总台照顾到的地方。

3．通道区域

从大门进酒店到总台、客房这一通道是经济型饭店要认真安排的区域，既要考虑在最小的空间安排出这一通道，又要考虑客人的进入与外出便捷；既要考虑正常情况下的客流，又要考虑应急时的客流。所以通道设计是酒店的“血管”，每时每刻都要畅通。

4．电话、上网区域

这些区域的设计要有相对的隐密性，占地不大，但相对独立，又是整个大堂不可分割的一部分。同时这部分功能的实用性较大。

（三）餐厅设计

虽然经济型饭店以客房经营为服务核心，但少数经济型饭店还是根据故有经营优势和特长提供一定的餐饮服务。如“锦江大厨”是锦江之星附设的纯餐饮连锁品牌，它致力于将锦江高贵的餐饮文化融入到普通饮食之中，并通过连锁经营降低成本，让高档菜肴大众化，使老百姓也能亲身体验中华饮食之内涵。总的来说，餐厅设计要同整个经济型饭店的目标市场保持一致，在品种的供应、菜肴的特色上，都要考虑酒店的经营成本和消费者的承受力。

1. 附设茶餐厅

如果经济型饭店附设一个茶餐厅，餐位数量占房间数的25%左右为适宜。这个餐厅主要是提供住店客人有比较经济的午、晚餐和一个丰富营养的收费早餐。餐厅设计要考虑岗位复合、劳动力的多效使用，要考虑剩菜和用过碗碟的收回以及清洁食物、器具的流程，要符合国家的卫生标准。

2. 附设咖啡吧

如果经济型饭店附设一个简单、复合的咖啡吧，这也是一个满足基本餐饮消费需求的场所。位子的配备一般占房间数的 25%。除了供应丰富的早餐和经济的午、晚餐外，在有限的时间内提供给住店客人一个商务休闲的场所。设计时要考虑流程上合理，客人感觉方便。

3. 大众化的经济餐厅

如果经济型饭店设有大众化的经济餐厅，这应是一个能与酒店相协调的餐厅，主要是供应大众化价格的菜肴和一般的商务和家庭宴请，同时供应营养收费早餐。这种餐厅的设计一定要考虑高峰时的人流，要考虑这些消费者对餐饮需求中的特点（如价格要低廉、出菜要快、数量要多等）。这种餐厅的大小一般按房间数 1∶1 来配比餐位较合理，同时要考虑周边企业和居民消费的环境，也可放大或缩小面积。餐厅在设计上要考虑走菜和拆台的通道、客人进入通道、收银区域（包括酒水供应区、收款区），要有食品展示区域和餐厅用洗手间。

二、经济型饭店特色设计

（一）节约理念

经济型饭店的一大特点就是“物美价廉”，处处体现节约精神。这种节约主要体现在硬件成本和人力成本的严格控制上，因此在设计酒店时必须将这些因素考虑进去。

1. 硬件成本控制

以苏州锦江之星为例，为了降低成本，其肥皂由40克减少为25克；梳子缩短减少2分钱；用最简单的板式床，免去音乐、灯控面板、浴缸；投资者以家居、精致、简洁为目标，不用豪华材料，不造奢侈场所，不搞宴会、会议、娱乐设施，尽力避免在闹市区征地，而利用旧厂房、旧仓库、旧校舍进行改建。由于投资成本低，从而使经营成本也大大降低。另外通过集团统一采购可降低成本20%。

如家酒店的房间内的床头灯可以两张床共用一个的就决不用两个，地上一般铺设地板而不用地毯（相比地毯，地板价格便宜，且容易维护）。窗帘也一改一般酒店所采用的落地式，以窗户的大小来决定长宽尺寸。而且如家旗下所有酒店客房都采用可自由调控的单体空调，避免了传统中央空调空运转、高能耗的缺点，因此可以根据具体情况做到人走空调关，节约电能；而且单体空调也使得各房间的空气相对洁净，这在2003年“非典[①]”时期成了一个特殊卖点。卫生间则更可从细微之处见环保：所有的牙具均无纸壳外包装，双床间内也只提供一块小香皂供客人洗手，沐浴用品是可添加的沐浴液，既节省了包装又不浪费原料，所有的房间都是淋浴，节省水资源、减少了所占的空间面积。

西方的青年旅舍主要由乡间的中世纪古堡改建而成，后来学校的校舍、教室，教堂，农家仓库，灯塔，游船等都成为了旅舍的来源。这样做，一方面降低成本，另一方面为游客提供了独特的体验。

2. 人力成本控制

① “非典”是2002年爆发的全国范围的非典型肺炎（SARS）流行病的简称。

经济型饭店的人力成本比同等旅馆低 2/3；一般三星酒店 1.5 人/间，锦江之星 0.67 人/间；如定位于出差者和旅游者的“锦江之星”，摒弃普通酒店的许多设施,仅保留餐厅；定位于商务人士的“如家”则强调要有会议室，但不设餐厅；经济型饭店每间房的人力配置上限为 1∶0.6，“如家”有些店甚至只有 1∶0.4。

在美国，由于劳动力成本高（每小时最低 8 美元），经济型饭店的客房员工比为 1∶0.18。美国这类酒店用人少的原因是：社会市政配套、社会化程度高，酒店经营高度专业化。

相关链接 5-5 如家的精致服务设计

如家经济型饭店的商业模式，一方面要求酒店在固定资产和设施投资上“勤俭节约”，另一方面在服务项目上也要遵循“删繁就简”的原则。例如在酒店的投资上，如家通过租用厂房和普通房屋或者原先酒店，进而将它们装修改造成为符合如家标准的酒店，这样就极大地降低了固定资产的投入（北京的第一家如家酒店就是由原先的“建国客栈”而改建）。如家酒店内不设豪华大堂和门童，让客人进行自助服务。如果酒店周围有停车、洗衣之类的配套设施，那么如家会将这类服务也统统“删减”，通过有效利用周围设施，将有限的空间最大限度地转变为客房。即使有餐厅，也只提供简单的早餐服务，并且餐厅占用面积通常在 50～100 平米之间。客房员工比例为 1∶0.3～1∶0.35，即每 100 间客房所需员工数仅为 30～35 人。在对于客人所需住宿用品成本的控制上，也大概控制在 2.6 元/间夜，这样如果大双人间的客人有共用牙膏等消费体验时，就不足为怪了。所有这些，都为如家酒店向客户所要经济型价格提供了保证。

（二）人本理念

经济型饭店区别于其他酒店类型就在于它突出“以人为本”理念，为客人提供贴心的、实际的服务。如专心做好客房的服务、强调客房设施的舒适性和服务的标准化、提供宽带快速上网等。最典型的如“锦江之星”的第三代产品的特点是追求更加宁静素雅的氛围，简约精致的品味，在客人感知方面加大改进力度：如整体布局更加明快，更有家庭气息；床上用品质量经改良后达到四星级酒店的标准，色调更加温馨；在标准房中，将茶几的大小和高度进行了改进，提升了圆桌的附加功能；引进整体卫浴设备，给客人更加整洁、明亮的洗漱享受；在寒冷的北方地区，将客房地板换成复合地板，给客人更舒适温暖的脚感等。营造了更为人性化、家居感的酒店氛围。代表“第三代产品”的上海浦东花木店高达到95%以上的出租率表明“人本理念”突出的经济型饭店产品深受宾客欢迎，能够充分得到市场的肯定。

如家的经营理念也非常人性化，其口号就是“洁净似月，温馨如家”。酒店取名为“如家”，给客人家的感觉，很容易打动人。走进如家，没有门童为客人提供服务，这正是如家人的苦心所在，因为既然是家就该像家。服务员的装束也不同于星级酒店的员工那样，穿着正式的制服或是西装笔挺地为客人服务。客房里一改酒店惯常采用的白色床单，运用了粉色系列，或是红色、或是绿色，就像家里一样。有了家的感觉，客人到了这个城市自然愿意回“家”。

当前国内大多数经济型饭店还存在客房千篇一律、布局刻板，无法满足多元化、人性化服务的市场需求的问题。灯光偏暗、网络便捷程度不高，难以满足商务客人的需求；对于休闲度假客人，缺少足够的灯光照明，无法营造温馨、舒适的感觉。此外，西式铺床与床头控制柜更让客人感到不便，这些都急需通过改进来提高产品的亲和力。通过人性化的设计与服务可提高客人对酒店的认同。如引入商务客房、家庭客房、女性客房的理念，降低服务台高度以改变大堂原有呆板形象，从而活跃气氛等，就取得了一定程度上的成功。这些改进措施使得经济型饭店成为了中小商务客人和消费大众的首选。

（三）标准化设计

酒店业理论上是一个具有深度标准化的行业，从建筑外观到设施设备、使用物品和服务规范等方面都烙上了“标准化”的印记。酒店服务的标准化是指按照标准运作，以有序的服务来满足客人各种常规的需要。服务的无形性要求经济型饭店的管理者为服务制定一系列标准从而方便员工的操作和顾客的评估。标准化、程序化的服务具有高效、可靠的特点，它方便顾客接受服务并减少风险心理。经济型饭店所特有的“清洁、舒适、便捷、安全、廉价”的服务品质要求，从安全设施、公共空间设施、客房数、客房最小使用面积、基本服务等基础硬件和软件上，任何一个品牌都应该有自己统一的运营标准。

例如如家，自成立以来，一直坚持标准化的服务流程和日常运营管理及监测系统，以复制出理想的连锁品牌效应。它有自己统一的品牌形象、经营模式、质量控制和服务标准。除了自建“直营酒店”之外，还通过特许经营的方式来扩充如家经济型饭店的规模和数量。对于特许经营加盟商，如家提供包括品牌支持、销售支持、工程和维护、特许服务、利润维护、标准手册、培训、酒店管理和网络技术支持等内容的“特许经营九大服务支持”，以保证服务的标准性和复制性。如家的品牌起到了快速扩张的“连锁”效应。

锦江集团吸收借鉴国际先进连锁酒店集团的管理理念，结合多年的经营管理实际，并融入“锦江”特色的企业文化，建立完善了一套科学化、规范化、标准化、专业化的连锁管理模式。其中包括质量管理标准系统、管理服务操作标准系统、运营支持保障标准系统、计算机网络管理系统。酒店店牌和锦江灯箱由工程部根据锦江 VI 标准设计制作；清洁卫生必须符合运营检查标准，物品准备符合如家规范，员工培训经过考试合格，现场管理达到有效控制，服务质量符合规范要求，锦江之星 VI 标识齐全标准，符合上述验收标准，才能批准开业。宣传资料由酒店联系印刷制作，印刷按照市场部提供的样张，注意颜色、规格、质量、价格与公司规定保持一致；此外，还编写了“锦江之星旅馆设计要求和主要设备、设施配置标准”、“物品、用品配置标准”、“人员任职、人员培训和配置标准”、“客房服务操作手册”、“服务中心操作标准手册”、“管理人员工作标准”等 14 套连锁管理模式文本。

相关链接 5-6 标准化服务打造一流“莫泰”

“莫泰”连锁旅店自开业以来就坚持统一设计风格、统一环境布置与统一外观色彩等，坚持将一流的标准化服务贯穿于预订、入住到结账、离店的全过程。设立预订中心与客服中心，开通网络预订、短信平台，采用最先进的管理软件和最完备的预订系统，实现顾客在预订过程中可以直接知道预订酒店的入住房号，为顾客提供“点到点”一站式服务；设立一定规模的停车场地，确保顾客的停车需要；开设融合欧陆风格的“美林小厨”，为顾客提供全天候服务；设施设备价格成本比较，始终坚持从顾客出发，全部选用同类设施中较好的国际品牌产品，如热水器用美国的史密斯，电梯用日本的日立，空调用日本的松下，电话交换机用法国的阿尔卡特。还开通卫星电视和 VOD 点播系统，在大堂设立手机充电器、自动售贷机、无线有线上网平台等，尽可能为顾客提供全方位的高标准服务。

（四）个性化设计

在当今的个性化消费时代，酒店应在为入住客人提供标准化、规范化服务的基础上，更注重对不同客人提供具有针对性的个性化服务，只有这样的服务才能真正抓住顾客的心，才能称得上是优质服务。经济型饭店的个性化服务发展趋势也在日益加强。现代科技的发展为酒店的定制化服务提供了技术支持。著名酒店管理集团里兹酒店集团已经建立了近 100 万份顾客的个人档案，当客人再次入住该集团的任何一家成员酒店时，该酒店都可以迅速地从信息中心调取其资料，然后根据其消费偏好、禁忌、购买行为、住店行为等特征为其提供个性化服务。如家在酒店预订方面也做得非常体贴。任何一个想要预订如家酒店房间的人，只要登陆如家酒店连锁的网站即可完成。另外，如家也开通了 800 免费预订电话。而且当客人预订时，如家酒店连锁的内部联网系统会自动更新；当客人要订的那家酒店已被预订完后，系统可以搜索出最近的另一家如家酒店供客人选择。这样就避免了像其他酒店一样将客人列入等候名单或是将客人安排到附近的其他酒店入住，流失客源。如家以其店多、联网的优势很好地解决了这一问题。

为满足客人个性化需求，在微观上，要精心服务每一位客人；在宏观上，酒店市场则正在细分，细分依据就是客户的多元化、个性化，客户有多少类，酒店依此形成相对应的分类。武汉艳阳天经济型连锁酒店分设一代城市旅店和二代时尚旅店，城市旅店价格稍低，适合旅游者；时尚旅店则配备了专门的保险箱、会议室等等，适合商务客人。其新开张的艳阳天时尚旅店宝丰路店，增加了200人的标准会议室、空中休憩花园，其目标客户又高了一级，大型企业的会议以后也可以接待。同样在武汉，拥有15家经济型饭店的扬子江则推出定位更高的“天美乐”时尚酒店品牌，以吸引商务客人。在客房装修上，费用比一般经济型饭店要贵2～3倍；走道装修、床饰用品的等级，都打出时尚、实用等招牌。

相关链接 5-7 格林豪泰“贝壳酒店”

2008年4月24日，格林豪泰正式推出了新产品“百元”酒店——格林豪泰贝壳酒店。称其为贝壳酒店，其最显著的特点是空间设计特别合理，同时借鉴了很多日本酒店的设计元素，非常精致小巧。价位在100～130元不等，比一般商务酒店便宜很多，但房间设施和舒适度却与商务酒店相差无几。

此外，与“如家”、“锦江之星”、“宜必思”等国内外知名经济型酒店品牌不同的是，以“高星级酒店品牌”为依托的浙江南苑e家，打造的是商务经济型酒店品牌的高端，好比是经济型酒店中的“五星级”。这不仅体现在南苑e家连锁门店规模一般在100间客房左右，四星级标准的配备，更体现在它在高星级的酒店管理和服务上占有优势。

相关链接 5-8 时尚个性的"莫泰"式设计

对于"莫泰"而言，设计时尚就是最关键的特色之一。不同于其他经济型饭店，最让客人们津津乐道的就是莫泰时尚的设计和大胆的用色。从外面看，蓝色的酒店外墙、垂直泻下的橙红色招牌，夺人眼球、气势十足。走进去，客房和楼道也被各种张扬的色彩占据着，浅绿色、粉红色、紫色墙面的客房和不同花色的床上用品营造出各自不同的氛围。线条简约的不落地家具既美观，又方便清扫。卫生间的洁具全部采用最新款的柯勒产品，在脸盆底下还有音响播放，设计前卫的淋浴取代了利用率极低的浴缸；还有无线上网、视频点播、等离子超薄型大屏幕电视。客人可以搭乘四部完全透明的观光电梯进入客房领域。房间设计颇具法国和西班牙的拉丁风情——客房里从欧洲进口的夸张被褥和柔软的枕头、具有北欧风情的简洁躺椅，置身其中仿佛是在童话世界里。更令人印象深刻的，是酒店每一层的走廊都围成一个巨大的中庭，铺设了鹅卵石，还布置了热带植物。这些不亚于三四星级酒店的豪华装潢，据说让不少到访的欧美酒店业巨头大跌眼镜。

三、经济型饭店动线规划

关于"动线"流程设计的合理性。酒店的"动线"流程是酒店运转的动脉，顺畅的"动线"流程能使酒店的各项功能协调有序地运转，充满活力；反之，必使酒店运营不顺畅，从而影响酒店的经营形象和经济效益。

经济型饭店的"动线"流程（以下简称"流线"）从水平到竖向，分为客人流线、服务流线、物品流线和信息流线等四大系统。酒店流线协调的原则是：客人流线与服务流线互不交叉；客人流线直接明了，不使人迷惑；服务流线快捷高效；信息流线快速准确。

（一）客人流线

经济型饭店的客人流线一般设一个对外出入口，以便于管理。住宿客人流线：住宿客人又分团队客人和零散客人，酒店为适应团队客人集散需要，常在主入口旁设专为团队大客车停靠的团队入口并设团队客人休息厅。

（二）服务流线

现代酒店管理与服务质量与我国传统老酒店的区别之一就是客人流线与服务流线分开，中间要避免交叉。酒店职工从专用出入口进出。职工进入酒店首先打卡考勤，然后洗浴、更衣穿好制服通过服务通道进入工作岗位。酒店楼层一定要有职工服务电梯，其出入口不要与客用电梯设在一起。

（三）物品流线

为了保证后勤供应及清洁卫生，大、中型酒店都要设置物品流线。既有水平流线，又要有垂直流线。设有卸货台、货运电梯（有的可以与服务电梯共用）使大量的各类客房用品和食品饮料顺畅地运入酒店，同时大量的干湿垃圾和废弃物品通过物品流线顺畅地运出酒店。

（四）信息流线

现代人类社会正以前所未有的速度发展，信息交流量急剧增加。信息、物质、能源成为人类社会的三大资源。在主要工业发达国家，40%以上的工作人员在办公室工作，与信息打交道，象征着人类已经进入信息时代。这就要求我们跟上时代的步伐，根据各个经济型饭店信息流线的不同情况，建立、增强、改造信息流线。进入信息时代的钥匙是计算机。因此酒店信息流线要以计算机信息管理系统为中心，通过综合布线通道，建立、健全经济型饭店的信息流线。

综上所述，经济型饭店的合理布局，除投资者和经营者的前期正确决策外，室内设计师承接设计后，要有强烈的责任感和职业道德，配合业主进行全面细致的市场调查和分析，对经济型饭店的类型、规模、档次作出准确的市场定位，精心设计，合理布置，做出一个既有文化艺术品味，各项服务设施的功能布局和交通流线又能达到科学合理的一流水平的设计。

相关数据：经济型饭店筹建的经济指标（供参考）

1. 建筑面积：40～50m^2/每间客房（包括公摊、公共、后勤面积）

2. 投资概算：10～15 万元人民币/每间客房（包括土建、设备、装修、家具、电器）

3. 酒店员工：5～8 间客房/每位员工

4. 销售收入：40000～60000 元/每间客房/年（限大、中城市）

5. 直接运营成本：销售收入的 20%～30%

例：一个 120 间客房的经济型饭店：

1. 建筑面积：6000m^2

2. 建筑结构：钢筋混凝土框架剪力结构

3. 投资概算：1800 万元

4. 酒店员工：20 人

5. 销售收入：平均 600 万元/年

6. 运营成本：约 180 万元

说明：客房越多，则公摊面积越少，单位造价越低，运营成本相对也低。但经济型饭店一般不宜超过 200 间客房数量。

（资料来源：中国经济型饭店网 www.inn.net）

本章小结

1. 关键术语

宏观选址　微观选址　酒店筹建　功能设计　特色设计　成本控制　个性化设计　标准化设计　动线流程　客人流线　服务流线　物品流线　信息流线

2. 逻辑框架

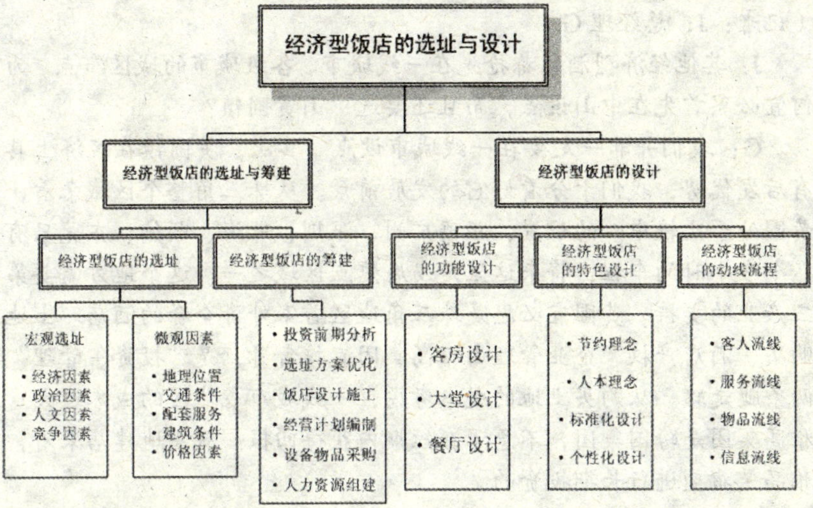

3. 实务操作

经济型饭店的筹建

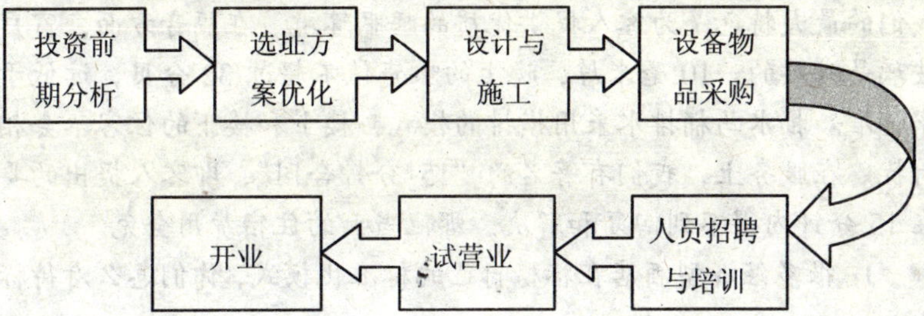

案例讨论

“宜必思”如何选址与设计？

2007 年 3 月，法国雅高集团属下的宜必思（Ibis）经济型连锁酒店在中山市黄圃镇开业，这也是该品牌首次在珠三角地区设点。相对于年轻的如家、莫泰，宜必思的品牌历史已有三十多年。从服务理念到管理模式，从经营策略到整体设计，宜必思体现了外资经济型连锁酒店品牌的特色。记者对中山黄圃宜必思酒店总经理进行了如下采访

（记者：J；总经理G）

J：其他经济型酒店都抢先在一线城市、各级城市的城区布点。为何宜必思首先在中山设点，而且还要选中山黄圃镇？

G：我们并非一定要在一线城市设点。其次，黄圃镇在经济上具有后发优势，我们十分看好它的发展前景。从珠三角整个区域来看，黄圃处于比较中心的位置，距离广州、深圳、珠海、顺德、东莞只有1个多小时的车程，将来这里是发展热点区域之一。这个地方需要第三产业的支持。黄圃宜必思是珠三角地区首家外资全资的酒店。土地购买、酒店产权、企业管理由雅高集团直接负责，是“投资＋管理”两条腿走路。从购买土地的成本考虑，一线城市或城区的成本过大。雅高集团是跨国集团，不急于在短期内获得回报。从买地建店来看，雅高是希望进行长期投资的。

J：宜必思酒店有什么特色服务？

G：我们的理念是做Hotel（酒店）而不是Motel（旅馆）。环保是我们的一大特色。我们采取太阳能供热，清洁方面使用无磷成分用品。我们的最大特色是为客人提供优质的睡眠环境。在隔音方面，窗户的玻璃是双层的，10毫米厚，晚上的噪声值不超过32分贝，远低于国家标准。抽水马桶排水采用横排的模式，楼上和楼下的住客不会相互打扰。在服务上，我们有著名的“15分钟合同”，即客人提出的要求在15分钟内得不到回复和解决，那他当天的住宿费用全免。

J：很多经济型酒店在标榜自己的标准化模式，你们怎么看待标准化？

G：我们有自己的一套标准。从酒店的设计来讲，风格尽量统一。黄圃宜必思采用2003年版，房间的色彩多而不杂，所有的桌椅在设计上尽量少腿。从购买地皮到酒店建成，我们只用了8个月。所有设施一步到位，这好比工厂的流水线。

思考题

1. “宜必思”选择在黄圃镇设点与其他酒店选址理念有何不同？
2. 宜必思酒店的服务有何自身特色？

零距离体验“宜必思”

夜幕降临，黄圃宜必思位于公路旁，红绿相间的招牌有点像 BP 加油站的价目表。酒店的外墙是红色的，整栋建筑的外形方正有余，没有特别的环境美化措施。

走进精巧的宜必思大堂，各类设施一应俱全，此地有沙发、吧台、餐厅、免费上网的工作台。前台只有两个工作人员。如果要住宿，而又没自带洗漱用品的话，客人就要光顾自动售货机，这跟别的酒店很不一样。

记者要在三楼的 321 房住一个晚上。门是绿的，走廊的地毯是红的，墙体是舒服的浅黄色，感觉比较现代化。推开房门，客房的面积偏小，宽度大约 3 米，深度约 6 米，但不觉得局促。酒店是空间利用的高手：桌子没有腿；电视柜和衣橱是连在一起的；把桌子放下来，便是一张单人床。

据介绍，宜必思的标准化管理体现在很多方面。为了让客人睡个好觉，电灯的“流明度”是经过反复实验才制定出来的。为避免灯光刺眼，床头灯的灯罩采用磨砂材料，且具有拆卸功能。

记者留意到，厕所的位置比地板高出几厘米。这也是宜必思的特色。这是一种独特的横排式管道设计，可降低排水的噪音值，不打扰楼上楼下住客的休息。此外，为了让酒店的噪音分贝值减少至 32 分贝，宜必思在通道上铺设了厚实的地毯，房间与房间之间安装了新型隔音墙体，窗户选用了 10 毫米厚的双层玻璃。此外，新风换气系统还能将香烟雾气在短时间内抽走。

与其他经济型酒店不同的是，宜必思安装的是中央空调。即使客人将空调关闭，当室温超过设置温度，空调也会自动启动，这要让客人在酒店的每个角落感受到同样的温度。

当晚，记者跟另外两位同事下榻同一个房间，其中一位女士睡在那张由桌子改成的单人床。宜必思的房价属于百余元的级别，如果第三人入住加床则要另收 40 元，略低于城区的经济型酒店。

思考题

1. “宜必思”的客房在设计上有什么特色？
2. “宜必思”客房特色反映了什么样经营理念？

第六章　经济型饭店的产品与营销

■ **本章目标**

通过本章学习，了解经济型饭店产品细分与市场分层，掌握经济型饭店产品策略，设计与开发经济型饭店产品，理解经济型饭店服务营销的内容，掌握经济型饭店创新营销方式。

■ **本章重点**

1. 经济型饭店产品细分与市场分层
2. 经济型饭店产品策略
3. 经济型饭店产品设计与开发
4. 经济型饭店服务营销
5. 经济型饭店创新营销

第一节　经济型饭店产品

进入 21 世纪，伴随着中国国内旅游的蓬勃兴起，经济型饭店经历了井喷式的发展。低价高质、品牌连锁、标准化经营、提供有限服务的经济型饭店已经成为被广大消费者所熟悉的住宿设施。经过几年的迅速发展，经济型饭店的投资与经营逐渐趋于理性，需求的多元化导致了市场细分的加强，一些新的产品类型开始出现。在商务客源市场强大需求的推动下产生了对经济型饭店的产品创新和市场细分需求，开始衍生出种类繁多、各具特性的饭店类型。

一、经济型饭店的市场细分

随着不同群体消费者需求的日益分化，尤其是市场竞争的白热化，产品创新和市场细分将成为经济型饭店发展的重要趋势。根据顾客需求分析，经济型饭店产品可细分为以下5种类型：经济型商务饭店、长住型经济型饭店、经济型观光饭店、汽车旅馆和青年旅舍。

（一）经济型商务饭店

目前大部分经济型饭店都是以商务客人为主要目标市场的，并且已经在我国的大中型城市和经济发达地区取得突破。其主要原因有二：

1. 这些地区经济繁荣，商务、公务旅游频繁，市场需求庞大，市场发育程度高，在规范化运作和品牌化发展方面已经达到相当的水平。

2. 高星级酒店集中，市场营销、品牌建设、人力储备、资本市场等产业发展条件成熟，具备商务型经济型饭店的发展条件。

经济型商务饭店的特征：

➢ 经济型商务饭店在选址方面一般倾向于选择繁华的商业、娱乐、金融中心地段，或者在商务集中的经济开发区，以及在交通便利的中央商务区（CBD）[①]。

➢ 经济型商务饭店的硬件设施简单而高质量，服务水平有稳定保证，品牌形象鲜明。

➢ 经济型商务饭店季节波动性比较小，市场相对集中，消费时间稳定。

目前的经济型饭店，如锦江之星、如家快捷、汉庭、宜必思、莫泰168、莫泰268等都针对这个市场，而且取得了较大的成功。

（二）长住型经济型饭店

长住型经济型饭店（Extended stay）的消费者一般居住超过一周，

---

① CBD：Central Business District 即中央商务区。

适合商务常驻者、度假人士使用。家庭般的设施、合理的价格是吸引这些人群的主要原因。在休闲度假区、商业活动区的附近都比较适合发展长住型经济型饭店。主要面向商业培训、公司临时委派、长期项目审计人员、冗长案件的律师、建设工程的工程师等。

目前，这个市场主要被星级饭店或者以周或月计的公寓所占领，但是经济型饭店在这个市场上仍然大有可为。这种延时居住的住宿需求非常适合经济型饭店的业态特征：

1．客人周转率较低，可以节约经营成本和营销开支；

2．商务导向的客源呈现稳定的状态，不太会出现周期性波动，可以提高客房出租率；

3．商务需求导向的设施能提高平均房价。

目前，这种类型的产品在国内还不多见，但是国外延时居住经济型饭店已经发展得比较成熟，从远期来看是一个值得关注的市场。国外著名的品牌有美国延时居住（Extended stay America）、延时套房（Main stay suite，隶属于精品国际酒店集团）、坎迪乌套房（Candlewood suite，隶属于洲际饭店公司）、套房6（Studio 6，隶属于雅高集团）等。

（三）经济型观光饭店

旅游经济型饭店适宜在一些经济发达城市和旅游发达地区发展。探亲访友、旅游休闲比较频繁的地区酝酿的散客住宿需求比较高。家庭可支配收人能够承担酒店消费，消费心理相对成熟，已经不满足传统的社会旅馆，有更高层次的住宿需求。经济型观光饭店拥有广泛的客源基础，能够得到发展。由于经济型饭店以低价格、低成本为主要特色，所以必须维持至少70%的客房出租率才能保本，因此经济型饭店所能承受的季节波动不大，并非每个旅游地区都适合发展经济型饭店。

一般说来，旅游经济型饭店建设在市场需求比较稳定，或者有多种替代客源的地区，从而保证不同季节的客房出租率维持在一定的水平。例如，著名旅游胜地桂林的客源季节性波动不大，饭店可以保持相对稳定的市场需求，正是基于这种地区市场需求的稳定预期，著名经济型饭店品牌速8在桂林开设了分店。

（四）汽车旅馆

汽车旅馆一般建造在大中型城市的交通主干道两边，汽车站、火车站、机场、码头等交通枢纽附近，以及城市边缘的交通便利之处。

汽车旅馆的最大特色是有较大规模的停车场，方便自驾车的家庭游客和中小商务客人、消费水平一般的团队旅游者和自助旅游者。目前中国真正意义上的汽车旅馆还没有发展起来，这与中国的高速公路建设现状有很大关系，目前还没有发展出覆盖全国的公路网络，驾车长途旅行的方式也没有成熟。

（五）青年旅舍

青年旅舍属于经济型饭店的低端产品，也即廉价经济型饭店。青年旅舍（Youth Hostel）是一个重要的廉价经济型饭店产品，是国际青年旅舍联盟（IYHF）专门针对低收入的青年和无收人的学生设立的一种特殊业态饭店。他们提供如学校宿舍般的住宿设施，一个房间有2～10张床，价格从几十到上百元不等。青年旅舍主要分布在旅游风景区和城市中，为背包旅游者提供价格便宜的栖息场所。

尽管青年旅舍的经营形态属于经济型饭店，但国际青年旅舍联盟（YHA）所倡导的理念与我们传统意义上的经济型饭店存在一定的差异，它们的声明如下：

国际青年旅舍不是经济型饭店，

我们倡导：爱护大自然，自助及助人，简朴而高素质的生活。

相关链接6-1 遍布世界的“青年旅舍”

国际知名的青年旅舍品牌已有八十多年历史，第一家青年旅舍1909年诞生于德国。当时一位名叫理查德·希尔曼的小学教师，非常注重课堂知识与观察社会、自然的实践相结合。有一次，他带着学生徒步郊游时，遇上大暴雨，只能在一间小学校内以稻草铺地而眠。此后他积极倡导，建立一个以社会捐赠和政府投资为基础，以提高自助式食宿为主要服务内容，以青年为主要服务对象的旅行者之家，并名之曰：“YOUTH HOSTEL”。这个倡议得到社会各界的广泛支持。1912年第一家青年旅舍在阿尔特纳城堡开业，并奠定了青年旅舍的基本结构，即以“安全、经济、卫生、隐私”为特点，室内设备简朴，备有高架床、硬床垫和被褥，带锁的个人储藏柜、小桌椅、公共浴室和洗手间；有的还有自助餐厅、公共活动室。青年旅舍品牌在欧洲、日本、美国等地，特别是在西欧有较高知名度和认同率，每年用英、法、德、西等4种文字出版的《青年旅舍指南》，成为青年自助旅游的必读工具书。近年开通的全球订房网络，可以让旅游者在出发前，用当地货币，预订全世界任何一家联网的青年旅舍，并当时拿到入住收据。

到目前为止，4500多家青年旅舍分布在全球，每年开房达3100多万床夜，成为世界最大的旅游住宿连锁组织之一。其中，城市型的青年旅舍一般盈利，盈利部分除用于自身更新改造外，还上缴青年旅舍协会调剂使用。景区及乡村型青年旅舍，则基本能做到经营收支平衡。

1932年，国际青年旅馆联盟（IYHF）在阿姆斯特丹成立；到目前为止，其正式会员分布在65个国家和地区，协助和代理组织分布在30多个国家和地区，该联盟总部现设在伦敦。目前国际青年旅舍中国总部设在广州，在中国拥有会员旅舍129家。

（资料来源：www.yhachina.com）

相关链接6-2

汉庭酒店连锁的产品细分

企业名称：汉庭酒店连锁

企业创始人：季琦（携程网股东；如家联合创始人、股东；力山投资最大股东、CEO）

投资方：上海力山投资有限公司

旗下品牌：1. 汉庭商务酒店　2. 汉庭快捷酒店，3. 汉庭客栈

品牌LOGO： 汉庭酒店 INNS·HOTELS

品牌定位：

1. 汉庭酒店

定位于比经济型饭店高一个档次的中档商务酒店，房价在250～300之间。在整个汉庭产品中属于最高端的。酒店有别致的大堂、更精巧会议室和齐全的商务设施，诸如打印、复印等对会员都是免费开放的。客房内有壁挂式的液晶电视、小型的电冰箱、独立衣橱、台灯和组合式设计的写字台和床头柜，以及干湿分开的卫浴系统。包括大堂内高档皮质沙发组成的休息区、单独的上网室和会议室，其标准与一般四星酒店并无二致，只是更小巧、精致。但是，这个档次酒店的会员价为300元，仅相当于周边五星级酒店的六分之一。

2. 汉庭快捷

定位于中档经济型饭店。汉庭快捷是汉庭体系中数量最多、分布最广的酒店，参照如家品牌，平均价格在200元左右。

3. 汉庭客栈

定位于对预算有特别要求的年轻白领和学生消费群的经济型饭店，房间定价在100元左右。

品牌特色：

1. 汉庭酒店

酒店特色：按照美国酒店业“Courtyard”的典范，结合中国国情创造的中档商务酒店。舒适的睡眠环境、豪华的卫浴设施、简约的设计风格、方便的商务会所和典雅的酒店氛围。

客房特色：宽大的床、优质床垫、舒适的床上用品、棉织品，荞麦双面健康枕头、客房免费宽带上网、公共区域免费无线上网、豪华淋浴设备、宽敞写字台、舒适办公椅、丰富的卫星电视节目、时尚简约卫生间。

2. 汉庭快捷

标准经济型饭店，以现代、舒适、超值的特点，致力塑造经济型饭店的典范。

3. 汉庭客栈

针对年轻白领消费群体，推出了国内第一家以漫画为特色的经济型饭店，突出年轻、时尚、欢乐超值特色。

（资料来源：根据 www.htinns.com 整理）

二、经济型饭店的产品策略

酒店产品的第一特征就是有形设施和无形服务的结合，从这一点看，饭店产品策略的选择实际上是指饭店用哪些产品和服务来满足顾客的需求。

（一）单一化产品策略

从产品销售收入的结构来看，经济型饭店应选择单一化产品策略。选择采取单一化策略还是多样化策略，取决于饭店的人力、物力、财力，取决于饭店的定位，更取决于市场需求。经济型饭店在人、财、物方面的条件都是相当有限的，同时顾客所需要的就是经济实惠、清洁、安全地住宿，因此应选择单一化产品策略，只提供食宿，甚至只提供宿。

相关链接6-3　Economic -Lodges连锁酒店

在美国的亚特兰大一家名叫Economic-Lodges的连锁酒店，只有60多间客房，设施简单，没有餐厅，客人在房内用餐。但它有许多优势，一是地处机场与城市之间，饭店免费提供客人往返机场与饭店的用车；二是早餐免费供应咖啡和一种简单的甜饼；三是费用低廉；四是预订方便；五是服务人员富有人情味。这些优势使这家饭店的出租率一直保持在高水平线上。

（资料来源：沈涵. 经济型饭店产品创新. 旅游学刊，2007 年第 10 期）

（二）中低档产品策略

经济型饭店选择单一化的产品，以客房为主，但并不意味着要把客房做成精品，而是根据饭店的目标客源市场决定的。饭店之所以被称为是经济型饭店，就是由它的产品和价格决定的，因此其产品必然是中低档的，以满足大众旅游者的需要。如果是高档的客房，自然要有高的房价，即便是有客人愿意住进这样的房间，作为经济型饭店又无法满足这样的客人在其他方面的高消费要求。

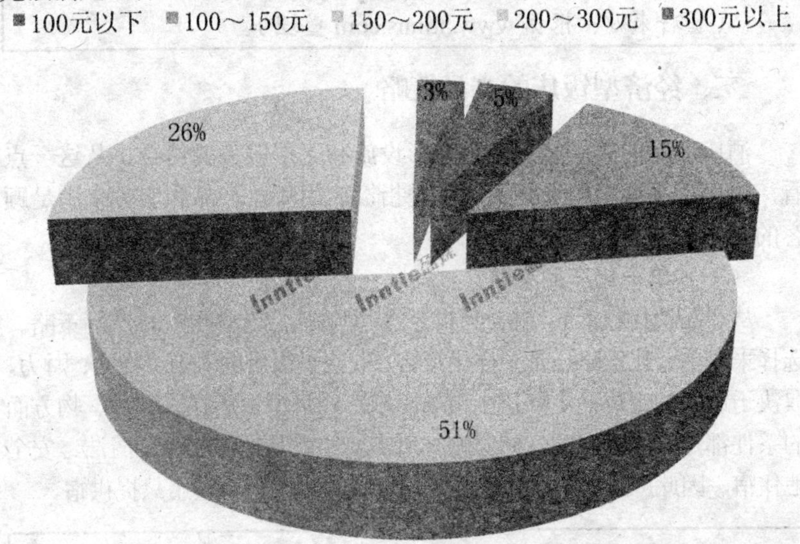

图 6-1 2009 中国经济型饭店产品结构（按价格区分）

（三）标准化产品策略

实行标准化的产品策略，可以节约单位成本，享有规模经济的利益。标准化产品策略，不只是指饭店应该建立各种规章制度，加强培训与质量控制，以保证自己提供的产品与服务达到一定的标准与水平。更重要的是指饭店所提供的产品与服务能够为国际旅游者所接受，亦即达到国际标准。

我国兴起的经济型饭店在硬件设施上已基本达到国内外旅游者的要求，但相当一部分饭店的服务存在缺陷，比如客房预订服务、信用卡结算服务等这些国际旅游者习以为常的、也希望在中国能获得的服务往往得不到保证。随着我国入境旅游和国内旅游的进一步发展，中国的经济型饭店必将走向世界，这都需要有一套标准化的产品。

（四）差异化产品策略

经济型饭店的快速扩张，必将使市场供求趋向于饱和，甚至供大于求，因此竞争是不可避免的。所以经济型饭店也要在采取标准化产品策略的基础上，根据竞争对手的状况和自身所处条件，选择适当的差异化产品策略。

差异化产品策略指的是饭店在市场竞争中不断开发与提供新产品、新服务，强调自己的产品与服务不同于竞争者、优于竞争者，进而使顾客偏爱自己的产品与服务。对于经济型饭店，实现差异化的关键在于创造自己的“卖点（USP）”[①]，它可以是有形的，也可以是无形的；可以是真实的，也可以是想像中的。差异的形式可以是产品属性上的区别，也可以是销售环境上的区别。只要对于旅游者来说，差异具一定的重要性，并能够感受到这种差别，这种差异就能成为独特的销售点。例如，国内新兴的经济型饭店连锁汉庭酒店近年来针对年轻白领消费群体，推出的价格为99元的以“年轻、时尚、欢乐、超值”为卖点的汉庭客栈，在市场上一经推出，即令人耳目一新，大受欢迎（见下图6-1）。

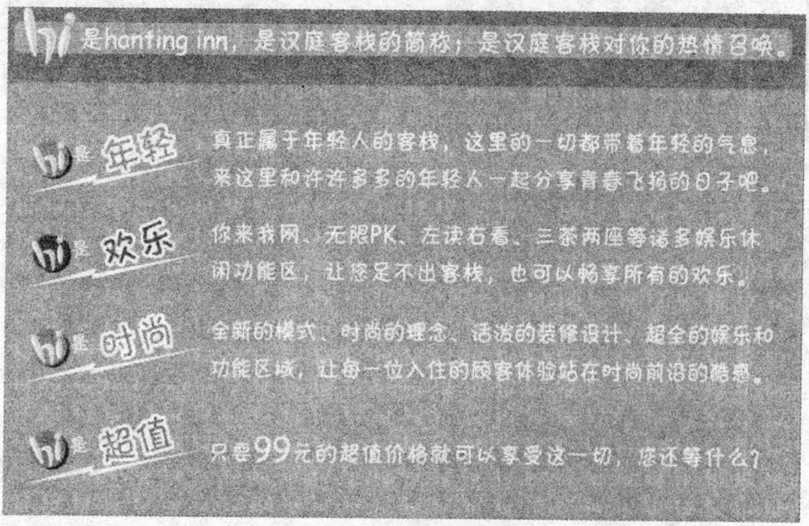

图 6-1　汉庭客栈的差异化特色

① 即 Unique Selling Point，又称“独特的销售主张”。

相关链接 6-4 国内经济型饭店如火如荼的“升级换代”运动

在中国经济型饭店中，汉庭率先采用分品牌战略：汉庭酒店（豪华经济型）、汉庭快捷（舒适型）和汉庭客栈（廉价型）。汉庭现有三个层次的品牌划分，在国内是最细的。

其他经济型饭店紧随汉庭之后，纷纷开始“细分和增高”。中国最大经济型连锁酒店如家快捷酒店向媒体透露：定位中高端商务酒店市场的“和颐”品牌 2009 年将在上海亮相。无独有偶，另一家连锁酒店品牌北京桔子酒店从美国引进的中高端商务酒店品牌“桔子水晶酒店”刚刚在杭州开幕，在京沪等一线城市也进入选址阶段。

与此之前如家普遍的“经济型”定位不同，“和颐”将定位于商务型酒店，目标锁定在中高端商务人士，采用四星级酒店标准装修。在桔子酒店 CEO 的规划中，桔子水晶酒店作为桔子酒店顶级品牌，同样以四星级标准打造，目标市场同样是中高端商务客源。

（资料来源：盈蝶. 经济型饭店月刊. 2009.1）

三、经济型饭店的产品开发

根据整体产品的概念，进行经济型饭店产品设计时首先要认识产品的核心利益，然后设计实际的产品，再开发出产品形态，最后再设法增加附加利益，以便更好地满足顾客需要。与传统星级饭店不同的是：经济型饭店的产品设计应准确认识产品的核心利益，即便宜、清洁、安全地住宿。

（一）经济型饭店产品质量的设计

经济型饭店产品质量设计应遵循适合性与适度性的原则。

适合性是指经济型饭店的建筑，装潢，设备、设施条件和维修保养、清洁卫生状况，管理水平和服务质量等各方面要适合目标客源的需要。

适度性则是指根据目标客源的等级要求即付费标准，以合理的成本为目标客源提供满意的具有适度质量的酒店产品，以实现饭店产品长期利润最大化目标。

经济型饭店产品设计的适合性与适度性，是因为不管饭店产品的价格多么便宜，如果质量不好，不适合目标客源的需要，那么顾客也是不愿购买的。同样，不管质量多么好，如果过高的质量导致过高的价格，也是卖不出去的。在我国的大中小城市都有许多旅社，价格低廉，但观光旅游团和家庭旅游者出于清洁和安全等方面的考虑是不会入住的。顾客选择饭店产品的原则是：以适当的价格来购买适当价格的产品。

经济型饭店在设计产品质量时，应推出宾客质量保证卡。这样做一是可以让宾客放心满意；二是可以通过放心和满意的顾客再向他人宣传，以吸引大量的回头客和常住客；三是可以通过客人依据质量保证卡对饭店进行质量检查和投诉，帮助饭店进行全面质量管理。

（二）经济型饭店产品功能的设计

现代饭店有两种基本功能。一是它作为企业的经济功能，这就是要在满足顾客需要、不断维持与扩大客源时，使酒店的长期利润最大化。二是它作为产品的效用功能。这就是要在合理的价格与成本限制下，尽可能多地满足不同目标顾客的各种欲望，解决他们的各种需求问题。不同类型的客人具有不同的需求欲望。经济型饭店的顾客对饭店的期望值是追求卫生、方便、舒适、安全、实惠。因此，经济型饭店产品功能设计上应把握好以下几点：

1．经济型饭店房型设计应个性化

经济型饭店定位于普通消费大众，把客房作为经营的绝对重点，餐饮、娱乐只为目标消费群做些必要的配套。这样才可能降低工程费用，才有可能将房价降到经济合理的水平。

经济型饭店可以根据不同饭店的不同条件，因地制宜地设计出满足不同目标客户的房型产品，如标房、单人房、情侣房、家庭房、办公房、娱乐房、错层结构房等不同房型标准，以满足不同个性的需求，也表达出经济型饭店个性化的主题。

2．经济型饭店产品以装饰设计为重点

由于经济型饭店多为旧有建筑改造而来，因此在原有建筑基础上进行第二次装饰设计则是重点。从降低成本出发，在设计中都需要考虑尽量保持原貌，减少改动。

3．经济型饭店产品应体现出简约风格

简约风格是经济型饭店的特点，追求简洁明快、实用大方，非常注重活动空间的布局与使用功能的完美结合。讲求功能至上，形式服从功能。所以在设计时，吊顶、墙面造型等占用空间、没有太多使用价值的内容都能省则省。同时，根据不同的定位、选址、营销策划，经济型饭店也细分为不同风格。

4．经济型饭店功能布局应高效紧凑

经济型饭店规模可大可小。一般情况下，每层16～20间客房、总层数不超过10层的设定比较理想。恰当的总建筑面积控制在6000～10000平方米之内。客房作为经济型饭店的最重要功能，应占饭店建筑总面积的70%～80%。每间客房建筑面积在40～50平米之间（包括公摊、公共、后勤面积）。

5．经济型饭店陈设品设计宜温馨舒适

经济型饭店突出温馨舒适居家式的住宿环境，同时也要考虑造价问题，因此可以在家具、挂画、摆设、布艺、植物等陈设品细节上多做文章，使客人有一种居家生活宾至如归的感受。

6．经济型饭店要注意建筑材料、设备设施的选用

经济型饭店设备设施配置总的原则是少投入，辅助设施少考虑。

经济型饭店在建筑材料的选用上，要考虑减少一次性投资，更要考虑降低运行维护费用。如在装饰面层上可以选用不多的规格型号。

经济型饭店的设备设施配置还要考虑其运行的低成本。一方面设定适当的标准，减少能耗。另一方面，对设施设备进行合理的组合，也是降低运行成本的重要手段。比如将传统的固定在墙上的护墙板与行李架连接，翻上去是行李架及护墙板，翻下来是软包的凳子，就可接待来访的客人，弥补客房较小和家具的不足。

7．经济型饭店产品的延伸服务、配套功能选择

经济型饭店在产品策划时，还要精心考虑目标客源的特点来选择延伸服务和配套功能。例如，德国海尔布隆青年旅舍建在森林和葡萄

园之间，每个房间有8个床位，有自助厨房，房间设有存放衣物的带锁橱柜，有洗衣、熨衣室。除了有简便餐厅外，还有聊天室和游戏场。

经济型饭店在不同产品线的基础上，根据需要进行不同的延伸服务与配套，如莫泰268品牌重点配套其商务功能，度假品牌则重点强调其旅游配套功能。

相关链接 6-5　莫泰“品味时尚”主题酒店

莫泰酒店通过产品的开发设计使得莫泰品牌的整体性与子品牌的个性化很好地融合，能够涵盖不同的目标市场，并在不同目标市场上有所区分。

在“品味时尚”这一酒店主题之下，莫泰168品牌强调便捷，产品线客房的标准以简约、明亮、洁净为主，避免不必要的冗余功能，在服务上也以高效快速作为要素；莫泰268品牌强调雅致，客房产品应以装修精巧别致为主，突出一种符合时尚潮流的品质，配套上要相应全面，满足有线无线上网、复印、传真等必备的商务功能，服务上应突出较高的标准；度假品牌强调舒适，并根据不同景区特点，突出最能反映当地最有代表性的特征，配套上应是以旅游地图、叫车服务、导游联系等必备的旅游功能为主，服务上也显得温馨热情。品牌强调个性化等不同侧重点，房型实际上可以体现对空间的节约，配套功能上显得小巧、自助性、可移动性和多重组合性，服务以简单个性化需求为主。

（资料来源：根据网站资料整理）

第二节　经济型饭店营销

经济型饭店营销的目的是为饭店与品牌建立长久持续的竞争力，通过不断积累去实现饭店的经营目标。竞争日益激烈的业内态势，要求经济型饭店必须树立服务营销的理念，选择差异型市场营销策略，在营销手段与营销方法方面进行有别于竞争对手的创新举措。

一、经济型饭店服务营销

经济型饭店行业作为典型的服务性行业，服务标准与质量是饭店的生命线，是饭店实现差异化竞争的关键所在。经济型饭店应树立正确的服务营销理念，实施服务营销的差异化。

（一）服务营销的特点

与通常的商品销售相比，服务有着一些显著不同的特点：

首先是无形性。服务是抽象的，没有具体的形态。服务在提供之前是看不见、摸不着，是无法感受的，在入住饭店之前无法感受到饭店服务质量的好坏。

其次是不可分性。服务的不可分性有两层含义。第一层含义是指服务与服务提供者的不可分性；第二层含义是服务的生产与消费的不可分性，服务的完成需要服务人员与顾客的共同参与，服务人员和顾客都是影响服务结果的因素。

再次是易变性。服务的易变性是指服务质量会由于服务的人员、时间、地点和方式的不同而不同，很难有一个统一的质量评价标准。同一酒店的两个服务人员的服务质量不可能完全一样；同一服务员，由于受情绪、健康等因素的影响，服务质量也可能大不相同。

最后是易逝性。服务的生产与消费的同一性，意味着服务的效用是不能储存的，服务不能储存到以后销售或使用，由此造成需求旺盛时供不应求而引起顾客的不满，也可能因服务的供过于求而使企业效率低下。

（二）经济型饭店的服务营销

1．3P服务营销理念

相比传统营销的4P，营销管理界提出了服务营销3P的全新概念，服务营销的3个P分别是：人（people），实体证明（physical evidence）和过程（process）。

在人方面通过建立专业化的管理队伍与训练有素的员工队伍，通过对员工的选择、培训和激励，使饭店员工具备充分的胜任度、执行态度、责任心、主动性、解决问题的能力。

在实体证明方面，饭店对于所有的连锁企业运用统一的实际理念，充分体现饭店品味时尚的整体风格，同时还能实现顾客简约、洁净、便捷的价值选择。

在过程方面，饭店通过标准化的服务流程规范所有连锁企业的服务标准，使得其在不同地区的不同位置的饭店都能销售统一的高标准服务；在不同子品牌之间，通过部分有选择性的差异来凸现各子品牌的差异化个性。

2．服务营销差异化

目前的经济型饭店，实际上还是一个比较同质化的服务市场。经济型饭店可以从下面几方面来实现其服务的差异化：

（1）提高增值服务。饭店可以通过引入互联网、传真机、电子信箱、特色房间等方面实现服务差异化。

（2）更快更好的便捷服务。饭店可以通过设立一些自助、便利的服务设施，建立自助预订系统等方面来实现服务差异化。

（3）塑造与众不同的形象。饭店可以在产品等级，设计风格等方面塑造出与众不同的形象，实现服务的差异化。

相关链接6-6　“我的客栈”（MYINN）

2008年7月，丽星邮轮旗下经济型饭店“我的客栈”（MYINN）首店在杭州开业。“我的客栈”定位于“安全、洁净、舒适”，全部客房全年统一价格为99元/天。酒店一经推出，就备受工薪阶层、一般商务人士、自助旅游者、学生群体的青睐。开业至今，入住率一直保持在94%。

和传统经济型饭店相比，“我的客栈”不论是从设计、还是理念上都给酒店业带来了一种全新的“酷”震撼。“我的客栈”的标准客房每间 12.5 平方米，低于国内同类酒店 15～30 平方米的客房面积。而且，“我的客栈”参考邮轮的设计，在国内首次采用了预制房间模式建造。即房间由专为丽星邮轮公司生产邮轮房间的韩国思达科公司规模生产，包括卫生间、马桶、床、桌子，全部都是一体式制造，之后由集装箱运送到酒店建筑边，由吊车以“搭积木”方式将这些“客房”吊到建筑内，整体放入，再固定。为了确保安全，酒店还配有24小时安防系统。

房间内没有常见的一次性牙刷、牙膏、肥皂等“6小件”，需要的房客可到酒店开设的“喜星超市”自行购买。“喜星超市”里主要提供商旅中经常使用的物品，为了方便房客，也提供票务处理和早餐服务。酒店的洗涤及烘干设备均为自助投币式。

（资料来源：陈念. 小酒店 大生意. 信息周刊，2008年7月）

3. 管理服务质量

服务质量是饭店赖以生存的基础，是饭店的生命线。对服务质量的管理控制是经济型饭店日常管理的重中之重。

提高经济型饭店服务质量可以采用以下措施：制定服务至上战略；实施管理者责任制；建立同行业高标准；互动式的服务方式；建立独立部门质检委员会的监督制度；满足客户投诉；员工与客户双重满意。

4. 管理服务生产率

经济型饭店的长时间高客房率给饭店的服务部门带来了巨大的压力，饭店必须持续提高服务生产率，减少服务差错，以保证稳定高质量的酒店服务。

在这一方面可采取以下措施：提高服务人员的技能并培养起积极努力的工作心态；在特殊情况下，可采用适度降低服务质量标准来增加服务数量的方式，以提高劳动生产率，如使用一次性用品，代替某些需洗的物品；增加一些服务设施，在可能时可以效仿工业标准化生产方式，进行服务工作的标准化作业以提高生产率；策划和创造更有效的服务方式，通过训练与比赛强化员工工作熟练度，设计更合理流程，采用新技术，以代替原来低生产率的方式；鼓励顾客自助，顾客自己动手，减轻服务人员的工作负担；在采取以上措施提高生产率的同时，保持顾客认可的质量与价值不降低。

二、经济型饭店营销创新

（一）经济型饭店网络营销

1. 网络营销类型

网络营销作为一种交互式营销形式，使得用户与商家的距离感大大缩短，同时也大大减少了用户获取信息的成本和时间，商家与用户之间沟通手段也更加多样化。目前，饭店等服务类企业都开始借助于网络来进行营销和管理活动。

互联网不仅仅是一个交易场所，而且是从事形形色色营销活动的手段和机遇。网络营销专家将饭店网站分成4类：代理类、实体类、咨询类、门户类。

（1）代理类：这些网站都有比较成熟的订房中心、票务中心，一些没有自己主页的酒店会加入这种代理类网站，即使一些有自己主页的酒店也会如此，作为一种链接。因为一般酒店知名度不大，资金、力量不够，不能进行有效的广告宣传，甚至无法建立自己的网站。代理类网站是最经济的形式。首先，酒店可以节省一大笔技术支持费用；其次，网上订房采用成交后支付佣金形式，酒店较易控制受益与费用情况；第三，成功的网上营销必不可少，但这些代理类网站可以承担很大部分。

（2）咨询类网站：只提供酒店的相关情况，如地址、客户服务类电话、客房价格等，而没有预订、付款功能。这类网站一般由政府部门针对某一地区(大部分是景区)建立的，以宣传本地的旅游产品。

（3）门户类网站：提供信息平台，供酒店、旅行社等相关企业开展网上业务。

（4）实体类网站：是实体单个酒店针对其自身业务组建的网站。其优势在于业务处理能力较强，运作规范实用，地域限制性较强，网站信息总量大。

2. 网络营销在经济型饭店的应用

互联网为经济型饭店提供了一个与消费者相互交流与个性化展

示的机遇，网络营销已成为经济型饭店营销体系中不可或缺的组成部分。网络营销体系包括以下几个部分：

（1）电子邮件营销

电子邮件（Email）是一种非常重要的客户服务工具，因为它成本低廉、速度快，可以被用来发送信息和提供服务信息，以及回答各类问题。顾客往往希望在24小时内得到答复，酒店/饭店如果安排大量人力去回复所有邮件，成本巨大且费时，因此可以采用自动电子邮件回复系统。这些系统能为常见的问题提供答案，它会寻找特定的词汇(如“投诉”或“某种服务的信息”)，并借助知识库进行回答。如果需要工作人员的帮助，可以给该查询加上标示号并提交给相关工作人员回答。

（2）网上预订

B2C平台：建立全国性的网上预订平台，并与所有饭店的宾馆管理软件预订系统连接，使得网上订房、电话订房、上门散客订房等方式能够整合在一个平台上，使顾客能够在第一时间了解酒店余房、促销等信息；酒店也能够在第一时间了解市场的变化，并能根据市场变化制定新的营销措施，以促进销售。

B2B平台：建立与合作伙伴旅游服务网站之间的信息通道，使得酒店与主要渠道在预订信息上能够共享，从而发挥酒店与分销渠道的协同营销效应。在线预订的方式将大大提高订单接收的效率，缩短处理时间和减少出错可能性。通过电子化方式，订单被迅速转到相应的订单处理点。这将节省时间和费用，同时使营销人员有更多时间从事销售工作。

此外，网上订房功能也能实现一对一营销。网站通过图像将酒店/饭店客房的功能情况告诉顾客，顾客在网上预订时除了填写入住的具体时间和房间的种类外，针对他所看到的，还可以填写一些具体的特殊的要求，从而让酒店可以为顾客提供更个性化的服务。这将有利于提高顾客的忠诚度，有利于满足顾客的内在需要。

（3）网上促销

通过公司网站，使饭店的产品、价格、促销等信息在网站上充分披露，通过消费者在网站与酒店的互动，使得饭店能够吸引目标客户，并将潜在的客户转变为真正的购买。同时公司通过网站建设向消费者传递自己的品牌形象，提升品牌价值。

在很长一段时间,旅行社是饭店客房销售的中间商，它们从中赚取了饭店的一部分利润。从这种意义上说，传统的中介被取代了，这样饭店就可以绕过旅行社，直接从顾客那里获得订单。这也为酒店提供了降价空间，将实惠转让给顾客。

（4）管理功能

在网上设置了管理功能，这相当于酒店的内联网。它会使工作人员更加迅速地获取信息，提供了一定的安全性，且成本合理。这种管理功能可以在以下对象间发生：①酒店与员工之间。他们之间主要是酒店通过内联网发布信息，员工可以通过酒店内联网上购买打折的旅游套餐和娱乐活动的门票。②酒店允许员工以电子化方式管理他们的个人培训内容等。③酒店部门间。顾客需要客房、餐饮等多个部门的服务，所以各部门都应能掌握这一顾客的习惯或特殊要求，而内联网是快速交流信息、进行CRM的最好方式。④员工之间。员工也可以通过内联网进行更好的合作和沟通。

（5）论坛与BlOG

论坛与博客（BLOG）增加了顾客与酒店的互动交流，这样更容易收集关于顾客和潜在顾客需要的信息，并将这些需要转化成真实的需求。对于酒店这样的服务性行业来说，了解消费者的内在需要是一种优势。论坛上顾客的留言，不管是忠诚的建议还是批评的都说明他们很关心酒店的发展，所以一定要给予细心的答复，解决好了可以在很大程度上提高顾客的忠诚度。顾客忠诚度提高了，他们对价格的细微差别就不会太敏感，从而酒店对价格战的敏感度也会降低。

（6）信息资讯

经济型饭店有两大客源：一是旅游客，一是商务客。现在旅游的趋势是从团体旅游走向个体自助旅游，为旅游者提供当地的旅游景点、景区简介，以及提供一些旅游线路、天气状况，将旅游者由陌生感而带来的恐惧心理打消了，更体现了一种人性化的服务。

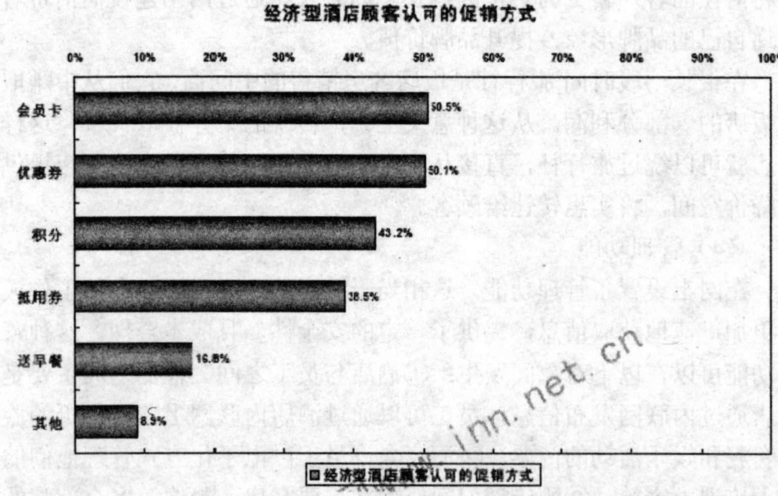

图 6-2　经济型饭店顾客目前认可的促销方式

资料来源：《2007 年中国经济型饭店顾客诉求分析报告》

（二）经济型饭店数据库营销

1．数据库营销内容

数据库营销有四个基本的组成部分——战略、数据、信息和了解。

战略始于营销计划的目标。目标顾客是谁、住在哪里、购买什么、还会去哪里等等。一旦战略被确定并同其他诸如广告和公共关系等营销工具整合在一起，数据就集中起来了。

数据以实际的名字、地址、电话号码、离店日期、偏好、购买习惯、信用卡的使用等等为开端。最初的数据库应该包含过去顾客的数据，然后就可以加上从一系列资源中获取的新的顾客信息。

数据库营销的信息部分是对数据的分析。需要对顾客进行人数统计和心理分析，其他诸如他们为什么选择特定的饭店和餐馆等因素也可以加上。

数据库的了解阶段包括细分、组群和建模。细分，如包括将同类客户聚在一起。例如一个饭店可能有一组购买商务房间的顾客清单，他们在一个“商务”标志下被细分在一起，一旦顾客被组群，就可以通过建模开始搜寻新的清单（潜在的新顾客）。

2. 数据库营销在经济型饭店的应用

经济型饭店营销的目的不仅要提高出租率与市场份额，而且要培养自己忠实的客户群体，以建立与客户之间的长期关系。经济型饭店必须要充分利用消费者的信息，有效把握消费者的特征和需求变化，引导消费者消费。在经济型饭店建立消费客户的数据库信息，主要有三个方面来源：

（1）经济型饭店的宾馆系统中住店客人数据，如姓名、年龄、性别、身份证号码、住店日期与天数、所住房型等等信息；

（2）定期客户问卷调查，调查问卷可以有针对性提出经济型饭店所需要的市场信息；

（3）客户投诉问题汇总，客户的投诉信息中包含着大量的信息，反映着客户的消费行为与心理特征，可以帮助饭店作出持续改进。

通过建立数据库，对于以上信息的分析与挖掘，分析出个人消费习惯、市场分布、消费趋势的数据，并根据分析数据作有效利用，确定预期顾客、提供特定客户特定服务、强化客户忠诚、促进销售、避免投诉。

例如在一个饭店中，商务顾客和旅游顾客之间存在着较大的差别，这是有着两种不同需求的两种不同类型的顾客。数据库的建立便于营销者选择商务客和旅游客进行接触。然后，饭店决定与商务客和旅游客同时进行“交谈”。制定了两种不同的“附属担保”小件，一部分以商务客为目标，另一部分以休闲顾客为目标。广告代理商创建了两个广告性邮寄印刷品用来对他们的购买表示感谢，同时激发他们未来的使用。对于商务顾客，创建一个时事通讯告知他们关于酒店的不同活动。对于旅游顾客，邮寄一份促销宣传以激起他们在某个闲暇的周末再次光顾。

为了保证数据库营销的效果，应当设置一个“触发器”或反应器以用来测量成效。一个触发器可能是一个特殊的促销电话号码，或者是一个能够在餐馆兑取现金的证书。数据库营销的独特之处在于它具有能被追踪和证明的性能。一旦产品服务于它的老顾客，就可以通过数据库营销获得新顾客。通过对老顾客进行的概括描述可以获得新顾客。

相关链接6-7　如家连锁酒店如何进行客源销售

……上午9点，上海天钥桥路如家总店店长助理李俨上班的第一件事情，就是直奔前台浏览住房情况。这天是2007年4月10日，这家如家店现在的入住率是73.7%，也就是说，171间房已经有126间住进了客人。

凭经验，助理在贴在前台上的《流量开关表》中“中介”那一栏填了一个“关”字。也就是说，此时，客人如果想通过携程旅行网或者e龙这样的订房中介来预订今天的房间，得到的回答就会是“没有空房了”。李俨这样做的目的，是为如家自己的订房中心留下一些空房；另外考虑到附近有不少写字楼，他还为随时可能上门的散客预留下几间。最后，李俨拿走了9日的经营分析表格，回到自己在8层的店长办公室。

这些表格上的数据马上就会通过电脑系统汇总到如家总部，总部CEO可以很方便地了解到整个如家系统以及每家分店每一天的经营情况，而且对客源结构、房价、物品消耗、人工成本等都能进行数据分析。根据这些分析，店长和其下属们被训练得时时刻刻都要关注自己的客源状况——这是如家重要的秘密武器之一。

如家的客源分成几部分，一些来自订房中介，一些来自如家自己的会员制的订房中心、长期协议客户，另外就是一些上门的散客，他们为如家带来的利润率依次递增。店长们会用流量控制来调节这些客源的比例，“这其实是在短期利益和长期利益之间做平衡，”李俨说，“要懂得取舍之道。”

如家不少地段好的酒店每天的房间经常供不应求。但是，即便如此，店长还是要按照总部的要求居安思危，不断调整。他们会适当控制来自中介渠道的客源，就像李俨在9日早晨做的那样，在房间紧张的时候，先满足自己的预订中心。

日复一日，如家的员工们都被卷入到了这场维护自家客源的狂热运动中去，连保洁员都会习惯性地问一句“今天住满了没有”。店长和经理级别的人会利用闲暇时光去周边半径3公里内的写字楼里“扫楼”，寻找客户；平时则试图把一些熟客变成长期的协议客户；普通员工下班之后还会主动拿几十份如家的宣传材料在路上散发，据说一些如家员工的家属也受到鼓舞而加入到这一行列中。

目前，如家会员卡的用户已经达到将近20万人，每个月会员的订单量超过7万，为如家提供了40%左右的入住量。旁观者可能完全忽略了这样一个事实，那就是如家的预订中心规模之大，在国内仅次于携程旅行网或e龙这样的专业订房渠道。这个渠道会合理地向遍布全国的如家输送客源，而且在未来还会成为如家对抗其他品牌的真正法宝，也避免因过于依赖渠道中介，而失去定价能力。

（资料来源：《管理学家》2007年10月）

（三）经济型饭店会员卡营销

会员卡是饭店提供给常住（潜在）顾客的，使用饭店服务与设施的凭证。通过会员卡营销，经济型饭店可以培养品牌的忠诚客户，完善数据库信息，增强品牌的知名度，提高饭店出租率。会员卡一直以来很受连锁经济型饭店的青睐。

1．会员卡种类及权益

经济型饭店可根据目标市场、消费群、等级等的不同标准，设置不同的会员卡。

无论是哪种会员，基本上都享有以下的权益：会员优惠价，会员积分，预订优先，延时退房，预订保留，快速入住，会员礼品，会员账户管理等（具体见下表）。

表 6-1 7 天连锁酒店的会员卡及权益

服务项目	普通客户		公司客户	
	普通会员	高级会员	普通公司会员	银卡会员
预订保留	退房时间延迟到 19:00	预订保留延迟到 20:00	预订保留延迟到 20:00	银卡公司会员无须积分担保，其预订自动保留到 24:00
延时退房	退房时间延迟到 13:00	退房时间延迟到 14:00		
会员专享服务	可享受会员专享房型	可享受会员专享房型 专享入住免收押金服务 专享退房免查房服务		在 7 天连锁酒店的单个分店免担保情况下可同时预订最多 20 间房
会员优惠价	享受会员价	享受会员价	公司会员通过自主渠道预订（网站和 WAP）可获得 77 分/房晚	
会员积分	通过网站和手机（短信和 WAP）预订并成功入住可获得积分	通过网站和手机（短信和 WAP）预订并成功入住可获得积分	公司会员通过公司会员卡预订每季度消费每 30 房晚赠送 3000 积分	
会员礼品/回馈	住店会员每房晚可凭 7 天纪念会员卡或二代身份证获赠睡前牛奶一盒	住店会员每房晚可凭 7 天纪念会员卡或二代身份证获赠睡前牛奶一盒	凭会员积分兑换 7 天连锁酒店的免费房	

资料来源：7 天连锁酒店网站 http://www.7daysinn.cn/

2．会员卡营销在经济型饭店的应用

会员卡营销在经济型饭店的应用主要体现在以下几个方面：

（1）会员优惠价

这是经济型饭店会员卡对会员最大的吸引力所在。经济型饭店大多通过会员优惠价，增加顾客的回头率，提高顾客的消费频率。此种营销方式目前已经在各类饭店营销中广泛使用，对于经济型饭店这类面向大众消费者的饭店形态尤其奏效。

经济型饭店在不同时期会有不同的优惠政策。一般情况下，会员优惠折扣不得与饭店特价房间同时享受。会员可享受饭店提供的专享服务或特殊礼品等。

（2）会员积分

会员卡积分体系的建立是会员卡产生持久魅力的标志。消费积分回馈顾客是经济型饭店对忠诚顾客的感谢，也是与顾客建立持久关系的保证。各经济型饭店都应该建立灵活的会员积分兑换体系，尽量简化申请流程，并实施专人负责制，做好售后服务管理。

（3）预订优先和预订保留

会员预订可以通过三种方式进行：

➢ 在线预订。可登陆饭店网站在线输入会员号码，选择预订房间和入住日期，确认后提交即可。

➢ 电话预订。拨打饭店提供的免费预订热线，报出会员号进行预订。

➢ 前台预订。直接向所需入住的饭店前台进行预订。

一般情况下，在旺季或者房源紧张的时候，预订优先的权益能保证会员有房可住。会员预订保留的时间根据会员级别的差异性，各不相同。非会员一般只保留到18：00，而会员预订保留时间至少延长1小时。

（4）延时退房

根据国际惯例，饭店退房时间一般是在中午12：00。非会员也不例外，只有会员能享受延时退房的权益。尽管延时退房只有1到2个小时，也是会让顾客感受到尊重，产生再次入住的潜在动机。

本章小结

1. 关键术语

经济型商务饭店 延时居住性经济型饭店 经济型观光饭店 标准化产品策略 差异化产品策略 经济型饭店产品设计 经济型饭店服务营销 经济型饭店网络营销 经济型饭店数据库营销 经济型饭店会员卡营销

2. 逻辑框架

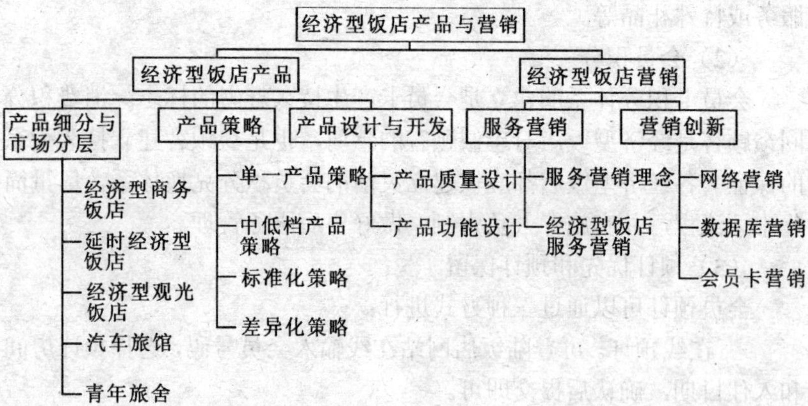

案例讨论

莫泰酒店的产品分层定位

上海美林阁酒店及餐饮管理有限公司把投资方向锁定在发展经济型旅店上。2002 年，公司成立了上海莫泰（Motel）连锁旅店管理有限公司，打造全新的经济型旅店品牌“Motel168”。经过三年多的快速发展，在行业内已具有一定的影响和品牌效应。2006 年 6 月莫泰公司接受国外著名投资银行摩根斯坦利 200 万美元的资金注入，发展势头更是不可阻挡。莫泰公司的快速发展与经营管理者准确的市场定位是分不开。

国内首次直接以英文“Motel”命名的莫泰 168 连锁旅店完全按国际上通行的经济型饭店的标准设计。经过对产品细分和市场分层，莫泰连锁最终将酒店定位为：客户类型以商务客为主，客户规模以散客为主，客户来源以直接来源为主，收入程度以中高收入为主的，地理位置以三大城市群为主，需求特征以个性化需求为主，行为特征以价值认同型的客户为主的目标市场，同时兼顾旅游客、旅游网站客户的细分市场。除了现代酒店必备的卫星电视、国内/国际直拨电话、宽带上网、标准卫生洁具等设施外，复式的客房布置、静音的排风装置、就地控制的灯光等，营造出温馨的家庭气氛。此外，还设有融中餐、茶座、酒吧、咖啡为一体的西班牙风格餐厅——“美林小厨”，以满足顾客方便、快捷、美味的饮食需求；而且旅店配有大型停车场，泊车方便。莫泰旅店在装修风格、服务理念等方面注入了大量时尚、舒适的现代化元素，摈弃了经济型饭店过于简单、粗糙的做法，提高了性价比，很快吸引了商务、旅游及白领阶层的眼球，

针对不同细分市场，莫泰目前已开发出“莫泰 168”、“莫泰 268”、“YOTELQQ”、“驿居酒店”等四个不同品牌。其中莫泰 168（房价 168 元）品牌具有广泛性针对相对中低端的市场，莫泰 268（房价 268 元）品牌则瞄准商务客人的高端市场，“驿居酒店”主要是针对入境旅游观光市场的度假酒店，“YOTELQQ”则是迎合国际新潮流，细分出最低端的小房型品牌。

在营销方面，莫泰在其不同目标市场采用标准化与差异化兼备的营销手段，将品味时尚作为酒店的统一主题。莫泰 168 品牌强调的是便捷，莫泰 268 品牌强调是雅致，度假品牌强调舒适，YOTELQQ 品牌强调个性化等不同侧重点；使消费者既有品味时尚的整体感觉，又能对不同子品牌有着不同的区分，能与不同市场定位相契合。

（资料来源：www.motel168.com ）

思考题

1. 结合莫泰的产品定位，谈谈你对产品细分的认识。
2. 差异化营销策略在实施过程中应如何创新？

第七章 经济型饭店的资本运营

■ 本章目标

使学习者了解目前经济型饭店资本运营的动因与基本模式。

■ 本章重点

了解资本进入及退出经济型饭店投资领域的主要途径。

经济型饭店作为 2004 年正式兴起的中国酒店业新兴业态，初露端倪就以其诱人的利润成为众多资本追捧的对象。近年来，中外经济型饭店品牌竞相进入这一市场，从而使经济型饭店以井喷的速度在中国迅速扩张。资本也随着经济型饭店市场的热潮而出入进退，投资者则不可避免地要进行资本运营来谋求发展。资本运营是指企业将自己所拥有的一切有形和无形的存量资本通过流动、优化配置等方式进行有效运营，使其变为可以增值的活化资本，从而最大限度地实现原始资本增值的目标。

第一节 资本进入经济型饭店的途径

一、兼并收购

兼并是指一个企业采取各种形式有偿接收其他企业的产权，使被兼并方丧失法人资格或改变法人实体的经济行为。企业兼并的形式主要有如下：

➢ 承担债务式兼并，即在资产与债务等价的情况下，兼并方以承担被兼并方债务为条件接收其资产的兼并方式；

➢ 购买式兼并，即兼并方出资购买被兼并方企业资产的兼并方式；

➢ 吸收股份式兼并，即被兼并企业的所有者将被兼并企业的净资产作为股金投入兼并方，从而成为兼并方企业的一个股东的兼并方式；

➢ 控股式兼并，指一个企业通过购买其他企业的股权，达到控股，实现兼并的方式。

收购是指一个企业能够通过购买目标公司的股份而使该公司经营决策权易手的行为。合并（企业合并）是指两家以上的公司依据契约及法令归并为一个公司的行为。企业合并包括吸收合并和创新合并两种形式。所谓吸收合并是指两个以上的公司合并中，其中一个公司因吸收了其他公司而成为存续公司的合并形式；所谓创新合并是指两个或两个以上的公司通过合并创新一个新公司。

为了规避风险，资本进入产业的各类策略中首推“产业并购”。产业并购的主要特征就是收购方与目标公司的主营业务相同或相近，属于比较熟悉的业务领域。当前，我国酒店集团公司化运作已形成趋势，从过去的行政事业化管理逐渐转向了以市场为取向的公司化运作，成为独立的具有投融资决策权的投资主体。庞大的社会闲置资本具有增值的冲动，加上酒店产业对资本的巨大需求，在这种双向作用下，资本与酒店集团的结缘无疑将成为未来 3～5 年内我国社会发展中最值得注意的现象之一。在这种全新格局下，酒店投资领域将呈现新的态势：一方面，金融体制改革和资本市场的发展，多种市场化的融资方式将更多地被各酒店集团所采用。另一方面，投资主体将成为竞争格局下的投资领域多样化。

经典案例 7-1　“如家”收购“七斗星”，扩张步入快车道

2007 年 6 月，如家收购北京都市阳光连锁酒店全部资产，如家的扩张路数已非常明晰——吸引风投快速扩张，上市套现后谋求并购再扩版图。2007 年 10 月 22 日，如家快捷连锁酒店公司宣布，将以 3.4 亿元人民币收购国内排名第八的七斗星 100%股权，双方日前已经签署相关的收购合同。根据双方的交易条款，如家收购七斗星在国内所拥有的分布于 18 个城市的 26 家连锁酒店，其中 2.6 亿元将以现金支付，剩余 0.8 亿元将以增发股票的方式支付。这起收购案震动了全国酒店业，不仅仅因为它是近年来国内金额最大的一起酒店并购，更意味着国内经济型连锁酒店已经从投资期进入了行业收购、兼并期，一场愈演愈烈的连锁酒店重组战正在拉开序幕。

二、资产重组

资产重组是指企业将原企业的资产和负债进行合理划分和结构调整，经过合并、分立等方式，将企业资产和组织重新组合和设置。狭义的资产重组仅仅指对企业的资产和负债的划分和重组，广义的资产重组还包括企业机构和人员的设置与重组、业务机构和管理体制的调整。目前所指的资产重组一般都是指广义的资产重组。资产重组涉及以资产置换、出让股权、资产剥离、资产出售等形式对资产结构进行优化调整。随着酒店行业的进一步市场化，国有资产、特别是中央企业的酒店类资产将会有更多的重组案例。此外，其他行业的企业也可以通过资产重组介入到酒店尤其是经济型饭店领域中来。比如，2002 年海航集团利用资产重组美兰机场和海航能够通达的几大经济中心城市的星级酒店，将海航集团的产业链延伸到机场运营管理业和酒店旅游业。

经典案例 7-2 资产重组催生酒店行业巨无霸——锦江酒店集团

2006 年 6 月初，上海国资办利用资产重组将锦江、新亚两大集团合并而成锦江国际集团。锦江之星旅馆有限公司系中国规模最大的综合性旅游企业集团——锦江国际集团的子公司，是经营管理中国经济型连锁旅馆“锦江之星”的专业公司，其创立于 1996 年，是中国经济型连锁旅馆的驰名品牌。锦江之星以“清洁质优、经济舒适、安全便捷”为服务宗旨,深受广大经济型旅游和商务人士的喜爱。新亚之星整合到锦江之星的品牌体系中，这意味着锦江之星的实力进一步增强，发展进一步加快。作为中国规模最大的旅游企业，与新亚整合后的“锦江系”加快了在饭店主业的投资与运营力度。锦江国际酒店管理有限公司在 2004 年拥有和管理的饭店已经达到 130 余家，分布于中国 20 余个省市，其中在北京就有 7 个项目，并以亚洲酒店业的前三甲的身分再次证明了它在全国范围内的市场影响力。截至 2007 年 10 月，锦江之星连锁酒店在全国的布局已经达到 148 家，总客房规模达到 21189 间，位居全国经济型饭店第二。2006 年 12 月，锦江之星进入“锦江酒店”在香港上市，融资 23 亿港元。

由于我国市场经济发展尚处于初级阶段，所以与国外酒店集团相比，我国酒店集团化发展的速度较慢。而且不少经济型饭店的原型大都属于国有酒店，分散于各个系统、部门、单位，造成了国有资产高度分散，缺乏合理的经营规模。若能由政府出面，按照优化资源配置的原则，把分散于各系统、部门、单位的有一定规模、经营管理较好、发展潜力较大的国有酒店划拨出来组建集团，会很快提高酒店的市场竞争力。因此，要加快我国酒店集团化发展的步伐，就必须采取非常规的、跳跃式的发展模式，不能仅仅只靠市场的自然兼并、优胜劣汰。鉴于我国发展旅游产业的政府主导特色，不少地区和行业在具体运作中通常直接运用行政手段，在市场运作的基础上，进行资产重组，培育自己的酒店集团。

资产划拨是指在企业的注册资本金中，来源于政府或政府部门以实物资产投入的部分。这种通过行政手段整合酒店集团的操作优势就是国有酒店的投资主体是国家，容易使产权一体化，资产重组的制度障碍小。但同时存在的问题是国家利益、酒店主管部门利益和酒店管理者个人利益会发生冲突，因此当资产划拨后，政府要相应地制定出对酒店投资者的补偿性政策及对酒店管理者的安置措施。此外，由于是通过政府行政行为将分散的独立酒店整合为企业集团，带有强制性，可能并非企业自愿行为。因此要想使整合后的酒店集团发挥“1+1>2”的集团合力效果，关键是在整合过程中要把握好行政行为与市场运作的度。

三、风投孵化

如家快捷酒店连锁成功的资本运作比较独特，它已经成为中国酒店企业体制创新的一个典范。如家是中国酒店业中第一个成功引入国际风险投资（简称风投 VC[①]）的经济型饭店，这些风险投资包括有国际投资银行[②]的背景，这是支撑如家快速发展的强大资本后盾。

经典案例 7-3 铸就如家扩张神话的背后资本力量

如家的创始者是中国著名的旅游集团—首都旅游集团和亚洲最大的酒店在线分销商—携程旅行网。2002 年 6 月两家正式联营创立了如家，首旅集团旗下原有的经济型饭店连锁品牌“建国客栈”翻牌为如家快捷酒店。携程的强大的网络销售为如家发展发挥了极大的作用，如家当年就实现了盈利，而快速盈利的如家又吸引了更

① 风险投资（venture capital）简 VC，即风险投资是把资本投向蕴藏着失败风险的新兴行业及高新技术研发领域，以取得高资本收益的一种投资行为。目前在经济型饭店领域最著名的 VC 有红杉基金（投资携程和如家快捷）、软银赛富（投资维也纳连锁酒店）、美林集团与华平投资（联手投资七天连锁）。

② 投资银行（investment bank）是主要从事证券发行、承销、交易、企业重组、兼并与收购、投资分析、风险投资、项目融资等业务的非银行金融机构，目前最著名的有摩根斯坦利（简称大摩）、高盛、美林、德意志银行、雷曼兄弟（2008 年金融危机中宣布破产）等。

多的资本，国际风投IDG、新加坡梧桐创投、红杉基金等纷纷注资如家。于是，如家借助雄厚的资本开始了全国扩张。如家从创立之日起就成为了中国酒店业第一个突破区域限制的连锁企业。如家酒店净利润自2003年的150万人民币猛增至2005年的2090万人民币。2006年10月26日，如家酒店连锁有限公司（HMIN）正式在美国纳斯达克（Nasda）上市，如家酒店通过首次公开发行（IPO）募集了超过1.09亿美元的资金，招股价为13.80美元，高于预期。到2008年8月，如家股票在纳斯达克的股价企稳在16美元左右。2008年8月，如家公布了2008年第2季度公司财报。报告显示：2008年第2季度营业收入比去年同期增长了93%，从2006年上市后至2008年的22个月里，如家经营及授权管理的酒店数量从82家增加为344家，平均3天开一家新店。截至2008年8月，如家快捷连锁酒店在全国的布局已经达到344家，总客房规模达到41372间，位居全国经济型饭店第一。

第二节　经济型饭店资本成长与盈利模式

一、经营成长方式

国内外的经验证明，经济型饭店的成长最适合连锁和特许经营（Franchise）。经济型饭店规模小，财力有限，发展连锁和特许经营，可以使酒店有品牌、客源、管理质量的保证，但并不需要依靠长期的经验积累，且无须支付太多的费用。所以，国内如家快捷、锦江等都采取了连锁加特许经营方式，通过投资或租赁，发展经济型饭店。不过，经济型饭店的连锁加特许方式，除这种集团直营店外，还有开放式连锁加盟店。开放式连锁加盟店可能更是发展的方向，外国的经济型饭店，大多是开放式的连锁加盟。对方以现有固定资产投入，如酒店、厂房、土地等评估作价投入，酒店管理公司以品牌及建造或改造资金投入，确定各方占股比例，成立一家单店，输出品牌，经营利润分成。加盟者需缴纳一定额度的品牌使用费和管理费用，酒店管理公司则输出品牌和管理模式。

经济型饭店的连锁经营是品牌化和规模化的互动结果。先有一定数量的自营店和形象店(旗舰店),积累一定的经营理念和品牌商誉后，才能吸引加盟者。因此要吸引加盟，总部要拥有一个良好信誉和市场感召力的品牌，或者拥有预订中心、旅行社等经营资源；有成功的单店及连锁店的管理模式，单店具有良好的盈利性，已消费市场较成熟、潜力较大；有统一的物品供应系统，给加盟者提供全方位的支持；总部能够持续不断地为加盟者提供培训，有统一的、强有力的市场推广计划。例如，2002 年 6 月，首都旅游国际酒店集团和携程旅行服务公司共同正式投资组建了如家（HomeInn）酒店连锁公司；2003 年 1 月，“如家”第一家特许经营店签约，管理形式从“自营”扩大到“加盟”和“委托管理”，连锁管理模式日趋成熟。

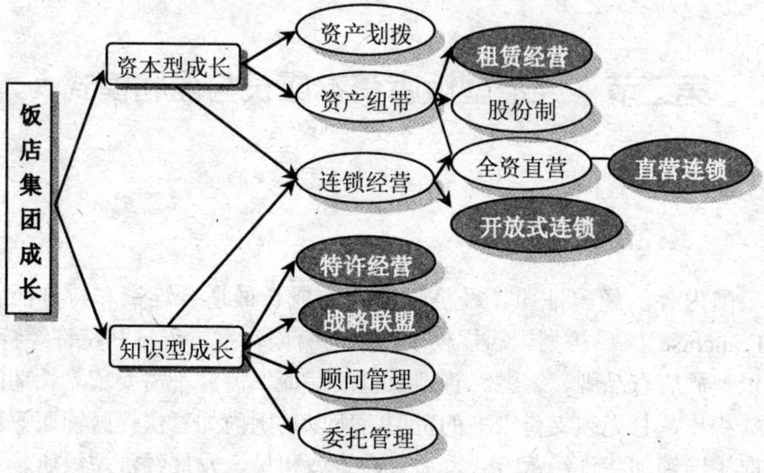

图 7-1　酒店集团化成长模式概览

*注：黑色为经济型饭店应重点关注的成长模式

二、经营盈利模式

“经济型饭店”这五个字眼十分吸引眼球，它给人们带来了巨大的想像空间，而最诱人之处就是其所调制出来的丰厚“利润蛋糕”。连锁店品牌的基本特征是：轻资产、高投资回报率、标准化、易于复制扩张；均为投资者最为看重和偏爱的因素。一项调查显示，在中国酒店业整体利润水平低下、回收期漫长的情况下，符合市场需求的现代经济型饭店经营利润率却能达到40%～50%，其3～5年的投资回收期备受投资者的青睐。而从投资的角度来说，目前经济型饭店的投资回报率非常高，能达到20%左右。引用2007年酒店类上市公司的具体数据来测算，以净现金流回收初始投资额，一个品牌经济型连锁酒店的投资回收期为4.5年，投资回报率为23%；而高星级酒店项目对应的指标分别为15年和7.2%。

相关链接7-1　锦江之星如何盈利？

2005年，锦江之星上海万体店每月所有的营业收入加起来有70多万元，其中的利润就在28万～30万元。当然,其房产是单位自有的，这个利润数没有考虑房屋成本或计提折旧，而且该酒店房价和入住率都相对较高一点。如果租用房产进行投资，就算按房价每天170元和85%的入住率计算，其回报率也能达到15%。从会计学的角度来说，营业利润的构成主要为营业收入减去营业成本，而这其实也已揭示了经济型饭店“盈利”的奥秘：经济型饭店的客房出租率普遍较高，这使它有了较为稳定的营业收入。而在另一方面，较为独特的简化经营模式也使经济型饭店能够有效地降低营业成本。

同其他任何企业一样，经济型饭店的利润中心就在于高销售额和低成本。而酒店尤其是经济型饭店的高销售额来自于高的客房出租率，低成本的获得则来自于精简而优良的经营管理。因此，为了提高经济型饭店的利润率，从建店之前的区位选址、市场细分，到经营发展之中的成本控制、营销模式等等，都要一一规划。

1. 布局选址奠定盈利基础

在经济型饭店投资决策中，区位原则是非常重要的一条原则。准确的选址可以直接降低营运成本，为提高酒店营业收入打下良好的基础。尤其是在当前酒店物业成本不断攀升的情况下，酒店选址必须综合考虑可用性、可进性、可见性和接近性等4个因素。所谓可用性，就是从成本节约的角度出发需要有外部的设施和基本服务供给可承接经济型饭店外包的功能；所谓可进性，是指经济型饭店所在的区位应该容易到达，主要考虑交通距离远近、交通工具组合等因素；所谓可见性，是指对于那些随机消费者而言，酒店应该有良好的视觉设计，有助于其提前选择、决策；所谓接近性，就是要尽可能选择接近于住宿需求产生地的区位。

因此在各个城市中应该重点关注的区位主要有：商业区包括商务区、政府机关或高校集中的地方、接近交通要道以及社会服务设施较为完备的位置。

2. 市场细分挖掘盈利源泉

国内经济型饭店在经过井喷式增长，达到一定数量以后，市场竞争必然会加剧，因而市场细分成为酒店经营者必须面对的问题，只有在细分市场基础上才可能设计出差异化的产品，从而在未来越来越激烈的市场竞争中获得稳定的客源。

目前国内经济型饭店除了品牌差异明显外，在产品质量和服务内容上大同小异，大多数经济型饭店在经营上没有自己明确的市场目标，只是笼统地把自费出游和中低端商务客人作为目标市场，很少有进一步地划分，定位比较模糊。在设施设备和服务项目设置上千篇一律，形成不了自己的竞争优势，经济型饭店彼此之间没有太明显的差异，因此存在很大的替换可能性。经济型饭店的未来可持续发展必须明确自身的市场目标。目标市场的确定可以分三步走：一是要对市场进行细分，即酒店首先要对各种可能要进入经营的细分市场进行详实的了解。二是要对市场进行选择，即要确定酒店准备在哪一些细分市场上进行经营。对目标市场选择的一般标准是：这一细分市场利润上升持续增长、竞争对手少、自己有独特的经营管理优势。三是对目标市场进行准确定位。目前在经济型饭店非常发达的欧美等国，不同的经济型饭店所针对的目标市场是非常明确和独特的（详见下表7-1）。

表7-1　目前欧美等国经济型饭店的市场细分及其品牌

经济型饭店品牌	国家	针对的细分市场	特色产品与设计
Motel-6（第6汽车旅馆）隶属 Accor 集团	美国	自驾车客人	配备了很大的停车场、旅馆，自带食品或者附近有餐厅、超市、加油站和简单的娱乐设施。
Rodeway Inn 隶属 Choice Hotels International, Inc	美国	老年游客	价格适中，为老年游客提供特殊的客房设施，房间的灯具比一般酒店更明亮，卫生间内安装了防滑倒的扶手，电视机遥控板按键更大，客房电话按钮非常大非常适合老年人的视力，有些还带有语音提示。
国际青年旅舍	德国	青年背包旅游者	以高低床位论价，大约为三星级酒店单人房的十分之一左右。配备有功能齐全的大厨房供自助烹饪，大容量冰箱可储存客人个人食品。旅舍内洗衣房的投币式洗涤设备可自由使用。背包客大都自己背着睡袋旅行，或自带床单，也可以租旅馆提供的床单和毛毯。
Extended stay America; Mainstay suite; Candlewood suite; Studio 6;	欧美	住10天甚至更长时间的长住客人	客人入住以周或月计，客人周转率较低，客房出租率较高(一般80%左右)，酒店采用公寓化管理，人员配备较少，平均房价较高。

有了市场细分，就为品牌的建立和发展打下了基础。现在如家快捷提出的口号是“一二三四”，即：一星的墙、二星的堂、三星的房、四星的床，这主要对应商务客人。锦江之星的口号是“三个一”，即：一个家庭、一个晚上、一顿好饭。客观来看，如家快捷和锦江之星在市场上已经有了细分。一类是商务客源，一类是家庭式的客源，这两类客源的需求不一样。如果按照有限服务这个模式，可以不搞餐厅，但如果按照家庭的模式就必须要有一个好的餐厅。要想将这两个市场

都容纳到如家快捷和锦江之星单一品牌下存在一定的困难，所以从客源细分到酒店类型分化将成为一种趋势。从我国酒店集团化进程来看，目前民族集团品牌在谱系化发展方面的欠缺是影响市场开拓的重要因素之一；而从长远发展来看，经济型饭店的市场进入也必然是多层次的。

3. 网络营销拓展市场赢利规模

近年来，网上预订等电子商务形式对于酒店经营的重要性越来越大，使用电子商务对于酒店降低成本、提高出租率、提高管理效率、增加品牌知名度、建立统一的连锁经营标准和对员工的新的激励机制都有十分重要的积极意义。同时，电子商务对于酒店的采购和供货管理的重要性也越来越明显，通过互联网订货也正在变得越来越普遍。在美国，酒店业的采购量惊人，2004年仅瓷器、办公用品、客房用品等小型产品的采购量就达到48.9亿美元。由于采购量巨大，通过互联网比较供货商的质量和价格已经成为美国酒店的普遍做法。

对于重要性越来越明显的网上预订，各酒店集团均高度重视，网络销售对于酒店提高品牌知名度、提高销售量有重要作用。例如雅高旗下的经济型旅馆连锁 MOTEL6 通过雅高的网络对普通的客户进行推销，大大降低了促销成本。

圣达特作为美国市场份额最大的酒店集团不但建有自己的网上预订系统，而且在2001年还收购了一家美国著名的旅行服务和网络预订公司，进军旅游电子商务。六洲集团的经营策略强调要提供网上价格最低的客房，如果客人发现其他酒店比假日酒店的网上售价低，将可以再得到10%的折扣。由于中国国内金融系统目前还不够发达，个人信用体系还未真正建立，所以国内酒店企业还无法通过网上支付实现具有法律效力的有效预订（订金预订），这在一定程度上影响了酒店网络预订的发展。但随着信息技术和金融体系的进一步发展，互联网和电子商务对于中国酒店业的重要性也必将越来越大。

经济型饭店的主要特点是“物美价廉”，这就要求经济型饭店的经营者必须寻求服务质量和成本控制的最佳结合点。而电子网络营销系统正是为实现高利润率提供了一个很好的技术平台。目前的网上预订系统大多针对高星级酒店，经济型饭店的网络销售体系仍然处于摸索阶段。尽管“如家”和“锦江之星”已经建立了自己独立的预订系统，但是刚刚起步，规模不大的经济型饭店在这此方面仍然是空白。还有很多经济型饭店的销售和预订模仿的是一般的星级酒店，通过旅行社，订房中心，旅游预订网站，如携程、e龙等来销售客房。但是这些销售渠道常常攫取了经济型饭店的相当一部分中间利润，这样不利于经济型饭店总体经营成本的控制，而且对销售渠道的控制力不足将会给以后的经营造成诸多不稳定隐患。因此，建立一个自身独立的预订系统或经济型饭店专业化的第三方预订平台就显得十分必要，很多经济型饭店发展到一定规模后都开始着手预订系统的建设和完善。

4. 专业管理提升经营效益

酒店的营业利润主要看销售额和成本这两个指标。对于经济型饭店来说，销售额主要来自于客房出租率，这需要酒店有大量的和较为稳定的客源。对于同一档次的酒店，顾客的选择当然是以物有所值甚至是物超所值的服务为导向，而良好的服务取决于专业化的管理。至于经济型饭店成本的控制，就更需要管理的规范和专业、酒店的建设维修成本、物资采购成本、人力资源成本、宣传促销成本等等，庞杂而繁琐。如果没有先进完善的专业化管理，很容易因成本高昂而造成获利微薄甚至亏本经营的局面。

经济型饭店的服务特色是“经济、卫生、安全、快捷”，而要达到这个目标，必须结合各自特点，利用专业化的管理和服务技术，才能为顾客提供规范化的服务。而许多中低档酒店在这些看似基本的方面却是最缺乏的一面。

经济型饭店在建设、设备设施的配置及运作过程中的投入都是有限的，但管理和服务是无限的。正如“锦江之星”的经营理念“星级有限，服务无限”。“有限”是指设施设备的数量和档次有限、服务项目设置有限，只满足入店客人在基本生活项目尤其是住宿方面的需求，不同于高星级酒店设施和服务项目面面俱到；而“无限”是指经济型饭店对所提供的服务的质量的追求上是无止境的。中国经济型饭店要真正实现盈利成长，就必须在管理上实现专业化和关键环节控制（见下表 7-2），并具体关注以下两方面：

表 7-2 经济型饭店盈利成长的关键控制环节

关键环节	实施与落实	意义
标准化	酒店视觉识别系统一致化； 酒店设施尤其是客房配置的标准化； 对成员酒店的监控检查与评估制度。	借鉴国际标准可以实现我国经济型饭店尽快与国际接轨，提高行业整体水平。通过标准化维持经济型饭店的整体市场形象。
成本控制	建设投资以实用为设计中心合理规划； 项目设置应突出主要功能，减少不必要项目； 通过“精简高效，一岗多能”控制人力成本。 （实现人力成本比同等酒店低 2/3 的目标）	提高收益与利润已成为经济型饭店亟待解决的问题，而其中至关重要的就是成本控制。通过此三方面的成本控制，将最终实现经济型饭店的成本领先的竞争优势。
人力资源	首先，组织架构设计应简约化； 其次通过复合多能、动态调度实现柔性化管理 最后是社会性，不直接面对客人、辅助性的工作可借用社会资源，在需要时再引入酒店。	通过三项措施降低人力资源管理的运营成本，使酒店员工腾出精力投身于主营服务，实现经济型饭店员工队伍的专业化。
技术支撑	建立统一的连锁预订系统； 建立管理咨询中心与人才团队培训基地； 与旅行社、分时度假交换网络结成战略联盟。	为经济型饭店在规模连锁化、品牌大众化、销售网络化、推广主题化、技术标准化等五个方面优势的建立提供平台。

（1）设置高效的组织机构，投入有限设施、提供定制性的服务

经济型饭店的核心是“经济”二字，经济就要求房价要相对低廉，但同时要让宾客方便、清洁、舒适、安全。要走出“小而全”的经营误区，要把有限的资金用来投资酒店基本的食宿设施和满足基本需求的服务功能。当然这些设施和功能又应该是现代的、先进的，与国际

接轨的，而不是传统的、俗套的。组织机构的高效体现在部门设置少，或根本不设置部门。例如“锦江之星”的客房没有奢华的装饰，但有明快宜人的生活环境；没有昂贵的进口设备，但空调、彩电、电话、淋浴等生活必须用品样样齐全；餐厅环境清洁，菜肴经济实惠。上海“锦江之星”连锁酒店在组织机构上，突破了传统的做法，总经理下只设两个部门，一个是营业部，一个是管理部。营业部的管理范围是客房及餐饮，既负责这两部门的营销，又负责提供服务；管理部的管理范围是工程、人事、财务、采购、仓库及安全。当然，高效组织机构需以下列条件作为支撑：提供的服务是有限的；棉织品（布草）洗涤，地毯、外墙等公共区域的清洁，大型机电设备的合同维护等尽可能多地利用社会化服务；在市场、销售、培训、质检、采购、财务及工程等方面充分发挥集团化优势；在建筑、设备配置上尽可能符合经济运行的要求等等。另外，经济型饭店的对客服务也应根据目标市场顾客的消费特点和消费承受能力专门定制，为客人提供恰到好处的“有限服务”，真正使其感到方便、快捷。

（2）配置精简高效的员工队伍

一岗多职、一专多能是经济型饭店的显著特点。从管理人员到服务人员必须经过严格的训练，具备良好的服务技能和服务意识，一人身兼数职，个个都是多面手，从而降低经营成本，提高劳动效率。如在有些经济型饭店，一名服务员既可以承担开房或收银的服务，又可以承担问讯、总机、客房中心、商务中心、安全及消防监控等职能，这样至少可以节省5～7人。如一家120间客房、240个餐位规模的酒店，按国内同等规模的酒店一般配置约需120人左右，而经济型饭店只需配备80人左右；如果压缩餐饮，只提供有限的餐饮服务人员至少还可以再减少一半。按每人每年费用1.5万元计算，不同模式人员费用支出差距甚大。按上例仅人员费用一项，提供全套服务的酒店与提供有限服务的酒店和只提供早餐的酒店相比，就分别相差40万元和120万元；按10%的利润率计算，同样规模的酒店，每年分别需要多做400万或1200万元的营业额才能弥补人员费用开支。

另外，面对经济型饭店日益发展的局面和对电子管理系统的强烈需求，一些成熟的酒店软件和管理系统会根据经济型饭店的特点而作出相应的改进和升级，这将促进经济型饭店电子网络管理系统的发展和完善。

相关链接 7-2　一个值得关注的信号：经济型饭店业整体盈利水平下降！

2007 年 4 月在北京闭幕的中国经济型饭店发展论坛峰会上传出信息，去年我国经济型饭店业竞争加剧，引发整体盈利水平下降。经济型连锁酒店在 2006 年成为投资热点，各类资本蜂拥进入。据峰会主办方国家商务部和中国饭店协会的统计，我国目前已经拥有经济型饭店连锁品牌 100 多个，其中拥有 5 间门店或 500 间客房以上的连锁品牌约 40 个。竞争加剧致使去年全国经济性酒店平均出租率下降了 7%，平均房价也下降了 5 个百分点。以上海为例，经济型饭店平均房价从 202 元跌至 178 元，平均出租率从 96%降至 89%。

（资料来源：环球旅讯，2007-4-26）

第三节　资本退出经济型饭店的方式

投资项目只有做到有进有退，才能回笼资金或腾出资源抓住新的投资机会，顺利进入下一轮投资计划。资本适时退出有时会带来投资的优化效应，其主要作用表现在：

1. 实现投资的良性循环和增值，进而优化投资结构，控制投资总量。

2. 改善财务状况。投资退出有利于确保企业现金流量的平衡，改善企业财务状况。一方面，以高溢价退出投资项目，可为企业带来可观的特殊收益和现金流；另一方面，退出经营不善及负债高的项目或业务，可让企业有效重组债务，达到“止血消肿”的目的。如2005年9月13日，香港香格里拉总部与南京丁山宾馆终止了合作，就是因为丁山宾馆长期拖欠应付的管理费、香格里拉的多项要求遭到业主丁山宾馆的拒绝，进而影响到经营方的管理和财务经营状况，香格里拉便果断地选择退出。

3．优化资源配置。投资退出作为一种收缩战略，也是企业优化资源配置的重要手段。如企业可通过投资退出盘活沉淀、闲置、利用率低下的存量资产，从而完善和调整现有的经营结构，提高资产组合质量和运用效率，达到优化资源配置的目的。

4．置换投资主体。企业通过减持或降低在投资项目的股权比例，可以引入专业或策略投资者共同经营投资项目，不仅有利于项目公司形成多元产权模式，健全项目公司治理结构，而且为项目公司重新设计科学、合理的股权结构提供了可能。

5．培育核心业务。企业还可以借助投资退出来进行战略调整，集中资源专注发展核心业务和主导产业，提高核心能力。90年代中期，深圳万科集团从房地产以外的广告、药业、文化传播等行业里退出，目的就是要打造中国房地产第一品牌。

一、主动型退出

（一）公开上市

这是投资退出的最佳途径，具有成本低、高增值的特点。企业应当充分利用证券市场的价值发现功能，推动投资项目公司到海内外证券市场直接或分拆上市。例如，风险投资商软银通过对如家三年的培育，使其在美国纳斯达克上市，升值20余倍，然后出售股份套现获利，其投资回报超过400%。

（二）整体出售

与公开上市相比，出售可以立即收回现金或可流通证券，既可以立即从项目公司中完全退出，也可较快取得现金或可流通证券的利润分配。就效应角度而言，整体出售具备收购方对一般兼并收购所要求达到的效果，但整体出售可能存在市盈率偏低的情况，难以取得较高溢价。例如 2007 年 10 月七斗星连锁以 3.4 亿元[①]整体出售给如家连锁，七斗星的投资方获得了及时的套现，同时摆脱了自身的经营困境；而如家连锁则全面接收了原七斗星的 26 家酒店，短期内实现了快速扩张，一跃成为国内经济型饭店规模和网点第一，双方实现了双赢。

（三）股份回购

当投资项目为上市公司时，则可通过将股票卖回给项目公司而回收全部或部分所投资金。如果是普通股，企业可和项目公司签订股票卖回的卖方期权，直接将股票卖回给项目公司；如果是优先股，则需通过制定强制赎回条款进行。例如，由于历史原因，锦江国际（集团）拥有香港上市公司锦江国际酒店（2006，HK），锦江国际酒店（2006，HK）同时又控股锦江股份，无论从管理人员、财务报表编制、审计等方面都形成了两套体系，成本过高，同时管理效率低，并且还存在同业竞争和关联交易。于是，2008 年，锦江国际在香港回购 B 股，实现了 H 股公司和 A、B 股公司之间的有效整合。

（四）改制重组

将项目公司改制、重组成股份合作制企业、股份公司直至上市公司，通过资产或股权转让、出售退出投资。如协议转让给投资项目公司其他股东、协议转让或定向配售给战略投资者、通过技术产权交易所进行转让等。例如，目前许多经济型饭店连锁多以上市（尤其是海外上市）为目标，而要满足上市的标准就要求酒店尽可能早进行改制重组，其目的是使重组后的酒店能够产生足够的投资回报率和股本回报率，配合具说服力的商业模式，这样在上市时才能具备吸引力。

（五）托管和融资租赁

托管经营是指托管经营公司与企业所有者经过协商，通过契约方式，以保全并增值受托资产为前提，对受托企业进行有偿经营。托管将企业经营者从企业要素中分离出来，成为新的独立的利益主体，其

---

① 其中 2.6 亿元人民币以现金支付，剩余 0.8 亿元人民币将以增发股票的方式支付。

实是一种间接的退出投资方式。

相关链接 7-3 酒店改制的方式与途径

目前酒店改制有多种方式，在实际运作中，不同背景和特点的酒店需根据自身发展需要加以选择：

1. **股权多元化** 根据中央的基本要求，原来国有独资饭店至少要改制成有限责任公司，形成股权多元化的局面。这就有政府保留这块股权所衍生出来的一系列问题，如国有股代表者问题、管理方式问题、后续如何保值增值问题等等。

2. **管理层持股（MBO）** 设计一个既能够对管理团队具有激励效应，同时又不会使国有资产流失的管理层持股方案，是保持酒店持续发展的关键因素之一。现在各地政府政策也有一些优惠，比如说和收购量联在一起，收购量增加一个百分点，价格可以往下折扣多少。

3. **整体转让** 国有酒店直接整体卖给民营企业，进行一次性的全面出售，把资产转换成资金。政府的实物资产转换成一个价值资产，对政府来说是很合适的，但是这种一次性全面出售必须有相应的优惠条件。

4. **政府划拨** 这一方式主要针对一些大的企业集团，例如上海新亚集团和锦江集团合并，就是政府出面进行资产总体划拨，意图是通过这样的方式培育航母式的企业集团。

（资料来源：《中外酒店》2008 年 5 期）

二、被动型退出

（一）关闭、破产、清算

企业一旦确认项目投资失败或成长太慢，不能获取预期的回报，就需要果断退出。当投资项目无法通过其他途径退出且无必要维持时，也应关闭、解散，通过清算退出。

例如，被广州人称为“63 层”的广东国际大厦，上世纪 90 年代中期曾是广州市最著名的地标性建筑，多个国家驻广州领事馆和多家跨国公司都在这里办公。1998 年底，由于亚洲金融危机冲击，广东国际信托投资公司（简称“广国投”）被中国人民银行宣布关闭，初步清算发现总负债 361.5 亿元，资不抵债 146.9 亿元，其中 80%都是境外债权。随后被宣布进入破产清算程序，公司财产被陆续拍卖还债，引发了业界的广泛关注和评论。

（二）内部合并与转让

这一方式在控股公司或企业集团中运用得十分普遍。企业内部通过协议转让或划拨，对同类业务及投资项目进行专业归并；企业内有上市公司的，可将非上市的业务注入上市公司套现；将难以退出的不良资产从有关下属企业剥离，通过其他下属企业或由母公司进行消化、盘活。

上述有关退出投资的方式并不是相互独立，而是紧密联系的。企业应当综合运用这些方式进行投资退出的部署。

第四节　经济型饭店品牌与连锁经营

从经济型饭店近年的发展现状看，大众旅游时代的到来已经带动了对经济型饭店需求的提升，经济型饭店市场竞争将迅速趋热，而市场竞争快速趋热所带来的市场反应将是：

➢ 在经济型饭店投资进入壁垒较低且高利润的情况下，必然吸引投资快速进入，不断趋热的经济型饭店行业的平均市场收益率必然逐渐下行；

➢ 整体的饭店行业可供改造的存量基础雄厚，而这种存量改造又主要以简单的重组为主，从成熟业态进入经济型饭店这一新兴业态的速度将非常快速，市场早熟，暴富机会将会越来越少，市场将进入到白热化竞争阶段。

经济型饭店市场的白热化竞争必然对下一步的品牌化经营提出内在要求，因为：

➢ 新企业的进入门槛提高，可供选择的竞争手段已经不多，降价空间有限；

➢ 新企业的进入还将进一步提高包括土地在内的各种经营成本；

➢ 其他类型酒店通过压低价格抢占经济型饭店的行业蛋糕，经济型饭店的盈利难度加大，营销成本逐渐上升；

➢ 经济型饭店是以成本领先为战略基础的，下一步的降价空间已经非常有限；

➢ 从价格竞争转向品牌竞争将成为经济型饭店竞争模式选择的必然出路，由此推动经济型饭店对市场细分的关注和品牌化发展的内在要求。

而从消费者角度来看，不断成熟的消费者也不再是仅仅凭借价格来选择经济型饭店，这也促使经济型饭店下一步的竞争手段必须从价格优势向品牌化经营过渡。目前，国内的经济型饭店大多还没有形成鲜明的品牌形象，国内像如家连锁、锦江之星这样的名牌经济型饭店还非常有限，在全国经济型饭店总量中的比例不足10%。这种现象被专家概括为“国内不缺经济型价格的酒店，但缺少经济型标准的酒店；不缺经济型饭店的产业基础，但却缺少经济型饭店的品牌”。这说明我国酒店经营水平总体上还比较落后，但也同时揭示出我国经济型饭店的品牌开发潜力还很大。

酒店服务作为一种特殊的终端消费商品，实行品牌经营能够在吸引消费者注意力、缩短消费决策过程的同时，也为各酒店带来了高于行业平均利润的收益，并为品牌的扩展和延伸提供前提条件。名牌意味着向消费者长期提供一组特色鲜明的利益、文化和优质服务，名牌酒店在实行连锁经营时，可利用消费者对品牌的认可和忠诚来克服地域差异方面的不足。

一、经济型饭店的品牌建设

时下，很多本土酒店集团既从事酒店品牌经营也从事酒店资本运营，如何处理好酒店资本经营与品牌经营的关系是一个复杂的话题。但如果针对从事连锁经营的中国本土酒店集团目前所处的发展水平进行深入分析，似乎可得出这样的结论，现阶段应强调酒店集团的资本经营服从于整体的品牌经营战略。目前，中国本土经济型饭店的资本经营与品牌经营之间脱节的状况大致表现如下：

➢ 经济型饭店连锁的品牌发展是亟需资本支撑的，但愿意进行长期品牌投资且有实力的投资主体缺位；

➢ 一些经济型饭店连锁所购入的酒店与自身的品牌经营战略没有直接促进的关系；

➢ 经济型饭店连锁购入新酒店时缺乏对酒店品牌经营连锁网络化布局的战略考虑；

➢ 酒店集团所持有的一些与品牌经营无关的成员酒店不能及时脱手；

➢ 过分追求资本经营的作用，将品牌经营放在边缘化的位置。酒店品牌经营水平的低下又反过来制约了酒店资本经营的健康推进，从而形成了恶性循环。

作为经济型饭店首先要明确自身品牌经营的战略——“做什么样的品牌？”明确了这一点，品牌经营才有明确的方向。如果从事的是商务型经济型饭店品牌经营，那么在资本运营的过程中，就应该收购符合这一品牌要求的酒店，以求形成科学合理的网络布局，而不是什么酒店有名就买什么；否则就有可能在实施资本运营的过程中形成新的混乱，从而阻碍品牌经营战略的推进。另外，也应该考虑出售集团内成员酒店中不符合这一品牌标准的其他类型的酒店，尽管这些酒店在短期内可能正在盈利。

1．准确定位品牌

研究表明，在任何一个消费领域中，顾客所能记住的品牌一般不超过七个。因此，一家经济型饭店品牌要在众多的竞争对手中脱颖而出被顾客所接受，成为顾客选择清单上的七分之一，就必须进行准确的品牌定位。所谓品牌定位就是通过设计一个独特的酒店品牌，使其在目标市场的顾客心目中占据一个独特的位置。因此，也有专家认为“定位不在产品本身，而是在顾客心中”。

目前三星级以下的酒店占到了酒店业的91%，但是这些酒店的出租率基本是在55%～60%，平均房价在116～187元之间，所以整个行业的收益率并不是很好。由于收益不好，加上较差的管理水平，一些低星级酒店大多处于亏损状态，在这种情况下就需要一个合适的产品来满足消费者的需求。于是，经济型饭店把目标消费群定位在中小商务客人、休闲客和自助旅游客人的品牌定位无疑非常正确。

但是简单地认为经济型饭店拼的是价格和成本，并致力于通过控制成本来赢得价格优势的传统策略，可能并不能满足消费者的真实需求。如何看待便宜、便利、愉悦这三大标准的优先关系决定了经济型饭店不同的发展战略。以便宜为首要目标，不太重视消费者对愉悦体验的需求，不仅曲解了消费者的需求本质，与酒店行业的服务本质也是相违背的。

相关链接7-4　零点调查启发“七斗星”品牌定位

据零点调查公司调查，当前消费者对经济型饭店的需求标准可依次归纳为“便宜—便利—愉悦”，但消费者对“便宜”的理解与经济型饭店传统的“有限成本、有限服务”差别很大。对便宜的需求，56.45%的消费者认为是“安全卫生保障下的价格适中”，27.4%的消费者认为是“一定品质下的高性价比”，只有16%的人希望是“价格低廉”。43.8%的人认为“酒店是家的延伸，是充满了温馨场面的地方”；31.5%的人认为“酒店是家和工作之外的第三空间，应该是时尚并充满情趣和品位的场所”。

七斗星酒店连锁以“为消费者提供愉悦、便利、便宜的住宿体验”为指导一切的品牌定位标准。作为全球首家泛主题体验式酒店，七斗星一开始就把全方位关注旅客情感需求，为旅客提供最愉悦的住宿体验作为首要目标；为了给客人提供最大的便利，七斗星领航行动未来 8 年开 1000 家店就是要让消费者在任何城市任何地点打出租车花起步费就能找到七斗星酒店；七斗星时尚前卫的客房产品和良好的性价比已经在五一黄金周前夕掀起了经济型饭店的价格地震。

例如，国际著名的雅高酒店集团旗下的几个经济型品牌各有分工：

- Ibis定位于商务型，全球有703家，业务分布于36个国家。
- Formule Ⅰ定位于私人出游市场，设有停车场，价位更低；全球有373家，业务分布于12个国家。
- Mercure定位于公寓酒店品牌，设有小型厨房。
- Studio 6则是雅高旗下的经济型长住酒店市场。
- Motel6，定位于汽车旅馆，全球有861家，业务分布于美、加等国家。
- red roof 全球有348家，业务主要分布于美国。

2．实施品牌标准化

目前经济型饭店连锁化经营的趋势越来越明显，相应的对品牌标准化的要求也越来越高。对于经济型饭店来说要想实现集团化，必然要先走连锁经营的道路。全面的质量控制和品牌管理是连锁化经营的关键，经济型饭店品牌的树立能够引发顾客的消费偏好，增强消费者的认同感和对品牌的忠诚度。品牌通过酒店的名称、标识物、标识语及优质的服务让顾客感受到与别家酒店的不同特色，从而给消费者留下与众不同的美好印象。

“锦江之星”实行统一标识、统一规范、统一管理、统一销售的连锁型经营模式。推进经营目标化、过程标准化、行为规范化和机制具体化。在已运营的几个连锁店中，分别从营业和人力资源利用两个方面试行指标管理。除了已经沿用的营收、利润指标外，又推出成本费用率、人均效益和费用等相对指标。为了使连锁经营的企业能高效有序地运转，先后制订了企业计划管理标准、统计管理标准、物资管理标准、劳动工资管理标准等。如家 CEO[①]孙坚表示，将利用连锁业经验，建立强大系统来支持如家服务标准的统一性，做到品牌统一、服务模式统一、客源销售网络统一、管理系统统一、培训及服务标准统一、品牌文化统一。

3．全力推广品牌

随着 2008 年北京奥运会的召开和 2010 年上海世博会的临近，中国经济型饭店部分品牌扩张速度达到 200%～300%的增速，新品牌也不断出现。但是相比于国外经济型饭店的发展，国内经济型饭店仍处于初步发展阶段。与国外经济型饭店相比普遍存在品牌知名度低、竞争力弱的问题。事实上，酒店品牌的创建只是品牌管理的第一步，接下来就要通过各种途径向外传播品牌，让市场了解并接受该品牌，提高产品的知名度，这就是所谓的品牌推广。传统的品牌推广主要运用广告、促销和公共关系这三种方式。

（1）广告

广告作为一种重要而常见的品牌推广方式，具有受关注程度高、覆盖面广等优点。不同规模的酒店有不同的广告策略，大多数连锁酒店都有专门的管理人员或者管理机构负责全国或者世界范围内的品牌推广工作，并根据地区差异程度适当下放权限到各个地区。有些酒店的市场部经理负责广告推广业务，还有一些酒店可能会在特定时期单独设立广告设计部。

（2）促销

促销也是一种品牌推广工具，它通过采取折扣、诱导或赠送等方法使顾客获得某些好处，从而刺激顾客或者中间商在短时间内较快地或更多地光临酒店。目前的经济型饭店大多采用了促销的方式进行品牌推广，这种方式不仅可以省下大笔的广告费用，还可以通过价格竞争提高市场份额，也吻合了品牌形象。下图 7-2 是 7 天酒店连锁的“77 元大礼包”促销活动。

① CEO：Chief Executive Officer 缩写，即首席执行官，是一个企业中负责日常经营管理的最高级管理人员，又称作行政总裁（香港和东南亚的称呼）或最高执行长（日本的称呼）。

为答谢老会员对7天长期以来的支持，2008年10月25日-12月31日期间7天特别推出老会员

专享的77元大礼包：

- 7天纪念卡一张（2008年12月11日之后发行的纪念卡可进行网上验证）[验证方法]
- 以77元入住指定分店大床房一晚（房费另付）
- 赠送500积分
- 立即升级为高级会员

活动说明：

1. 可通过分店前台、网站购买：如通过7天网站购买，则不含7天纪念卡，但可额外获赠100积分（含大礼包中500积分共600积分）
2. 77元特惠大床房1晚的使用期限为：2009年1月1日-6月30日。

77元特惠房使用方法

1. 77元特惠房只对个人会员开放，限会员本人入住（入住人须与会员资料吻合）；
2. 77元特惠房为7天连锁酒店指定分店的大床房，具体的分店清单以网站预订信息为准；
3. 77元特惠房须通过7天网站提前一天以上预订并在网上预付房费，不接受客服中心和分店前台等其他渠道预订；
4. 77特惠房预订后不能取消，也不能修改入住日期和入住分店。取消订单或者逾期未到，不退还预付的房费；
5. 77元特惠房不参加积分；
6. "睡前牛奶"等会员待遇一律照常；
7. 77元特惠房的使用期限到2009年6月30日。

（3）公共关系

公共关系是酒店通过第三方的支持树立自身的积极形象和培育顾客偏好的过程。在酒店品牌培育的过程中，公共关系作为一种行之有效的品牌推广手段，越来越受到人们的重视。在品牌推广过程中，酒店需要重点关注的公共关系主要有：

➢ 与新闻界的关系。与其他公关活动相比新闻具有较强的可信度。酒店公关部门在与新闻界建立了良好的工作关系之后，公关人员就要善于制造对酒店品牌有利的新闻，使酒店品牌更多地以正面形象出现在新闻中，从而达到推广酒店品牌的目的。

➢ 与顾客的关系。让更多的潜在的目标顾客了解酒店，关注酒店品牌，同时培养现有顾客对酒店品牌的忠诚度。因此酒店可以主动举行一些活动，如美食节、周年庆典等，以引起公众的注意。此外，定期回访、邮寄计划等都是与顾客保持关系的手段。

➢ 与员工的关系。向员工宣传企业的文化、品牌定位、规章制度和战略目标，可以将正确的品牌意识灌输到员工的头脑中，增强员工的个人归属感；并定期对员工进行职业培训，制定合理的奖罚制度，充分调动员工的工作积极性，激发他们的工作热情。

➢ 与政府和行业协会的关系。我国很多酒店都有国有制的背景，与政府关系融洽在一定程度上可以使政策法规的制定朝着有利于酒店的方向发展，而行业协会则可以作为企业和政府之间沟通的桥梁。

➢ 与学术界的关系。在市场经济条件下，市场是瞬息万变的，酒店很可能在经营中遇到依靠自身力量无法解决的棘手问题，此时往往需要求助于营销公司、学术界专家等外部智囊团。在适当的时候邀请学术界有影响力的专家对酒店品牌作出正面的评价，效果可能事半功倍。

除了以上传统的品牌推广方式以外，在当今的网络时代，信息网络化的普及给经济型饭店品牌的推广提供了更加方便有效的平台，利用“携程”、“艺龙”这样的专业网站来推广酒店品牌成了大多数经济型饭店的首选。与一般的媒介系统，例如电视、电台、报纸、户外广告等相比，网络的覆盖范围更大，对信息的反馈更加及时有效。酒店通过网络可以逐步提高客人对其品牌的知晓度、信任度和忠诚度，以及品牌的核心竞争力。

相关链接 7-5　如家连锁酒店的公关活动及相关荣誉

2003 年被中国饭店业协会评为“2002 中国饭店业集团 20 强”；

2004 年被中国饭店业协会评为“民族品牌先锋”、“中国酒店业十大影响力品牌”；

2005 年被授予第五届中国企业“未来之星”，成为中国年度最具成长力新兴企业的杰出代表之一，被授予年度中国特许经营最具成长力奖；

2006 年荣获中国旅游饭店业协会主办的“2006 中国经济型饭店品牌先锋”；

2006 年被评为 2006 年度中国最佳创新企业、新周刊-2006 中国年度新锐企业；

2006 年 10 月 26 日成为中国酒店行业海外上市第一股！

2007 年中国酒店星光奖“最具竞争力民族品牌”，中国最佳酒店管理有限公司；

2007 年“金枕头”中国最佳经济型连锁酒店品牌，“2007 年度全球酒店金钻奖”；

2007 年中国公共关系事业 20 年企业公关关系杰出贡献奖；

2006～2007 中国餐饮和酒店业十大优秀特许加盟品牌；

2007 年民营企业上市公司最具成长性十强。

4. 品牌维护与提升

酒店的服务质量是打造和维护品牌、凝聚文化和提升品牌价值的核心部分，因此酒店要打造知名品牌，就必须要有优质的服务质量作为后盾和支撑。酒店服务分为两个层面：一是基础的标准化服务。食宿是人类最基本的需求，酒店必须要达到卫生、舒适、安全、尊重、便利、亲切等要求，而这些要求最根本的保障就是标准化。世界上知名酒店集团都有全面、严格、细致的服务标准和制度作为质量保障。二是针对不同酒店品牌所对应的客源需求。酒店集团旗下的每一个子品牌必须根据自身的客源定位，尽可能地打造和提供投客所好的针对性服务，从而在细分市场上产生美誉度和影响力。

由美林阁集团投资的莫泰连锁经济型饭店品牌，根据不同的市场需求分别开发了“莫泰 168”和“莫泰 268”两个子品牌。莫泰 168 在实际操作中把西方中低档汽车旅馆的概念与中国经济型连锁酒店作了巧妙的对接——让莫泰 168 在设施上达到了星级酒店的水平，客房数量上也远远超过了传统意义上的汽车旅馆，但是价格上又做到比同一地区全服务酒店低许多，充分体现了经济型饭店的“经济”。同时它又坚持将一流的服务贯穿于预订、入住到结账、离店的全过程，设立预订中心与客服中心，开通网络预订、短信平台 采用最先进的管理软件和最完备的预订系统，实现顾客在预订过程中可以直接知道预订酒店的入住房号，为顾客提供“点到点”一站式服务。坚持在设计上充分考虑客人的需要，不开设地下室客房和暗房，不惜减少黄金区位的有效使用面积，在建筑物的有些部位开通采光天井，确保所有莫泰连锁旅店客房全部实现自然采光，设立一定规模的停车场地，确保顾客的停车需要；开设融合欧陆风格的“美林小厨”，为顾客提供全天候服务。开通卫星电视和VOD点播系统，在大堂设立手机充电器、自动售货机、无线有线上网平台等，尽可能为顾客提供全方位的服务，加大品牌的服务支持，建立了一套完整的、规范的服务体系，通过提高服务的品质来实现以服务维护品牌，以服务提升品牌。

相关链接 7-6 如家快捷酒店连锁的品牌扩张探秘

如家酒店连锁利用名前经济型饭店在国内尚处于成长阶段这一难得机遇，采取直营、特许加盟、管理输出、市场联盟等形式迅速扩大规模，提高自身的市场占有率，凸显品牌价值，确立“如家”的市场地位。

1. 品牌扩张目标：国内第一。如家酒店连锁首席执行官宣布，如家以直营、特许加盟、管理输出、市场联盟等四种方式同步布点，以北京、上海、广州三地为中心，向全国辐射，长期保持自身在国内经济型饭店市场的龙头地位。

2. 品牌扩张模式：资本+品牌。如家在创业初期，成功引入海外风险投资，实现了市场的快速扩张。如家通过功能强大的中央预订系统和标准化的管理模式，不断快速自我复制，而2006年的海外成功上市进一步增强了融资能力，资本成为其品牌扩张的加速器。

3. 品牌扩张的保障：如家是海外投资基金与国有资本、私有资本结合的产物,具有多元化的投资结构,采用的是规范的现代企业管理制度；另外如家品牌的扩张还得到了知识产权方面的全面保障，目前如家的品牌名称及网络域名以及相关衍生产品品牌均已注册。

二、经济型饭店的连锁经营

单体酒店的比例在逐渐下降，而通过资本或非资本为纽带，采取连锁经营的酒店正日渐成为主流。根据英国一家投资机构①的2000年调查统计：全球最大的34家连锁酒店共经营215万间客房，相当于同一时期世界酒店客房总数的1/6。1980年美国最大的25家连锁经营的酒店数量占全部酒店数量的50%，但到1994年，这一比例已经上升到了64%。以上数据向我们表明：当前国际酒店业中单体酒店的比例有逐渐下降的趋势，而通过资本为纽带的自建、购买、租赁、合并及通过非资本（如管理、品牌等）为纽带的联号、特许经营等方式的酒店经营正日益成为酒店业的主流发展方向。我国提倡酒店走集团化已有多年，也组建了不少集团，但在酒店业中的影响尚小，尤其在高档酒店，起影响作用大的还是外国的酒店管理公司。经济型饭店的发展，为酒店集团提供了新的机会。国内的酒店集团比外国的酒店集团在发展经济型饭店上有更多的优势，不能丧失这个机会和新的经济增长点。

市场定位于中低端消费者的经济型饭店，其产品价格和单位收益都不高，而维持一家酒店服务标准所需的成本又是相对固定的，因此经济型饭店可通过网络化布局和连锁经营，实行统一采购、统一服务、统一配置、统一流程、统一销售的集约化经营来降低成本。在我国按照所有权和经营管理的集中度，连锁经营可以分为直营连锁、特许连锁、合同管理等形式。

① Kleinwort Benson Securities Limited

1．直营连锁

直营连锁是指连锁公司的门店均由公司总部全资或者控股开设，在总部的直接领导下统一经营，总部对各店实施人、财、物及商流、物流、信息流等方面的统一运营。在经济型饭店发展初期，直营连锁的方式有助于以稳定质量为基础的品牌培育。发展直营店，可以选择以样板店和旗舰店的方式将连锁品牌的发展理念和管理标准具体化，而且由于各店的直接经营权和管理权统一归总公司所有，更有利于酒店初期品牌的建立与管理。

然而直营连锁也有其局限性，这种连锁模式对于资金和管理成本的要求都很高，是一种以单一资本向市场辐射的经营模式，容易受资金、时间、人力的限制，从而制约了酒店的发展规模和发展速度。我国经济型饭店发展初期也是各大品牌抢滩登陆的时期，如果酒店单纯依靠直营连锁的方式进行扩张，很有可能会失去抢占市场的大好时机。

2．特许经营

又称特许连锁、加盟连锁或契约连锁，是指通过签订合同，特许人将自己的商标、商号、经营模式等经营资源授予被特许人使用，被特许人按照合同约定在统一经营体系下从事经营活动，并向特许人支付特许经营费。特许经营是近年来发展较快的一种规模形式，特许经营之所以获得如此迅速的发展，是因为它以特许权形式向市场辐射，具有如下优点：有形资产投入少，可以迅速实现低成本扩张，酒店经营风险小、品牌能够获得增值，投资回报稳定。特许经营作为“20世纪最为成功的营销理念”，对我国经济型饭店的发展具有现实意义。从经济型饭店的规模和销售量角度分析得出，小规模酒店经济效益不甚理想，这主要是由于平均每间客房经营成本偏高所致，中等规模较大酒店（超过100间）为增加销量更宜于采用特许经营的方式来管理。经济型饭店规模化成长不可能采用大量投入的方式来实现，而只能走低成本扩张的道路。成功的特许经营是双赢模式，对于总部而言，企业无须投入大量资金和人力，将成熟的和规范化的管理方式以及独具特色的经营技术与经营观念通过受让和转让，使已经品牌化的品牌产品占领新的市场，是一种安全而迅速的扩大知名度、拓展市场份额的经营方式。对于加盟者而言，业主无须具备一定的技术和经验，只要支付一定的加盟费就可以直接套用他人成功的经验和技术，得到总部长期的指导和服务，使自身的学习曲线大为改变，省去了探索学习的时间，降低了投资风险。这一其他连锁经营形式所无法比拟的优越性使其成为国际上最为流行的连锁经营方式。因此，对于这些已经建立起来的经济型饭店品牌的集团而言，特许经营应该是实现快速连锁经营、扩大规模的最佳战略选择。

3. 管理合同

它是一种通过管理合同关系实现所有权和经营权分离的连锁经营模式，即酒店业主聘请某个声誉良好的酒店或酒店管理公司全权管理自己的酒店项目，后者则成为酒店业主的代理人，负责所有经营问题，而业主则仍保留财务责任和风险责任。这一经营模式的好处在于：酒店业主将经营管理权交给专业的管理公司，后者可以通过提炼自身的酒店管理经验，汲取国内外成功酒店的管理经验，并参考ISO国际标准体系制定合适的管理标准，从而提高酒店管理的标准化程度，使品牌连锁化经营更具可操作性。而酒店集团可以在不实行实物投资的情况下实现规模扩张。

目前，我国经济型饭店业还处于发展初期，市场发展不成熟，环境因素也很复杂。选择科学有效的操作模式关系到能否实现公司战略目标的重要问题。以“锦江之星”为例，锦江之星由锦江国际集团创立于1997年，其发展历史大体可以分为三个阶段，每一阶段依据不同的战略目标采取了不同的连锁经营模式：

第一阶段：1997～1999年为初创基础阶段，期间共开业了5家连锁店。全部使用直营连锁的模式，初步形成了“锦江之星”投资建造、设备用品、服务操作、经营管理等一系列标准和规范。

第二阶段：2000～2003年锦江国际集团重组，为稳步发展阶段。“锦江之星”以上海为中心，向江浙地区逐步发展，经营管理形式从“直营”扩大到“加盟”和“委托管理”，连锁店从5家发展到15家。“锦江之星”的连锁管理模式日趋成熟。

第三阶段：2003年6月9日锦江国际集团重组以来，为迅速发展阶段。“锦江之星”已开业的连锁店从15家发展到45家。至今包括已签约和筹建的项目达到80家规模。其中自营的有39家，委托管理的有17家，加盟的有24家，拥有客房10256间、餐位6000余座。“锦江之星”将三种经营模式相结合，在短短几年内从“长三角”地区向全国拓展，布及上海、北京、天津、重庆、江苏、浙江、山东、河北、河南、辽宁、黑龙江、四川、广东、海南等全国18个省、市，30个大中城市。

在经济型饭店连锁规模扩张的过程中还必须重视网络系统建设，搭建软硬件匹配的交易平台。网络系统分为硬件和软件两大系统，两者缺一不可，相得益彰。硬件网络主要指如家酒店在不同区域的合理布局。如果没有一定的规模，经济型饭店的效益就难以保证，品牌的认知度就难以转化为认可度、美誉度和忠诚度，投入也难以收回。例如，为了加速实现规模效益，如家公司董事会在近几年采取了比较宽松的项目审批制度和高效的网上审批办法，确定投资区域和限额之后，具体的项目选址、谈判、装修等事项，由地区项目经理全权负责，按投资程序办理相关手续。其中，限额是根据样板店的实际运营测算出来的，是刚性的，不允许任何人突破预算，从而保证了投资决策的严肃性，维持了如家的品牌核心价值。

本章小结

1. 关键术语

兼并　收购　资产重组　风险投资　直营连锁　特许经营　管理合同

2. 逻辑框架

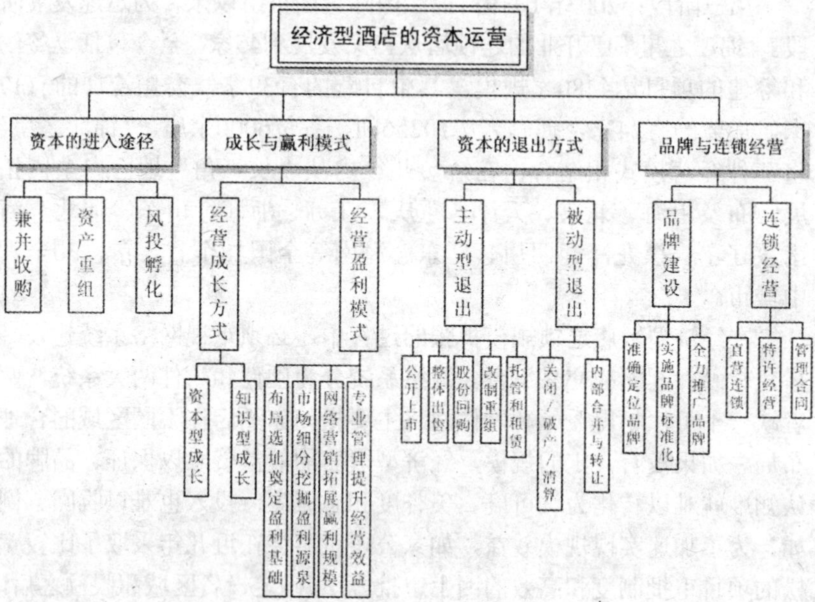

案例讨论

7天酒店，金融危机中的“非常融资”

成立仅三年的7天连锁酒店集团（简称7天酒店）又一次成为行业中的另类。在金融危机时期其他酒店遭遇融资寒潮时，7 天酒店却于2008年成功地从两家知名投资基金获得了一次性注入的6500万美元,其中的原因何在?国内著名的经济型饭店管理咨询机构盈蝶咨询分析如下：

第一，7 天酒店强调的不是传统行业的优势，而是酒店信息化整合IT的概念。7天酒店的成本优势主要来自集门店预订、内部管理和数据库于一身的IT平台，并不依赖中介公司的会员营销体系。另外7天酒店独具特色的在重点城市集中开店的市场策略在公司创立之初就已清晰设定，这在后期扩张时易于复制，同时也更易得到资本市场的认可。

第二，酒店消费行业在目前非常时期具有很强的抗跌能力，今后仍具有广阔发展空间。因为国内住宿市场受国外经济环境影响不是特别明显，而且国内每年内需增长明显。

第三，无论从准备上市的时间点看，还是从收购成本的因素考量，目前全球金融危机时期，经济型饭店业刚好处于一个行业收购和兼并的最佳时机，当然更重要的充分的理由是近年来7天的快速成长让投资人感受到了7天团队的出色执行力。

第四，7 天酒店在股权融资溢价方面也作出了一些让步，让投资方觉得是一个不容错过的机会。

7 天酒店成功融资的资金将投向哪里？发展模式及未来市场竞争格局将如何变化？

1. 继续开直营店。但速度可能会放缓些，不会像以前那么快。而且物业租金的成本必须慎重考虑，这些钱的投入必须预算到资本市场回暖和公司今后上市的时间和节奏。

2. 大力拓展加盟店。品牌加盟刚好是一个规避行业周期风险的业态，通过加盟模式，加大会员营销方面的投入，增强加盟业主的信心，最终提高市场占有率。

3. 完成星月联盟的试验。在中国目前的信用体系下，“异业联盟”成功的可能性稍大些，多方或多元化的“同业联盟”在中国鲜有成功案例。但“星月联盟”这个提法之所以让酒店人非常敏感，说明大多数区域性连锁有这个强烈需求，但操作难度很大，因为大家毕境是同行。其联盟的结果无论做好做坏对于 7 天酒店来说是有百利而只有一害，所以 7 天酒店将会在此领域进行尝试，但不会大举进入。

4. 随着经济型饭店行业的竞争加剧，市场上肯定会有许多品牌退出市场，品牌并购在所难免；7 天酒店的产品设计必然会随着消费者水平的提高而升级，通过品牌并购的手段再创一个新的品牌就成为一种主要举措。

综上分析，7 天酒店在当初进入酒店这个市场就是一种不走寻常路的模式，如果在关键的时点作出几个关键的决策，通过资本的手段和杠杆，在保证品牌质量的前提下，完全有可能成为一匹酒店行业的黑马。

（资料来源：根据《经济观察报》2008.10及盈蝶咨询公司相关资料整理）

思考题：

1. 在2008年金融危机的特殊时期，7天酒店成功融资的关键是什么？

2. 融资前后，7天酒店的成长模式有何不同？

第八章　经济型饭店的事业部

■ **本章目标**

了解经济型饭店的二大事业部（运营部和管理部）的结构和管理职能。

■ **本章重点**

掌握经济型饭店运营部在业务拓展以及管理部在成本控制方面的一些关键环节。

由于经济型饭店连锁经营的本质所决定，经济型饭店在外部业务拓展（扩张）和内部业务管理方面形成了明显差异的二大事业部，即运营部和管理部。事业部制就是按照企业所经营的事业板块，包括按产品、按地区、按顾客（市场）等来划分部门，设立若干事业部。事业部是在企业宏观领导下，拥有完全的经营自主权，实行独立经营、独立核算的部门。既是受公司控制的利润中心，具有利润生产和经营管理的职能；同时也是业务责任单位或市场责任单位，对产品设计、服务生产及销售负有统一领导的职能。

第一节　经济型饭店运营部

一、运营部的结构

运营部是经济型饭店中直接对客服务并产生营业收入的日常运营部门，主要包括有前厅、客房、餐饮等。

（一）前厅部（Front Office）

前厅部是酒店以房务运作为中心的营业部门，具有负责实施酒店的运营计划并直接提供多种对客服务的功能。前台是酒店的神经中枢，是酒店与客人之间的桥梁。

前厅部下设总服务台(问询、接待、预订)、行李处、商务(票务)中心、总机等四个分部门，通过前台一系列的业务程序和服务环节，使客人能顺利地抵店，并在住店过程中享受酒店提供的高效优质的服务。

1．售前服务

（1）远程咨询服务：宾客在入住酒店之前，会通过各种形式与酒店进行接触。这也是宾客评价酒店服务质量的第一步，如电话咨询、网络咨询等这一过程的互动质量直接决定交易是否能够完成。

（2）预订服务：预订的形式主要有电话、传真、信函等，宾客也可以通过预订系统、中央预订系统（CRS）、全球分配系统（GDS）、订房中心等进行预订。酒店需要根据宾客预订的方式（临时性预订、确认性预订、保证性预订）和酒店客房使用的状况及时给宾客信息反馈。

（3）迎接非住店宾客：酒店前厅是公共活动的空间，不仅有住店宾客的停留，也有非住店宾客的活动，对待他们应一视同仁。因为一些非住店宾客可能是酒店潜在的宾客。

2．售中服务

是指宾客在抵达酒店、在酒店停留期间以及离开酒店时，酒店前厅为宾客提供的各项服务。

（1）宾客到达酒店时，门厅提供迎接服务、行李服务、拉门问候服务等，总服务台提供登记服务，登记时常常是宾客关注服务质量的重要时刻。

（2）宾客逗留期间的问询服务、委托代办服务（又称金钥匙服务）、总机服务、客账管理服务、商务中心服务等。

（3）宾客离店时，提供结账服务、行李服务、寄存行李服务、欢送服务等。

3．售后服务

包括两个方面的内容：

（1）建立客史档案：对宾客的地理分布和人口信息的市场分析，并记录宾客住店期间的活动情况。客史档案可以为酒店有效开展销售活动创造条件，如实施关系营销的个性服务、有效选择广告方式、潜在客源市场的开发等。

（2）客户关怀：在宾客离开店后，与他们保持密切联系，在一些重要的节日加强沟通，告之促销信息，表达酒店对客人的关怀，以获取相关的服务和营销信息，为酒店提供优质服务和开展下一步营销创造条件。

（二）客房部（Housekeeping Department）

也称管家部，主要负责酒店的布草用品、员工制服及住店客人客衣的洗涤熨烫和酒店公共场所的清洁卫生及园林绿化布置等工作。

1．客房硬件设施维护：包括家具设备、电器设备和卫生设备。其日常维护的重点是维持客房设施设备的完好和正常运营，以及客人能够非常方便地正常使用。客房作为酒店耗能大户，在金融危机下做好开源节流工作尤为重要。在保证对客服务的前提下，从硬件设施的维护保养、物品预算领用等方面不断采用一些新的节能方法。

2．客房接待服务：客房对客服务可以分为四个环节：服务准备、接待服务、日常服务和离店服务。宾客到达前，要检查和保持客房达到质量标准，或根据宾客的个性化需求进行布置安排。宾客到达时，客房服务人员要主动欢迎宾客，热情向他们介绍酒店的服务项目和房间设施设备的使用方法。宾客住宿期间，按操作规程整理房间，更换和补充日用品，提供宾客需要的临时服务。宾客离店时及时通知收银台核对宾客账单，防止差错，帮助宾客办理所需手续，欢送宾客再次光临。宾客离开后立即整理客房，准备接待其他宾客。

3．客房卫生管理：客房是客人生活中的一种日常消费场所，所以客房卫生应达到很高的标准。客房卫生管理包括房间卫生和公共卫生（PA）。房间卫生包括卧室、卫生间和会客室的卫生管理。公共卫生包括客房走廊、电梯间以及其他一些公共空间的卫生。

相关链接 8-1 房务部减员增效的几种途径

目前，酒店业已进入微利时代，如何开源节流以最少成本获得最大效益，便成了酒店中高层管理者必须面对的问题。在酒店经营中，直接成本主要由原材料成本、能源成本、维修成本、人力成本、通信成本等构成，其中人力成本在酒店成本构成中占较大比例，所以减员增效便是减少人力成本的有效途径之一：

1. 撤楼层值台服务员，设客房中心

在传统酒店客房人员配置中，往往都在楼面设台班，负责帮助客人开房。现在大多数酒店都采用客房服务中心为客人提供服务。为不降低服务质量，客房中心应注意以下几个方面：①总台员工在客人登记入住时，要将客房中心职能电话告知客人，以便客人沟通；②客房中心员工应对客人的服务请求作出快速反应，不让客人长时间等待；③在公共区域设客用电话、提示牌，便于客人与客房中心联系。

2. 撤客房服务中心，将其职能分流，主要功能并入总台

客房中心的职能大致有①房态控制与信息处理；②对客服务；③钥匙管理；④失物处理与租借物品；⑤档案管理。

按其工作职能，我们可进行如下分流：①房态控制与信息处理可分流到总台，楼层管理人员同总台沟通做好房态控制；②对客服务可直接由楼层清洁员进行，总台员工直接调度楼层服务员；③钥匙管理、失物处理、档案管理可由楼层当值管理人员或秘书进行。需注意的是：①楼层卫生班和总台员工应配备对讲机或其他通信工具，便于直接沟通；②管理人员应加强现场监督与补位工作。

3. 夜间总机职能并入总台，不再设总机夜间值班员

根据房务工作经验，酒店夜间电话服务（22点以后至次日早上7点）几乎很少有电话接入，而酒店总台在这个时间往往也不是业务很繁忙，经过交叉培训后的总台员工完全能够胜任总机话务员职能。不过，前提是酒店应采用数字程控交换机，在总台设立小话务台。

4. 对楼层卫生清洁员实行记件工资，量化管理

由于楼层卫生清洁员工作区域大，隐蔽性强，给管理带来不便，所以对楼层员工可实行“记件制”工资，对不同房型、房态设不同价格，公共卫生区域也可进行量化。这样，工资多少，就由员工自己工作量决定。这样能充分调动员工工作积极性，减少工作中的推诿现象，提高劳动效率，从而减少冗员。

5. 对员工定期进行交叉培训

对员工进行交叉培训，实行“员工一事多能”是减少部门人员的有效途径之一。只有员工具备了多种技能，才能及时进行补位、换位，便于调度；同时定期的转换工作，可大大提高员工工作兴趣，又为酒店培养、储备了多种类型的复合型人才。在进行交叉培训时，部门不妨多设一到两个名额，专门用与员工交叉培训的顶岗。

6. 根据出租率高低，定期“轮休”

酒店经营有淡、旺季之分，淡季用工量少，旺季用工量多。解决此矛盾可采取员工淡季轮休方法。酒店实践经验证明，酒店员工大多较年轻，在工作到一定时间后，都希望能有时间外出旅游或进行知识充电。实行淡季轮休，既尊重了员工的意愿，又减少了工资开支。

7. 店内实行跨部门交叉培训，建立内部重点工制度

在西方发达国家，劳动力市场较为成熟，酒店客房卫生可由专业清洁公司完成，这样酒店定编人员大为减少。而我国劳动力市场还不完善，我们可在酒店内部进行组织，通过对工程，保安等一些后台员工的交叉培训，可缓解酒店减员后遇到大型接待活动时人员不足的压力，同时又给其他部门员工提供了增收的机会，并强化了不同部门间员工的沟通、交流。

（资料来源：《中外酒店》2003 年 吴宏业）

（三）餐饮部（Food and Beverage Department）

经济型饭店一般不提供餐饮服务，但部分经济型饭店基于自身的餐饮传统优势，也会提供经济简易的餐饮服务，以形成自己区别于其他酒店的特色，如锦江之星的“锦江小厨”、莫泰酒店的“美林小厨”等。另外，还有一些经济型饭店也会在前厅大堂开辟一定的空间来为入住客人提供咖啡茶饮和简化套餐式的餐饮服务。

1．卫生管理：餐饮生产和加工应保持食品营养的平衡，卫生条件要符合国家标准，彻底杜绝污染和中毒事故的发生。

2．生产管理：餐饮生产管理不仅可以有效地保证佳肴的质量，而且各个环节的协调可以提高出菜的效率；同时还可以有效控制成本，保证酒店满意的利润率，以真正体现经济型饭店的经济高效特点。

（四）技术部（IT Department）

使用现代信息技术已经成为了经济型饭店的一种潮流，这对经济型饭店快速传递信息、优化管理沟通、降低成本、提高管理效率、统一服务质量、实现标准化管理具有十分重要的积极意义。

1．中央预订系统：CRS（Central Reservation System，即中央预订系统）是酒店集团为控制客源而采用的集团内部计算机客房预订网络。这种网络系统由集团所属酒店的电脑构成网络，宾客可以通过该集团的任何一酒店进行网上预订。国际上一些著名的酒店集团，如六洲酒店集团的HOLIDEX预订系统、洲际集团的GLOBAL II预订系统、雅高集团的 ACCOR 订房系统、希尔顿的 HILSTAR 预订系统等，国内如家酒店所依托的携程旅行网（CTRIP）都属于这类系统。大型国际酒店集团都建立了自己的中央预订系统，并凭借这个系统实现了集团内部客源的相互介绍和集团整体在控制客源市场上的领先地位。独立的大酒店和中小型酒店集团为了和大的集团酒店抗衡，改变在竞争中的不利地位也纷纷联合起来成立各式各样的组织，建立自己的计算机预订网络系统，使 CRS 有了进一步的发展。

2. 中央管理系统：CMS（Central Management System）主要功能包括：

➢ 动态 IP 技术支持用 ADSL 实现总部与分店的网络连接，有效降低酒店网络费用；

➢ 支持专线或 VPN 实现总部与各分店的网络连接；

➢ 显示各分店服务器与中央服务器的通信状况和最近的同步时间，以便总部在网络通信不畅时进行人工干预；

➢ 轻松实现移动办公，总部高层管理人员可以通过互联网查阅各连锁分店报表和各分店的汇总报表，随时掌握各连锁酒店经营状况；

➢ 总部可以远程维护各分店的服务器和数据库，系统的重要数据由总部统一控制，在降低维护成本的同时保证连锁经营体系重大政策的一致性；

➢ 支持双硬盘、磁盘阵列、双机热备份等方式自动定期备份经营数据库文件，保证连锁酒店经营系统数据安全；

➢ 可以无缝集成连锁酒店的客户关系管理系统（CRM）、供应链管理系统（SCM）、办公自动化系统（OA），支持连锁酒店管理系统的未来拓展。

相关链接 8-2　经济型饭店“24 小时沟通”

目前，经济型饭店正在纷纷推出各种电子商务服务，来迎合消费者的需求。7 天连锁酒店集团成为国内首家推出 24 小时手机短信预订服务及 WAP 预订服务的经济型连锁酒店，7 天酒店在业内首个倡导“24 小时沟通”：

把 7 天酒店的电子商务资源整合起来，构建一个全方位的 IT 系统平台，使之成为一个集短信、手机 WAP、网络、呼叫中心及店务管理系统为一体的“24小时沟通”无间断服务系统，实现实时信息对接。无论何时何地，消费者均可通过7天连锁酒店的各预订渠道进行实时查询、预订、确认、支付等流程，极大地方便了入住7天连锁酒店的客人。

7天连锁酒店一直把创新电子商务服务作为核心竞争力之一，目前已有40%的7天连锁酒店客房订单是通过网站直接实现的，网络预订比例一直位列中国经济型连锁酒店之首。与2008年1月相比，7天连锁酒店网站流量排名在第一季度大幅提升，幅度超过20%，列全球网站流量排名的63595位，超越速8国际网站的67872位。7天连锁酒店继续位居国内经济型连锁酒店网站Alexa排名首位，并首次超越速8国际网站，成为首家超越国际经济型连锁酒店网站的中国品牌。

（资料来源：腾讯财经，2008.4）

（五）工程部（Eegineering Department）

工程部是酒店的设施设备的主管部门。以为酒店提供良好的设施设备为目的，进行有效的能源控制、动力供应及设备设施的运行及维修工作。

1．采购和验收

酒店物质采购管理是建立在酒店物质定额的基础之上的，它是酒店物质管理工作的第二个环节。酒店物质消耗定额中详细规定了保证酒店经营活动正常开展所需物质的品种、数量，酒店物质的储备定额详细规定了酒店必须储存多少物质才能保证经营的连续性，并使酒店的成本和开支降低。物质采购工作就是参照既定的物质定额，在不同的时间段内采购不同品种、不同数量的物资，以维持酒店的正常运转。

2．安装和维护

酒店设备种类繁多、功能齐全，但使用维护保养的要求和内容各不同，但基本内容一致。

（1）整齐。工具附件放置整齐，安全防护装置齐全，线路管道安全完整，各种标志醒目美观。

（2）安全。防护装置和消防安全设施齐全有效，压力容器和电气设备线路定期进行预防性实验和接地安全检查。严禁烟火，易燃易爆物品指定地点存放，专人保管。

（3）清洁。设备内外要清洁，各部门无灰尘、油垢，无漏水、漏油、漏气、漏电，污染杂物清扫干净。

（4）严谨。严格遵循交接班制度，严格执行能耗定额，严格执行操作规程和岗位责任制。

（5）润滑。按时、按量加油和换油，保持油标醒目；油箱、油池和冷却箱应保持清洁、无杂质；油壶、油孔、油杯齐全，油路畅通。

3．能源管理

能源管理是要求员工应有效地利用资源，以提高酒店能源的有效利用率为目的，杜绝能源的浪费，从而提高酒店的经济效益。由于能源本身及酒店使用能源面广的特点，决定了能源管理的特殊性和复杂性。首先要建立对能源认识的基本观念，如一次性资源观点、全局观点和效益观点等。能源使用遍及酒店内的各部门，加强能源的统一管理是实现能源的统筹安排和合理利用的重要保证。酒店能源管理主要包括以下内容：

（1）建立健全酒店能源管理体系，健全能源管理制度。

（2）加强酒店计量工作，完善能源计量统计，制定能源消耗预算，认真做好能源统计分析研究，针对突出问题提出解决方案。

（3）执行国家有关节能的方针政策、标准，积极引进节能技术。制定并组织实施酒店节能技术措施，降低能耗。

（4）建立健全能耗原始记录、统计台账与报表制度，制定各部门的消耗定额，并认真进行考核。

（5）建立设备使用培训制度，避免设备因使用不当造成的能源浪费。

（6）加强设备的维护保养管理，均衡合理地调度设备运行，提高能源利用效率。

（六）保安部（Security Department）

保安部是酒店和客人人身、财产安全的主管部门，负责全酒店的安全保卫和消防安全工作。负责制定酒店有关安全的各项规章制度和安全保卫工作计划，做好安全防范工作，预防各种刑事案件、治安事件、消防事件的发生。酒店的消防设施主要有：烟感报警器、自动喷淋、消防栓、防火卷窗门及多种消防器材。酒店内的火警报警电话为1999。消防部下设保安员24小时巡逻，以保障酒店客人、员工的生命财产安全。

1．酒店保卫　指酒店组织专门力量，对酒店出入口、重要场所、重要目标进行守护、巡逻及监视，以维护公共秩序，预防违法犯罪和治安火灾事故发生的专项工作。

酒店内部护卫的主要范围，必要时可扩大到酒店周围人行通道部分。护卫的主要目标通常有酒店的出入口、大堂、客房、楼面、行李房、小金库、车库、商场、娱乐场所等。护卫工作的内容是掌握人员、车辆进出的情况，控制违章物品，发现事故隐患，制止违法犯罪行为。

酒店护卫工作分为定点护卫、巡逻督察和监视控制这三个方面。定点护卫指岗位固定的护卫工作，如：门卫、停车场及车道管理等；巡逻督察指安保人员在规定的区域内巡逻，如大堂、客房楼面、公共场所等，以便及时发现不安全的因素和及时处理各种违法犯罪行为；监视控制指在酒店重要场所及目标处安装监视器（探头），专职人员在安全监控室里进行监视，发现任何不安全因素及各类违法行为时，及时与固定护卫岗位及巡逻人员联络、配合，采取行动。安装监视器的部位一般在大堂、电梯口、客房楼道、宾客贵重物品保存处、现金存放处等。

2．治安管理　酒店治安管理指酒店在公安机关的指导下，由酒店的专职安保人员与酒店内各有关部门配合，管理酒店内部公共秩序，以保护宾客、员工和酒店的人身和财产安全。

酒店应建立住宿和访客登记及管理制度，以维护客房内及客房楼层的治安秩序。宾客住宿登记由宾客本人填写登记表，总台人员应仔细核对有关证件，发现可疑情况向安保部报告；对来访宾客，接待人员应先征得住宿宾客的同意，客房服务人员应注意其动向。夜间访客滞留时间不得超过规定时限。访客留宿应根据规定去总台办理登记手续，并进行证件检查。

处理各类治安问题也是酒店治安秩序管理的一个主要内容，安保人员要与有关部门相配合，及时发现导致营业过程中各种妨碍治安秩序的因素和行为，并予以纠正。防止偷盗、打架斗殴、酗酒闹事等恶性事件的发生，以保障正常的经营秩序。应将违法人员送公安机关处理。

酒店治安秩序还包括酒店内危险物品、易燃和易爆化学品的管理，酒店内车辆交通及停放的秩序和酒店内动态信息的收集和处理。

3．事故查处 专职的保安人员对酒店内部发生的违法犯罪案件及意外事故进行调查、取证，提出处理意见，并报请公安机关审批。

由酒店查处的各类违法犯罪案件包括一般刑事案件、治安案件、破坏事故以及造成了一定的财物损失和人身伤亡等。后果较为严重的事故和其他各类刑事案件和治安案件，酒店安保部则应协助公安机关侦破查处。

4．消防管理 酒店在消防管理机关的指导、监督下，应认真贯彻“预防为主”的工作原则，具体做好酒店火情、火警、火灾的预防及日常的防火安全管理工作。

酒店消防管理的内容有：贯彻执行国家消防法规，健全酒店内部消防管理制度；健全消防组织结构，明确专门管理人员，防火要落实岗位责任制，经常性地开展防火指示的宣传教育和培训工作；认真配置好消防设施、设备、器械，坚持定期检查，确保它们始终处于临战实用完好有效的状态；应争取处理方案完好，从报警、灭火、疏散到善后处理等各方面都有明确的程序，使各部门、各岗位上的人员临危不乱，遵守统一的指挥，按既定的程序做出相应的反应，各司其职，将人员和财产的损失减低到最小程度。

二、运营部的功能

（一）提供优质服务

酒店服务价值具有易消失性，服务质量具有不稳定性，服务产品具有综合性和多样性。酒店服务质量主要由有形产品和无形产品组成，有形产品质量由设施质量、实物产品质量、服务用品质量和环境质量构成。无形产品质量由劳务活动质量构成。经济型饭店主要提供住宿服务，因此与住宿相关的设施质量、实物产品质量、服务用品质量和环境质量就显得尤为重要，经济型饭店事业部的主要功能之一就是提供与住宿相关的有形服务。

经济型饭店的无形产品是指人员提供的服务，虽然经济型饭店服务人员较星级酒店少，与顾客接触机会也相对较少，但仍然应加强与顾客的沟通，要理解顾客，发现顾客的真实需要，急顾客所急，尽最大限度地提供顾客满意的服务，使顾客成为回头客，并使其成为酒店服务的口碑传播者。

（二）加强成本控制

成本控制是经济型饭店的关键环节之一，规模效应是降低成本的重要基础，但更重要的是要在管理中落实成本控制。早期经济型饭店包括汽车旅馆一般选择地价较低的地方；随着整个酒店业供给的过剩，越来越多的经济型饭店是对已有酒店或其他设施如旧厂房进行改造的结果。经济型饭店选址时特别注意利用当地已有的市政条件和通信条件，借助外界城市功能，向社会外包餐饮、布草清洗等项目，使酒店自身建设、运营费用降低。很少设置或不设餐饮、康乐、会议等配套设施。在设计方面，注重大堂的精致实用、公共区域和行政管理区域空间的最小化，以实现客房面积最大化。对客房内外设施设备尽量进行实用主义选择，如国内的“如家”和“锦江之星”等经济型饭店只提供淋浴设备，而没有盆浴等设施。另外，在日常经营中，经济型饭店的能源、水资源、人工、用品、设备等都高度节省。正是这种规划和设计特色，从根本上保证了经济型饭店将服务功能集中在住宿上，实现以较低的成本使客人对核心住宿产品需求的满意最大化。

（三）保障客人安全

经济型饭店之所以能日益壮大的一个重要原因就是经济型饭店以合理的代价满足了人们对住宿的安全、舒适需要，所以经济型饭店的健康发展应尽其所能使客人获得安全感。酒店除了安排保安人员昼夜巡逻以确保客人安全外，还应确保酒店的安全设备如消防设施、防盗系统、门锁系统等处于正常状态，否则设施失灵而又不及时修复，将给酒店造成不可估量的损失。

顾客的财物安全会直接影响服务质量、销售价格和酒店利润，因此，在经济型饭店的人力成本控制较为严格的情况下，酒店事业部仍然应设法严格落实各项安保措施，以确保入住客人的财物安全。

第二节　经济型饭店管理部

经济型饭店管理部即职能管理部，是指为酒店的一线部门提供职能保障的部门。

一、管理部的结构

（一）营销管理部（Sales & Marketing Department）

1．内部营销

就是通过能够满足雇员需求的分批生产来吸引、发展、刺激、保留能够胜任的员工，通过内部员工的出色工作和主动销售意识来最终提高宾客满意度。因此，内部营销从五个方面来运作。

（1）重视人员推销。内部推销活动的主体，是企业兴衰成败的关键，因此必须充分重视酒店工作人员在推销中的作用，尽可能选用优秀员工，让他们积极参与内部推销活动，只有这样才能取得较好的效果。

（2）加强员工培训。培训是提高员工素质和推销效果的最好举措。通过强化培训可增加员工的推销知识，帮助员工更好地掌握推销方法和技巧，从而有利于内部推销取得更好的效果。

（3）强调群体协作。不能把内部推销看成是酒店一两个部门的任务，整体效益一般大于部门效益之和，通过全体酒店员工和部门的密切合作，整体推销才能取得最佳的内部推销效果。

（4）实施考核奖励。考核奖励更有利于提高员工的工作积极性和工作热情，形成有效的推销激励机制，并使员工明确今后的工作重点和努力方向。

（5）善用宣传资料。在酒店内部常用一些宣传资料进行推销，也会取得很好的推销效果。

2. 外部营销

（1）广告营销。是酒店运用各种传播媒介把酒店产品和服务的有关信息传递给宾客，以扩大酒店产品和服务销售的营销方法。

（2）公共关系。是指酒店与其内外各种公众之间的相互关系。公关活动是酒店运用各种方式及手段，建立和维护酒店与公众之间的良好关系，促进酒店与公众之间的相互交流、相互理解和相互支持，创造酒店对外良好形象的过程。公关活动始终贯穿于酒店的各业务环节，既包括各项专业色彩浓厚的专题公关活动，如新闻发布会、大型庆典活动、大型酬宾活动等，还包括所有日常性的活动，如日常的服务活动、广告活动、礼仪活动等。公共关系的优势在于其浓厚的“感情色彩”，协调酒店内外部关系，实现酒店经营目标。

（3）网络营销。就是借助联机网络、计算机通信和数字交互式媒体等技术来为宾客设计产品，从而实现酒店的营销目标。网络化的营销方式符合酒店产品的销售特征、消费方式和营销特点。对于酒店营销部门而言，可以利用网络在全球范围内进行市场调研，并通过网络取得反馈信息；对于宾客而言，通过网络就可以了解酒店的有关信息，选择和预订自己所需要的酒店。因此，酒店采用这种营销方式，可以提高服务效率，拓宽信息渠道，并争取到更多的客源市场。报刊杂志等纸质传媒载体表现方式是厚度，电视电台等声像传媒载体表现方式是长度，第五大传媒网络传媒载体表现方式是宽度。传统营销是被动型策略，网络营销是主动型战略；传统营销一般是单向的，而网络营销是双向的。

相关链接 8-3　经济型饭店网络营销创新 20 法

1. 特色内容；	2. 搜索引擎；	3. 论坛推广；
4. 信息发布	5. 博客推广；	6. 登陆导航网站；
7. Email 营销；	8. 会员推广	9. 资源整合互补；
10. 广告联盟；	11. 快捷网址推广；	12. 关联网站
13. 域名指向；	14. 策划活动；	15. 事件营销；
16. 有奖互动	17. 安装插件；	18. 病毒式营销；
19. 竞价排名；	20. 投放广告	

（资料来源：中国经济型饭店网）

（二）服务管理部（Service Mangment Department）

酒店的服务质量监控工作通常由质检中心负责，另外也有一些酒店专门设立了客户关系部来协助服务质量与客户关系的维护。

1．技术质量　指酒店提供的服务项目、服务时间、设施设备、环境气氛等满足宾客需求的技术规范程度。如酒店为宾客提供的客房和床位、餐馆为宾客提供的菜肴和酒水。服务结果是宾客服务体验的重要组成部分，宾客对它的评价往往较为客观。

2．功能质量　是指酒店服务结果所能实现的功能。由于服务结果一目了然，所以顾客对服务结果的要求是非常苛刻的，酒店方务必达到其要求。

3．关系质量　即由顾客与服务人员之间互动的关系融洽程度所反映的服务质量。酒店服务具有生产与消费同时性的特征，服务过程中的互动必然会影响宾客感知的服务质量。功能性质量与服务人员的仪表仪容、礼貌礼节、服务态度、服务程序、服务技能技巧等有关，还与宾客的心理特征、知识水平、个人偏好等因素有关，同时受到其他外在条件的影响。宾客对功能性质量的评价往往较为主观，在很多情况下，对双方互动关系的主观感觉往往决定了顾客对一家具体的经济型饭店的服务质量的看法。

技术性质量、功能性质量和关系质量三者相互作用、相互影响，是酒店整体服务质量的有机统一体，三者合理配置将有助于服务质量的整体优化。

（三）人力资源部（Human Resource Department）

1．人力资源开发内容

（1）制定酒店的人力资源计划。根据酒店经营管理的目标和组织结构的需要，对各项工作性质、岗位职责及素质要求进行分析，确定酒店员工的需求量和需求标准，做好酒店人力资源数量和质量的预测。

（2）招聘录用员工。按照酒店人力资源计划招聘所需员工。招聘录用员工应按照科学的标准，采用合适的方法，以达到人与岗位的最佳组合。

（3）教育培训。为了每个员工能胜任其担任的工作，快速适应工作环境的变化，必须对员工进行经常不断的培训。由于员工所担任的工作层次不同，所采取的培训方式和内容也不一样。

➢ 对在操作层工作的一般服务员应进行职业技能培训，即注重工作技能方面的培训。

➢ 对担任管理工作的员工应进行发展培训，即注重分析问题和解决问题等管理能力方面的培养。培训方式有店内培训、外出进修考察等。

（4）建立完整的考核体系和奖惩制度。考核奖惩是对员工成绩、贡献进行评估的方法，又是酒店人力资源管理工作的反馈。定期对员工的工作成绩作出正确的考核和评估是员工提升、调职、培训和奖励的依据，做到奖励罚懒，鞭策鼓励。

（5）建立良好的薪酬福利制度。薪酬福利对员工基本生活需要的满足至关重要，酒店可选用适当的工资形式，实行合理的奖励和津贴制度，其劳动保险和福利待遇对员工工作积极性的发挥具有重要的刺激作用。

（6）培养高素质的管理员工。酒店管理人工素质和工作能力的高低，对员工工作积极性的调动及酒店经营管理活动的正常运转具有重要影响。酒店管理人员必须掌握有效的领导方式和激励、沟通技巧、培养"企业文化"，增强酒店的凝聚力，调动员工工作积极性，以提高企业的经济效益。

2. 人力资源开发的任务

（1）科学地了解和评价人。酒店为了正常开展业务，必须拥有一批具有各种特长和才能的人员，要不断培养和造就各种人才，使用各种人才，其基础首先是了解和评价人。

（2）积极造就及合理使用人。酒店人员工作的基本特点是独立性强。在独立作业过程中，可充分运用自身的智慧才能和经验。这种独立性要求酒店从业人员具有某一方面合格的业务能力，具有较强的独立工作能力，所有这些能力需要培养和造就。

（3）优化组合各类人力资源。在酒店经营服务和管理活动中，要做到岗位明确、职责分明、权责对等、各尽所能，使每个员工都能人尽其才、才尽其用，形成最大的工作效能，形成一个精干、有序、高效的劳动组织。

（4）处理好人才流动问题。目前，员工流失问题是经济型饭店不可回避的突出问题。而人才是员工队伍中的能力突出者，是酒店核心业务岗位上的重要力量，应设法加以维持和保留。应使酒店的人才能选择其合适的职位从而发挥其特长，逐步形成酒店自身合理的人力智力结构。

要真正达到酒店人力资源开发和利用的目的，必须有一套科学合理的人才开发和利用体系，形成人才辈出的优化机制。首先，要建立一套招聘员工的科学的程序和方法，为酒店挑选一批事业心强、有培养前途的员工；其次，建立一套科学的培训制度和方法，有效地提高酒店员工的素质和能力；再次，进行科学的定岗定员，优化结构，发挥最佳的群体效应；最后，通过科学的管理和激励方法，创造一个良好的人事环境，使员工安心工作，努力工作，进取向上，最大限度地发挥员工的积极性和创造性。

（四）财务部（Accounting Department）

1. 计划管理

酒店计划管理是指确定经济型饭店的经营目标和实现目标的途

径的管理活动。通过制定计划，酒店管理者就可以对“做什么”、“如何做和谁去做”有了明确的事先规划。一项好的酒店财务计划应该包括目标、措施、实施时间、负责人、预算、评估控制等六方面的内容。

2．财务预算

财务预算就是用数字、特别是用财务数字的形式来描述企业未来的活动计划。预算内容一般包括收入预算、支出预算、现金预算、资金支出预算等。预算控制就是根据预算规定的收入和支出标准来检查和监督各个部门的生产经营活动。经济型饭店预算的内容：

➢ 营销预算。首先是确定营销方案，根据方案来选择最佳的营销方式，根据营销方式编制营销预算。

➢ 营业收入预算。以历史数据为参考，把销售收入编到每周的星期一至星期天，按月考察，按年考核。

➢ 能源、管理费用、经营费用和大修理费用的预算。

3．财务管理

酒店财务管理就是酒店遵循客观经济规律，根据国家计划和政策，通过对酒店企业资金的筹集、运用和分配的管理，从而利用货币价值形式对酒店的经营活动进行综合性的管理。其内容包括计划管理、资金管理、收入管理、成本费用管理和利润管理。

（1）资金运用　资金运动过程分为三个阶段：

➢ 第一阶段，筹资供应过程，使货币资金转化为固定资金和储备资金形态，具体工作表现为筹资和采购。

➢ 第二阶段，经营服务过程，使酒店固定资金和储备资金转化为产成品资金形态，具体工作表现为成本管理。

➢ 第三阶段，货币回收过程，使酒店产成品形态恢复到货币资金形态，具体工作表现为收入管理、利润管理。

（2）涉及部门　经济型饭店财务管理涉及的部门很多，如总台、餐饮、仓库、采购等都有涉及。总台：财务对总台实行职能管理与监督。餐饮：财务对餐饮要实行现代化管理，要放弃原来“前店后工场”式管理，要采取现代化的点菜机系统来进行管理，这样将有效地提高财务的控制力。仓库：财务要对存货的周转有较高的敏感度。采购：

采购将直接影响酒店的服务质量和经营成本，因此要对采购的单价、质量、数量进行有效的控制，要每周、每月了解市场的价格等情况，以实现对采购的控制和监督。

（3）管理特点 为有效地控制每项支出，要求财务从业人员要有非常高的敬业精神和业务技能。为确保每项收入能够准时、准确地入财务账，需对收入的每一个环节进行监控。

二、管理部的功能

（一）开拓市场，形成稳定充足的客源

酒店产品具有不可移动的特点，同时具有易逝性；没有足够的客源，酒店就无法生存和发展。因此，客源是酒店的生命，经营管理是酒店的手段，接待服务是酒店的中心，服务质量是酒店的根本，加强和宾客的沟通是酒店的目的。这五个方面是相互联系、互为依存、互为条件的，而客源是最重要的。因此，酒店管理者必须清楚地意识到开辟和拓展客源是一项十分重要的、经常性的管理任务。要不断研究市场的特点和发展动向，搞好市场调查和预测，结合本酒店的实际尽可能广泛地开辟销售渠道，要面向市场、面向客人，从经营的项目、范围、时间、服务方式等方面，千方百计地满足客人的需求，实行创新经营，不断巩固和开辟客源市场。

（二）科学合理组织酒店和部门业务运转，提供高效率的服务

酒店的业务管理具有很强的综合性。实际上酒店相当于一个小社会，客人需要的接待服务工作带有相当大的随机性，要保证酒店和各部门的正常运转，就需要酒店管理人员科学制定岗位职责、服务标准、奖惩条例以及相应的各种管理制度，使酒店的各项业务活动都能在有序效率的基础上运转。这对保证合理地组织接待服务，保持必要的服务质量和工作效率是至关重要的。同时，为了使部门的组织工作正常进行，酒店管理人员必须不断进行督导管理。也就是说，对下属进行科学合理的工作分配，指导下属如何去完成所分配的工作，检查下属完成工作的情况。因此，为了有效地进行酒店管理，管理人员必须做到：①要抓员工培训，提高队伍素质，减少服务工作的差异性；②要

制定各项服务规程，组织员工实施；③要加强督导，尤其是要通过走动管理进行现场控制。

（三）管理协调，调动员工积极性，创造良好的组织环境和企业活力

酒店主要是对人的服务，以及对人的管理，因此酒店的管理涉及的范围很广，它包括了管理人员之间的关系，管理人员和服务员之间的关系，管理人员、服务员与客人之间的关系等。酒店服务质量的高低，客人对酒店服务质量的评价，主要依赖于服务员的服务工作。而服务员的服务态度、敬业精神、文明礼貌程度、操作技能和对企业的忠诚，都依赖于管理人员的引导和培养，依赖于管理人员和员工的交流沟通。管理关系的好坏，直接影响员工的主动性、积极性和创新精神，直接影响员工的动力、士气和服务质量。因此，作为酒店管理人员，对客人要热情、主动、耐心、周到，对自己应自律、自动，能够进行自我约束，做好表率作用。管理人员要达到和下属“既近又亲”的关系，首先要提高自身的修养和自身的素质，提高酒店管理水平和专业知识、专业技能；其次要注意关心、理解、尊重下属，做到平易近人，创造和巩固良好的管理关系。

（四）降低成本，提高效益，增加企业的盈利

酒店是一个综合性的服务机构，需要使用大量的、多种多样的设备设施，需要耗费大量的能源。同时，酒店是消费性的服务行业，每天为客人提供舒适的设施和生活用品，让客人在酒店里得到应有的享受，因此酒店在日常运转中必须有大量的物品消耗。酒店管理人员应该采用科学的管理方法，减少能源消耗，降低对环境的污染和破坏；做好设备设施的维修抱养工作，延长设备设施的使用寿命；尽可能地降低酒店的物资消耗。这样，才能控制成本、降低物化劳动和活劳动的消耗，体现出经济型饭店“价廉物美”的核心竞争优势，最终取得较好的经济效益。

本章小结

1. 关键术语

事业部　运营部　管理部；

2. 逻辑框架

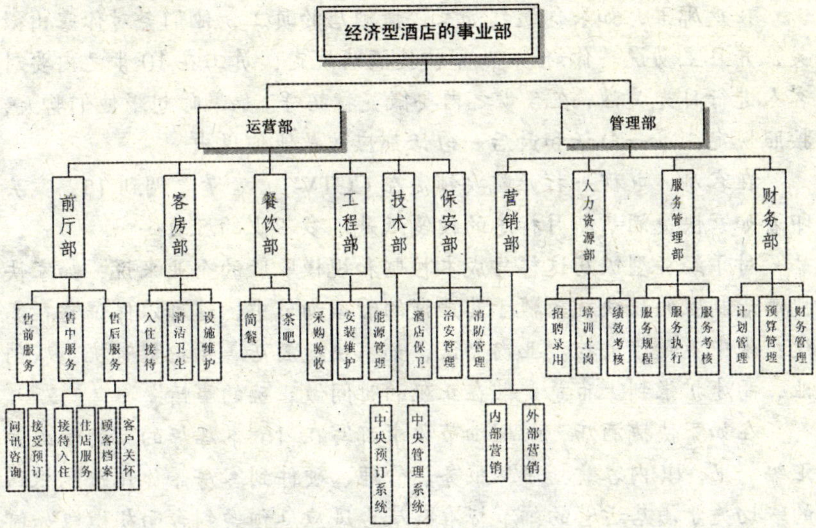

案例讨论

如家连锁凭何高速成长？

——如家运营管理体系揭秘

如家快捷酒店在最近 3 年内的发展速度之快（由 29 家酒店变为 190 家，覆盖城市由 8 个变为 53 个）、利润增幅之高（2006 年收入暴涨 105.9%至 5.885 亿元人民币），完全颠覆了人们对连锁酒店发展的基本概念。支撑如家快捷酒店这台高速运转的利润机器的是其内部很多不为投资者和住客所知的秘密。

早上 5 点之前，如家快捷酒店的厨师进入厨房工作，7 点准时备好早餐；到晚上 9：30 关门，这些小餐厅一天能做到四五千元营业额。从后厨到前庭玄关的墙上，贴着各项检查标准，旁边还有一面小镜子，旁边经过的员工会下意识地看看镜子，提醒自己保持微笑。

早上 7 点半，如家快捷酒店的客房服务员要推着工作车到岗，这些客房服务员每人每天打扫 15 个房间，其中最熟练的整理一个房间也要花费20分钟。最忙的时候，十几位客房服务员同时行动，工作车在各个楼层贴着墙边一字排开。

在走廊里，如果你遇到如家快捷酒店的员工，他们会对你露出微笑，并且主动说“你好”。如家快捷酒店规定，员工在10步之内要对客人进行目光关注，在5步之内要微笑打招呼。如果你想跟他们聊天，按照规定，第一句话和最后一句话都应该是他们说出。

在客房，电视一打开就要锁定在CCTV-1，音量要调到15，案头印着如家快捷酒店新月标志的便笺纸是不多不少的5页……

对于经济型饭店这样靠成本控制和规模取胜的企业来说，如家快捷酒店制胜的秘诀就蕴藏于其严谨的管理细节中，这可以保证它在高速扩张中不致于失控。业内公认，如家快捷酒店善于把握时机，从创业、高速扩张到上市总是“在正确的时间做正确的事情”。

在如家快捷酒店，管理细节要求都写在16本厚厚的“运营文件汇编”里，其内容囊括了从服务、管理、硬件到客房等你几乎能想到的一切关于酒店运营的细节标准，从台风应急预案到台面胡椒瓶如何摆放的大小事情都有规定，其中的餐厅服务手册就有105页，而管理手册则有132页。这16本手册，如家快捷酒店的雇员人人必看，力求做到有关规定烂熟于胸，而且还要每月就此考试——如家称之为“我们的管理圣经”。这16本“圣经”是在2004年下半年逐渐一点一点汇编成型的。从诞生起，就有专门的小组维护，每半年还会在全公司开会吸取各个部门的意见改进一次，保证其适应市场变化。

从某种程度上说，如家快捷酒店致胜的秘密就在于员工对这16本“圣经”奉若神明后产生的执行力之中。一些从别的酒店管理公司跳槽到如家快捷酒店的管理人员说，酒店业中的规则大同小异，如家快捷酒店的规则未必最全最细，“但却是最实用和可执行的”。

如家快捷酒店正在进入高速扩张阶段——连锁的精髓就在于规模效应，而如果想在大规模扩张时把风险控制到最小，就要找到一套复制新酒店的模板。“理想模板”是：一个清晰的定位，一套紧密围绕定位建立的标准操作手册以及一套有关日常运营的酒店管理系统。

只要翻开这16本“圣经”，不难看出，一切内容都在致力于把如家快捷酒店定位一丝不差地变成事实。而且，这些管理规定实现了严格的成本控制，这是经济型饭店的根本。举例来说，如家快捷酒店的人员配备只有同等规模高星级酒店的 1/4，一座 171 间房的酒店只有 60 个员工；他们连每辆客房工作车上配备多少把牙刷都有规定，力求保证客用品的成本只有 2.6 元/间夜。

另外，人才储备也成为如家快捷酒店必须尽快解决的一个问题。因为迅速扩张，如家快捷酒店的雇员们晋升得很快，几乎每个人都能津津乐道地讲一些关于自己前任的升迁故事。如家快捷酒店正在用“高压锅”的方法，大批制造出管理人员以求跟上自己的扩张速度。

对试图一年内把规模扩大一倍的如家快捷酒店来说，本地化的问题同样困扰着它，各地经济水平参差不齐，环境和客户的差异化都对其灵活性提出了很高的要求。在如家快捷酒店目前高度中央集权的管理方式与区域化管理授权之间，它需要摸索出一个平衡的方法。如家快捷酒店正在酝酿的解决方案是，将全国市场划分成大区进行管理。所有这些变化、难题都是在如家快捷酒店发展过程中发生的，因此也会随着时间的推移被逐步修正。

思考题：

1. 如家快捷的内部运营管理体系如何支持了该连锁的快速扩张？

2. 你是如何看待如家快捷流动目前正在酝酿的“大区管理模式”的？

第九章　经济型饭店的人力资源管理

■ **本章目标**

通过本章学习，了解经济型饭店组织特征、组织构架形态与人员配置情况；了解经济型饭店绩效管理体系，掌握经济型饭店关键绩效考核指标和薪酬设计；掌握经济型饭店人员招聘、员工培训与员工激励等重要的HR管理环节。

■ **本章重点**

1．经济型饭店组织构建

2．经济型饭店关键绩效指标

3．经济型饭店薪酬设计

4．经济型饭店员工培训与激励

目前，经济型饭店的发展正呈现出极大的生命力，然而在其蓬勃发展的表象背后，经济型饭店却面临着很大的人才危机。市场对复合型人才的高需求与经济型饭店管理人员缺乏之间的矛盾日益突出。因此，人力资源管理也就成为了经济型饭店管理的核心内容之一。

第一节　经济型饭店组织架构与职能

经济型饭店组织架构的建立是做好人力资源管理的前提。设计合理的组织结构能让员工及管理者觉得有发展前景，能留住人才，避免员工的过度流动。

一、经济型饭店的组织特征

经济型饭店业属于服务行业，其组织特征与其他服务企业有相同的地方，但在经营管理方面有别于一般的服务企业。经济型饭店的组织特征主要体现在如下几个方面：

（一）高效的机构设置

经济型饭店各部门各司其职，并向最高管理层负责；管理者逐级授权，分层负责。通过良好的上传下达、双向沟通渠道，达到饭店管理的系统化、效率化。

（二）明确的分工制度

经济型饭店的工作流程细分详细，并经过横向协调与合作来达成工作目标。

（三）标准的作业流程

在高效的组织机制下，建立经济型饭店作业的简单化、专业化与标准化作业流程，以提高饭店营业效益。

相关链接 9-1　如家的 16 本“管理圣经”

16 本“圣经”指的是如家的 16 本“运营文件汇编”，是如家在 2004 年下半年逐渐汇编成型的。从诞生起，它们就有专门的小组维护，每半年还会在全公司开会吸取各个部门的意见改进一次，保证其适应市场变化。

这 16 本关于标准服务的手册将每一个岗位的职责清晰地界定出来。其内容囊括了从服务、管理、硬件到客房等你几乎能想到的一切关于酒店运营的细节标准，从台风应急预案到台面胡椒瓶如何摆放的大小事情都有规定，其中的餐厅服务手册就有 105 页，而管理手册则有 132 页。这 16 本手册，如家的雇员人人必看，力求做到有关规定烂熟于胸，而且还要每月就此考试。从某种程度上说，如家制胜的秘密，就在于员工对这16本“圣经”“奉若神明”后产生的执行力之中。

（资料来源：如家. 管理的执行力. 中国电子商务，2007年9月7日）

（四）长期的员工培训

经济型饭店的行业形态决定了饭店必须重视对员工的培训，培养其全面的作业服务技能及团队观念，实施轮调制度，创建晋升机制，将员工培养成一人多能的通才。

二、经济型饭店组织模式构建

传统的饭店组织形式主要表现为金字塔式的阶梯型结构，机构设置臃肿、人浮于事，人事成本过高且实际工作效率不大，无法适应瞬息万变的市场动态。随着经济型饭店网络等现代通信手段的发展，扁平化管理更加容易实行，通过减少管理层次，科学设置岗位和进行人员配置，使饭店能快速应对市场变化的客观需要，为饭店带来了事半功倍的管理效率。

（一）经济型饭店组织模式

经济型饭店在设计组织构架时考虑的主要因素就是节约成本，使利润最大化。因此，在组织结构形态上主要以扁平化的结构为主，管理层级与部门岗位设置也较为简单。依据性质不同饭店的组织模式大致可分为三种类型（如下表9-1）：

表9-1　经济型饭店的组织模式比较

类型	表现形式	适用的情况
功能型	将经济型饭店组织的一种活动或几种活动集中在一个部门内。	规模较小的经济型饭店（员工50人左右）
市场型	将经济型饭店组织的各种活动，按服务的类型、市场区域、客源分布加以分类的形式。如，分别设有业务部、接待部、客房部等。	规模较大的经济型饭店
矩阵型	将经济型饭店组织分为业务部和行政部门，业务部门包括客务部、房务部、餐饮部等部门。	

经济型饭店应采取哪一种组织模式，除了考虑经济型饭店的规模大小外，还要综合考虑饭店的地理位置、经营模式、历史发展沿革等因素共同来决定。

（二）经济型饭店的组织构建

1．经济型饭店管理层级

与传统的星级饭店比较，经济型饭店所提供的服务是有限的。主要突出其核心的“住宿”功能；一般不提供行李服务；一般只提供早餐，并且是自助的；顾客有急需的日常用品和零星小吃，一般都在大堂区域放有自动售货机来提供等。因此，经济型饭店的管理层级也简化很多，大多采用“决策层—管理层—执行层—操作层”四级管理体制（见下图9-1）。

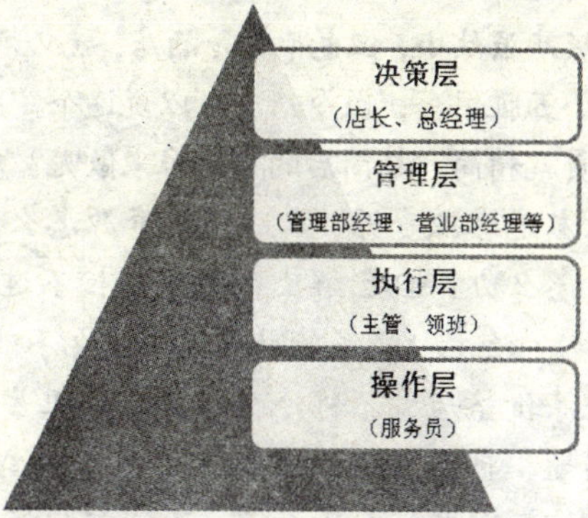

图 9-1　经济型饭店的四级管理体制

经济型饭店管理层级为四级，有些饭店设置甚至只有三级。

➢ 决策层　决策层的岗位主要是店长或总经理。他们是饭店的高层管理者，其主要职责是计划、组织、决策、协调、控制等，具体负责公司的人、财、物，以及对外公关和对内沟通等工作。其管理幅度一般为2～3人。

➢ 管理层　管理层的岗位主要有营业部经理、管理部经理、厨师长、财务经理、人力资源经理等人员，具体负责将饭店的战略计划在本部门中实施。包括制订本部门的经营方针、制定具体的经营措施及具体的服务程序和服务标准等。其管理幅度一般为3～5人。

➢ 执行层　执行层的岗位主要有主管和领班。有些酒店不设置此层级。主要职责是督导，通过上传下达，起协调、沟通、控制等作用。这一层级管理幅度最大，一般为5～15人。

值得一提的是，在经济型饭店中，不论是决策层、管理层还是执行层的管理人员，都要熟悉一线服务部门的操作技能，在关键时刻，应具备上一线与普通服务员一起工作的能力。

相关链接 9-2　一位经济型饭店店长生涯的自述

从业 15 年了，做过各种星级酒店，在朋友的引荐下进了一家经济型饭店，店长生活从此开始……

这家经济型饭店虽然小，但也毕竟是酒店，就必须用酒店的规范提供服务。麻雀虽小五脏俱全，做个店长可以说连个“民工”都不如啊。为节约成本，人员就精简，精简后的事情谁来做呢？那就是你店长了。

营销要建立本地客源资源，本地团队资源怎么办？自己带队去跑；客人投诉了怎么办？自己解决；维修工忙不过来怎么办（1 个维修工管 2 家店）？自己上，不能让客人等，也不能让房间闲置啊；与布草公司为洗涤价格质量不停地交涉，房间卫生你得自己去查；职能部门来找问题，自己解决；服务标准的执行落实情况，员工的心理情况（再好的标准也靠人完成啊，不能把握好员工的心态能让服务得到保障吗?），餐饮的进货质量、厨房的成本控制、菜品的推出效果、单项菜式的成本控制等都得要关注。

做经济酒店就好像这是你自己开的店一样，每月算计着运营成本、费用、出租率、收益率，总之，只有一个字“累!”。余世维说：好的酒店是看不到高层管理人员的。的确，经济型饭店就是这样。员工望着领班，领班望着主管，主管望着经理，其实都在望着店长！

（资料来源：最佳东方网 http://bbs.veryeast.cn）

2．经济型饭店组织架构形态

下面是目前国内较常见的经济型饭店组织架构形态（图9-2）：

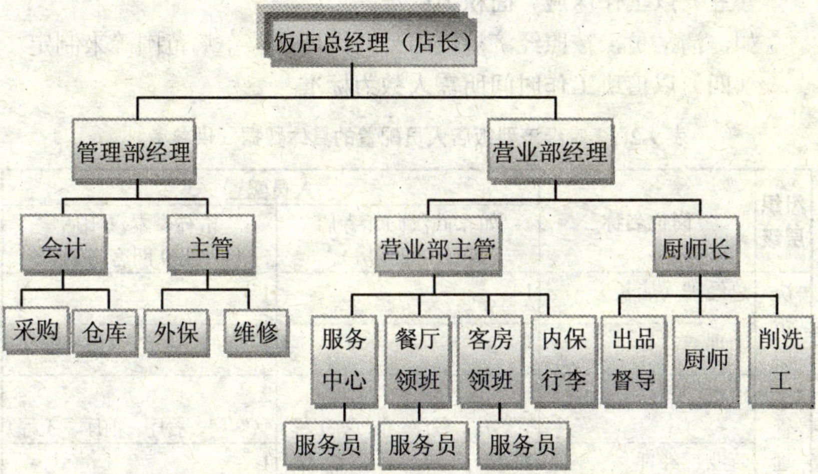

图 9-2　国内较常见的经济型饭店组织架构形态

三、经济型饭店的人员配置

经济型饭店的人员配置包括两层含义，一是制定结构编制，即定编，确定管理人员和全体职工的人数和比例；二是配备人员，即定岗，在组织中必须配备的一定数量训练有素的人员。

经济型饭店营运成功的一个关键就是降低成本，而人力成本的降低也是其中重要的一个方面。一般而言，经济型饭店每间房的人力配置上限为1∶0.6。随着劳动力成本的提高，经济型饭店的人员配置也发展成1∶0.4或1∶0.3，甚至更低。在美国，由于美国的劳动力成本高（每小时最低8美元），经济型饭店的客房员工比为1∶0.18。经济型饭店的人员配置，可以参照下面几种方法进行：

（一）以工作职务为标准

如，某一连锁经济型饭店设总经理 1 人、助理经理 1 人、房务部经理 1 人。

（二）以部门业务量为标准

如，客房部服务员的配备，根据每天的住房数来制定。

（三）以工作区域、面积为标准

如，清洁员，按照经济型饭店公共区域、停车场范围等来制定。

（四）以值班工作时间所需人数为标准

表 9-2　2 家经济型饭店人员配置的具体数据（供参考）

组织层级	岗位名称	人员配置	
		如家武汉归元寺店（133 间客房）	格林豪泰汉阳店（139 间客房）
决策层	总经理（店长）	1	1
	助理	1	1
管理层	值班经理	1（客房、餐厅、前厅、工程）	2（客房、餐厅、前厅、工程）
	营业部经理	1	1
	管理部经理	1	1
	财务（会计、出纳）	2	2
执行层	营业部主管	1	0
	客房主管	2	3
	客房领班	3	3
	工程领班	1	1
	保安领班	1	1
	餐厅领班	0	1
	厨房主管	1	1
基层	前厅接待	1	2
	客房服务员/PA	12	15
	厨师	2	2
	餐厅服务员/勤杂工	2	2
	工程维修员	2	2
	保安员/行李员	2	2
	采购或驾驶员	1	0
	仓库保管员	1	1
统计	总计	39	44
	客房数	133	139
	人房比（含餐厅）	0.29	0.32
	人房比（不含餐厅）	0.28	0.29

资料来源：根据酒店门店网站相关资料整理而成

第二节　经济型饭店的绩效管理体系

随着我国经济型饭店管理的逐步完善，人力资源管理的重心开始向员工的绩效管理转移。绩效管理是经济型饭店人力资源管理的核心，也是经济型饭店进行人事决策的重要依据。建立科学的绩效管理体系是克服绩效考核弊端的根本出路。

一、经济型饭店绩效管理体系构建

绩效管理是通过对企业战略的建立、目标分解、业绩评价，将业绩成效用于企业日常管理活动中，以激励员工持续改进并最终实现组织战略以及目标的一种正式管理活动。绩效管理体系是一套有机整合的流程和系统，专注于建立、收集、处理和监控绩效数据。

（一）经济型饭店绩效管理的流程和步骤

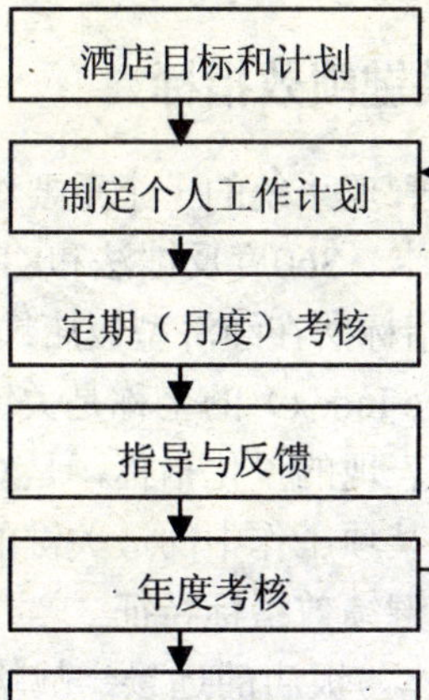

图 9-3　经济型饭店绩效管理的流程示意

（二）经济型饭店绩效考核体系

建立一套科学的考核体系，是经济型饭店高层管理者的重要工作目标。下图是某饭店组建的一个层级分明、职责明确的考核体系（图9-4）。

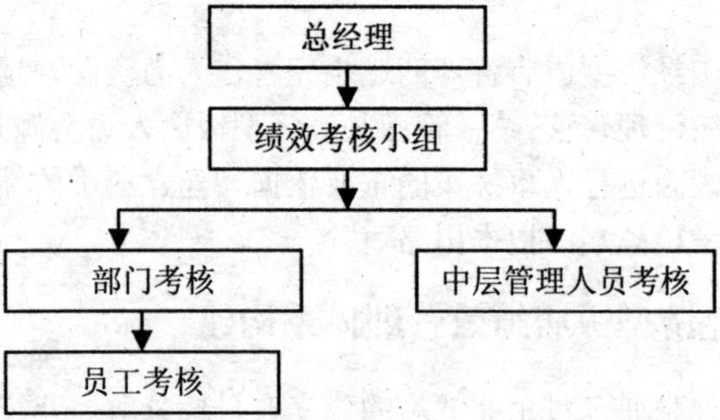

图 9-4 酒店内部绩效考核的体系

依据由上一级考核下一级的原则：管理公司考核所属各饭店总经理（店长）；各饭店总经理（店长）考核其分管部门经理；各部门经理考核该部门下设的岗位人员。

二、经济型饭店关键绩效指标

绩效考核是人力资源管理系统的一个重要组成部分。比较常见的绩效考核方法有平均记分卡、360度反馈法和KPI关键绩效指标法。这里重点介绍KPI关键绩效指标法在经济型饭店绩效考核中的应用。

KPI（Key Performance Index）的全称是关键绩效指标，关键绩效指标是用来衡量工作绩效表现的量化指标，是对工作完成效果的最直接衡量方式，它是指员工某项工作中的最关键的一系列指标。

（一）经济型饭店关键绩效指标特征

1．将饭店员工的工作与饭店的远景、战略与部门相连接，层层分解、层层支持，使每一员工的个人绩效与部门绩效，与公司的整体效益直接挂钩。

2．保证饭店员工的绩效与内外部客户的价值相连接，共同为实现客户的价值服务。

3．饭店员工绩效考核指标的设计是基于经济型饭店的发展战略与流程，而非岗位的功能。

所以，关键绩效指标与一般绩效指标相比，把员工个人的目标与经济型饭店整个的成败联系起来，就更具有长远的战略意义。对于员工而言，关键绩效指标体系使得员工按照绩效的测量标准和奖励标准去做，真正发挥绩效考核指标的牵引和导向作用。

（二）经济型饭店关键绩效指标设计的原则

在设计经济型饭店关键绩效指标的时候，必须符合明智（SMART）原则：

➢ 关键绩效指标必须是具体的（Specific），以保证其明确的牵引性；

➢ 关键绩效指标必须是可衡量的（Measurable），必须有明确的衡量指标；

➢ 关键绩效指标必须是可以达到的（Attainable），不能因指标的无法达成而使员工产生挫折感，但这并不否定其应具挑战性；

➢ 关键绩效指标必须是相关的（Relevant），它必须与经济型饭店的战略目标、部门的任务及职位职责相联系；

➢ 关键绩效指标必须是以时间为基础的（Time-based），即必须有明确的时间要求。

（三）经济型饭店关键绩效指标的设计思路

经济型饭店关键绩效指标体系的建立，通常使用的方法是“鱼骨图”[①]分析法，其主要步骤包括：

1．确定个人或部门业务重点，确定哪些个体因素或组织因素与饭店相互影响；

2．确定每一职位的业务标准，定义成功的关键因素，即满足业

① 鱼骨图是由日本管理大师石川馨先生所发展出来的，故又名石川图。鱼骨图是一种发现问题“根本原因”的方法，也可以称之为“因果图”。问题的特性总是受到一些因素的影响，通过梳理可以找出这些因素，并将它们与特性值一起按相互关联性整理而成的层次分明、条理清楚，并标出重要因素的图形就叫特性要因图。因其形状如鱼骨，所以又叫鱼骨图。

务重点所需要的策略手段；

3．确定关键绩效指标，判断一项绩效标准是否达到的实际因素；

4．关键绩效指标的分解与落实。

下面两表（表 9-3 和表 9-4）分别是某经济型饭店分解出的关键绩效指标及房务部经理的绩效考核表。

表 9-3 某经济型饭店关键绩效考核指标（KPI）

部门	关键绩效指标	权重
经营性部门	财务类指标	40%～60%
	客户类指标	20%～30%
	营运、执行类指标	20%
	学习成长性指标	10%
非经营性部门	财务类指标	20%～40%
	客户类指标	10%
	营运、执行类指标	30%～60%
	学习成长性指标	10%～20%

表 9-4 某经济型饭店房务部经理绩效考核表

饭店房务经理绩效考核表					
考评对象	姓名/职务		直接上司	姓名/职务	
目标	点值	绩效评价	实际完成	得分	评估
营业指标50	25	客房营业收入：	实际完成百分比		
	25	部门GOP：			
客户10	5	顾客满意度：	饭店问卷调查/专人暗访		
	5	神秘客户暗访：			
员工10	5	部门员工满意度：	员工意见调查/流失率下降		
	5	关键员工流失率：			
营运/执行20	10	客户管理：	管理公司基本标准/最低标准		
	10	消防、安全、卫生最低标准：			
民意测10	10	测评成绩	人力资源部调查		

资料来源：北京某经济型饭店管理公司《绩效管理手册》

三、经济型饭店薪酬体系设计

对饭店员工而言，薪酬问题是最为敏感的问题之一。薪酬是指员工因被雇佣而获得的各种形式的经济收入、有形服务和福利。薪酬水平的高低、薪酬结构的科学与否，不仅影响着饭店内部员工的工作积极性，而且关系到能否激励人们加入并有效地留住核心员工。经济型饭店应注重薪酬体系的优化，使之更具激励性。

（一）经济型饭店薪酬设计

1. 薪酬设计应与饭店经营战略相匹配

薪酬分配对经济型饭店的发展有持久的影响。经济型饭店的薪酬制度要根据环境的变化而变化。一个良好的并具有导向性的薪酬体系，应当是与饭店发展战略相适应，并且能支持饭店战略的实现，与组织战略相一致的薪酬制度。它是饭店核心竞争力所在，能为饭店创造一种持续的竞争优势。

2. 薪酬体系设计应体现“以人为本”的理念

薪酬分配体系对员工行为会形成内在的驱动力。饭店员工与客人的高接触性，以及饭店服务产品生产和消费的同一性，决定了员工成为服务产品的一部分。使得饭店员工的满意度与客人的满意度紧密相连。根据饭店业有关统计，饭店客人的满意中有60%来自于饭店员工提供的心理服务，具体表现为员工的服务态度、服务意识等等，而不是饭店的硬件和餐饮的质量。因此，经济型饭店薪酬体系优化应树立人本理念，以积极有效的内部营销为手段，以较高的员工满意度获取较高的顾客满意度。

3. 薪酬体系应体现市场竞争性

目前，日益激烈的行业竞争使经济型饭店的薪酬体系面临着越来越大的压力，一个理想的薪酬体系应具备外部竞争力。所谓外部竞争力，就是要求企业的薪酬体系必须参考劳动力市场工资率的变化、按照市场价格付薪。饭店要想吸引和留住优秀的人才，就必须制定出一整套对人才有吸引力，并在同行业中处于较优水平的薪酬政策，较好地发挥薪酬的激励作用。

4. 薪酬体系应体现内部公平性

企业薪酬中的内部公平性考虑的是员工的投入产出比。依据亚当斯的公平理论学说，员工首先思考自己投入与产出的比率，如果自己的投人产出比率与别人相同，便会产生公平感。只有在员工认为薪酬系统是公平的前提下，才有可能产生认同感和较高的满意度。员工对薪酬感觉公平时，会得到良好的激励，并保持旺盛的工作积极性。要保证薪酬的内部公平性，要求经济型饭店清楚地了解每一项工作的相对价值，并客观地在薪酬体系中予以反映。要求薪酬管理者制定完善的管理制度，实现分配公平和程序公平。

（二）经济型饭店薪酬体系

目前，我国的经济型饭店薪酬普遍存在总体水平偏低、薪酬形式单一、薪酬结构不合理，缺乏对员工的激励作用等问题。设计合理而公正的薪酬体系，是经济型饭店经营成功的关键因素之一。下面我们来看看经济型饭店薪酬体系设计的过程。

1．工作分析与岗位评价

工作分析与岗位评价是饭店薪酬体系建立的理论基础。工作分析以饭店工作成果为基础，对现有的岗位说明书进行了重新的整理和修订。岗位评价就是对各种工作岗位的相对价值大小进行评估，以便为各种工作职位赋予合理的薪酬水平。公正的岗位评价是保持内部公平性的重要前提。

根据经济型饭店组织结构，结合经济型饭店的特点，对各职系的岗位进行横向比较，统一岗位等级。例如，某饭店用简单省时的分类法将岗位分成四等：部门经理、助理经理等属于 A 等，部门主管、重要技术类岗位（如工程部特工)、重要事务类岗位（如财务部会计、成本、出纳等)属于 B 等，领班属于 C 等，普通服务员、普通技术类岗位（如工程部普工、司机等)、普通事务类岗位（如人力资源部文员）属于 D 等。

2．薪酬等级设计

薪酬的层次以经济型饭店组织结构的层级为基础，如上所述，分为四等。根据饭店自身特点，将每等的薪水水平分为 5 级，以便把能力素质不同的员工归入不同的级级。定义每等中的 3 级为标准薪水水平。所有新入职员工，其工资及职别由人力资源部经理确定。其中 A 等及以上职级员工由总经理确定。

另外一种等级划分方法是，根据工作岗位将员工分为若干职级，如：行政级 1～2 级；经理级，3～5 级；督导级，6～9 级；员工级，

10～13 级。所有新入职员工，其工资及职别由人力资源部经理确定。其中 5 级及以上职级员工由总经理确定。

3．薪酬调查，确定薪酬区间

薪酬调查的目的是确保薪酬体系的外部公平性，在同行业中居于适中位置水平。根据国内调查，2007 年，经济型饭店的薪资水平也有了不同程度的提高。其中店长平均年薪为 107470 元，比去年涨幅 24%。员工平均工资为 16452 元，比去年涨幅为 13%（见下图）。在收入上涨的同时，流动率也在上涨，其中店长的流动率比 2006 年有了显著的提高。

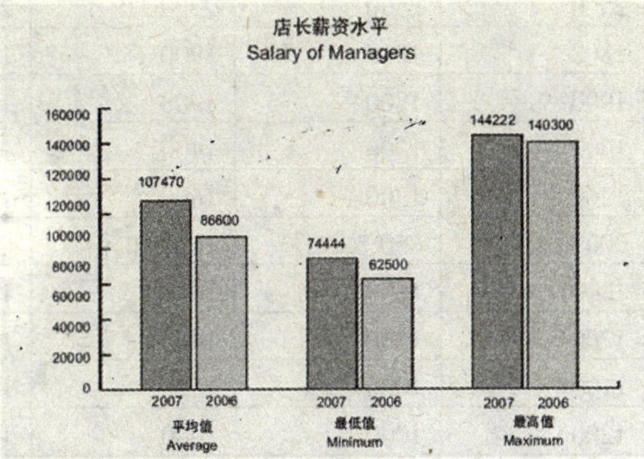

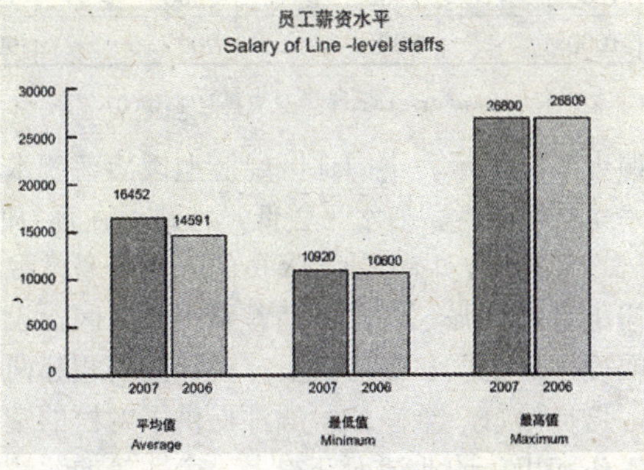

图 9-5　2006～2007 年国内经济型饭店薪酬的平均水平示意

资料资源：www.becod.com

根据薪酬调查的数据及职位评价结果来确定浮动的上下限及级差，调整幅度围绕等级中点上下浮动。表 9-5 是 2006 年国内经济型饭店的员工平均收入水平调查情况。

表 9-5 国内经济型饭店的员工平均收入水平

岗位级别	工资预算（元/月·人）			
	A（宁波）	B（苏州）	C（广东）	D（上海）
总经理	7500	7000	8000	8500
助理经理	3000	2800	3200	3500
值班经理	2500	2500	2300	2200
客房部主管	1800	1800	1900	1800
前台领班	1900	1800	1900	1900
客房领班	1300	1300	1400	1500
前台	1200	1300	1600	1200
客房服务员	900	850 加计件	1000 加计件	850 加计件
餐厅服务员	1000	1000	1000	1000
餐厅领班	1200	1200	1400	1400
维修工	1100	1000	1500	1000
保安	1200	1000	1000	1000
厨师	1500	1400	1500	1500
厨工	1000	900	900	900

资料来源：根据最佳东方 www.veryeast.cn 网相关资料整理（2007 年）

上面的调查数据显示，不同地区经济型饭店薪酬水平存在差异性，如果中、高层管理者薪酬水平较低，将缺乏强有力的激励作用。根据宽带薪酬设计理论，由于基层人员的工作容易掌握、对组织的贡献有限、岗位替代性强、内部劳动差别小等原因，设计时其相对的薪酬浮动幅度小于中层和高层人员。设计后的相邻两个薪等都有重合的级别，这样给每一个岗位薪酬都提供了宽松的空间。员工可以通过努力工作和出色的业绩而获得上一个薪等的薪酬标准，真正实现“能者优薪”。详情请看下表（表 9-6）薪酬等级、薪酬水平、浮动范围设计：

表 9-6　薪酬等级、薪酬水平、浮动范围设计

等级	薪酬水平	A 等	B 等	C 等	D 等
A1	3200	*			
A2	2900	*			
A3	2600	*			
A4	2300	*	*		
A5	2000	*	*		
B1	1800	*	*		
B2	1600	*	*		
B3	1400		*		
B4	1300		*	*	
B5	1200		*	*	
C1	1100			*	
C2	1000			*	
C3	950			*	
C4	900			*	*
C5	850			*	*
D1	800				*
D2	750				*
D3	700				*
D4	650				*
D5	600				*

4．确定薪酬结构

确定薪酬结构就是确定不同员工的工资构成项目及其所占比例。为避免工资结构单一、无浮动工资的弊端，将薪酬结构设计为：基本工资+岗位工资+绩效工资+福利补贴+年终双薪（年终奖励/分红）。经济型饭店员工的标准工资是指基本工资、岗位工资与福利津贴。如：

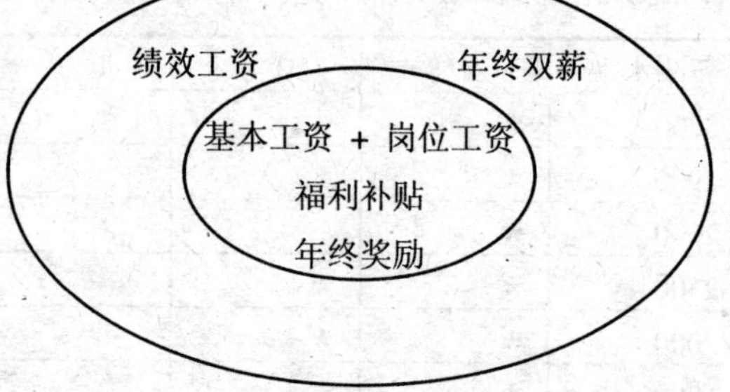

图 9-6 经济型饭店员工薪酬的构成

标准工资是员工的合同工资，根据每位员工的任职岗位、资历、能力等确定。其中，基本工资占总工资的 40%，不得低于当地的最低工资标准；岗位工资为固定部分，不同岗位员工的工资不同，不在职的员工没有岗位工资。经济型饭店员工福利补贴分为集体福利和个人福利两大类，集体福利主要有：社会养老保险、社会失业保险、社会医疗保险、工伤保险、工作餐、节假日、劳保物品等。个人福利主要有：带薪年假、奖励旅游、员工脱产进修、短期培训等。不在职员工不享受福利补贴。

绩效工资是员工通过努力而取得的工资单元，属于浮动工资，由饭店效益和员工的工作业绩共同决定。员工所处级别不同，基本工资、岗位工资和绩效工资所占比例也有差异。薪酬等级越高、权利范围越大，所承担的风险也应越大，因此绩效工资所占的比例应越大。

年终双薪是为体现饭店对员工的关心而设立的。于每年 2 月份（春节前）根据饭店上年度的营业情况给予额外发放一个月工资。一般只限于饭店的正式员工。计算公式为：

$$\text{年终双薪}=\text{员工上月平均标准工资}\times\frac{\text{员工上年度实际工作月数}}{12\text{（个月）}}\times 1\text{（个月）}$$

年终奖励是为体现饭店整体效益与员工个人利益相结合的原则，更好地调动员工的工作积极性而设立的。根据饭店年经营情况，饭店拿出某个百分比作为奖励资金发放。一般情况下，奖金的多少与职级相关联。

（三）经济型饭店薪酬管理

经济型饭店薪酬管理主要涉及员工工资等级确定、特殊津贴、工资发放、工作时间计算、工资计算、假期薪资及试用期薪资等方面的内容。

1．工资等级确定

前面关于工资等级的划分已经进行了详细介绍，这里不再重述。作为薪酬管理的一部分，当员工入职时，人力资源部都会根据员工的实际情况确定员工的职级、填发《人事变动表》通知员工到职，同时员工的工资账户开始激活。

2．特殊津贴

特殊津贴主要是指为特殊的工种、特殊人才及特殊时间、季节等特殊原因而设置的津贴。如工种津贴、外语津贴、夜班津贴、厨师津贴、高温津贴等。这类津贴都要按照饭店的相关规定，由人力资源部负责核准，总经理批准后由财务部具体发放。

3．工作时间

饭店员工平均每周工作时间为 40 小时。如超时工作无法以时间补偿，需发放超时工作薪资。标准的程序是需填写《加班申请书》，注明详细理由，报请总经理审批发放超时工作薪资。超时工作薪资按如下标准执行：正常工作日超时工作，超时工作薪资为平均日工资的 1.5 倍；在公休日超时工作，超时工作薪资为平均日工资的 2 倍；在法定假日超时工作，超时工作薪资为平均日工资的 3 倍。

4．标准工资计算与发放

一般的标准月工资计算方法为，员工的制度工作日为 21.5 天，即每月满计算为 21.5 天。不满勤者以实际出勤工作日计发工资。

每月应发工资=当月实际出勤工作日×当月日工资数额

日工资计算方法：日工资数额=当月标准工资数额÷21.5

工资发放一般选定在每月的某一天，如果遇到节假日或公休日则提前到最近的工作日发放。年终双薪及奖励在每年的年终发放。

5．试用期薪资及假期薪资

在 2008 年 1 月 1 日实施的新《劳动合同法》中，规定劳动合同期限三个月以上不满一年的，试用期不得超过一个月；劳动合同期限一年以上不满三年的，试用期不得超过二个月；三年以上固定期限和无固定期限的劳动合同，试用期不得超过六个月。基于此，所有新入职的员工都需要经过至少1个月的试用期。试用期员工只享受基本工资及福利津贴，薪资按批准职位的标准工资换算。

经济型饭店员工每年享有12天有薪病假。超出12天部分的病假视为医疗期，享受医疗期待遇，一般在基本工资上扣除。工伤假按照国家有关规定执行。另外，分娩假、计划生育假、护理假仅适用于与饭店签订劳动合同的正式员工，期间只享受基本工资；年假、婚假、慰悼假、探亲假享受基本工资和生活津贴。事假为无薪假，扣除请假当天的全部工资。如果当月事假超过3天，将影响月奖金的分派数额。

6. 其他

如代扣款项，个人所得税、社会保险费等按政府明文规定代为扣除。

再如实习生及临时工，一般执行统一的标准工资，不执行试用期及岗位工资，但可享受绩效工资。

第三节　经济型饭店的HR[①]管理环节

与高星级饭店相比，经济型饭店在人才竞争上没有优势。经济型饭店要想留住人才，必须摆脱传统的人事管理观念，树立现代化的人力资源观，重视对人力资源的过程管理。在人员招聘、员工培训及员工激励方面做好文章。

一、人员招聘与流动

人员招聘是指从一群寻找合适工作的申请者中挑选出合适的人员。人员招聘是经济型饭店人力资源管理的基础环节。适当的人员流动率能促进人员招聘工作的进一步优化。

① 即 Human Resourse 人力资源。

（一）人员招聘分析

1．招聘职务分析

经济型饭店在进行人员招聘之前应该对饭店员额情况进行分析，明确所需职务及所需数量。下表（表 9-7）是某饭店各部门编制和配备人员情况。通过这份表，人力资源部可以十分清楚地了解到目前人力资源的利用情况。

表 9-7　员额编制表（按工作职务编制）

部门	工作职务	预编人数	实际人数	差值
前厅部	服务员	5	3	2
	主管	1	1	0
客房部	服务员	30	25	5
	主管	3	2	1
工程部	工程师	4	3	1
保安部	保安	3	2	1

注：预编人数：部门的定编人数

差值：实际人数与预编人数的比较

2．劳务成本分析

劳务成本分析能反映出经济型饭店的用人方案的效率和服务的绩效。一般在经济型饭店，劳动成本占年收入的比重较低，只有 10%左右。人员招聘数量的确定应参考此标准作调整。

3．员工流动率分析

流动率是指一定时期内从业人员的调入、调出之和与从业人员平均人数之比。前面提到过，适当的员工流动率有助于饭店的人力资源管理优化。在其他行业，正常的人员的流动率一般应该在 5%～10%左右，作为劳动密集型企业，经济型饭店的流动率也不应超过 20%。人员流动率的计算公式如下：

$$人员流动率=\frac{某一时期离职人员的数目}{某一时期聘用人员的平均数}\times 100\%$$

另外，如果能对员工离职的原因进行分析，更有利于找到合适的人选。可以从年龄、性别、家庭环境等方面展开分析，为人员招聘工作打下基础。

（二）人员招聘方式

经济型饭店人员招聘方式大致可分为内部招聘和外部招聘两种方式：

1. 内部招聘

当经济型饭店内有空缺职位时，通过内部招聘渠道，如在员工公布栏或内部刊物上公布，寻找合适人选。内部招聘包括员工提升和内部职位调动。

2. 外部招聘

外部招聘途径很多，如刊登报纸、张贴海报、校园招聘、委托招聘、员工推荐及网络招聘等。一般情况下，招聘工作按照以下几个步骤展开：发布空缺职位信息、初步面试、审查职位申请表及相关材料、正式面谈与测试、体检、议定工资待遇，正式聘用。

（三）人员遴选

对新进员工的遴选，主要采用的方法有测验和面试。

1. 测验

在经过初步面试后，为进一步考察应聘者的专业能力和综合素质，饭店会要求应聘者进行简单的测验。

（1）专业测验。主要测试某项专业技能、知识。如前台接待员，要求应聘者用英语进行预订服务。

（2）性向测验。这类测试题目多为专家设计，专门针对某项特质而进行的测试。一般测试的是智力、空间辨识能力、图形感知能力、写作能力、动作协调能力、灵活度等。

2. 面谈

面谈是招聘工作中一种很重要的方法。经济型饭店的人员招聘主要通过面试。在录用应聘者前要进行认真的面试和严格的资格审查。面谈是一个信息交流的过程，目的在于衡量应聘者的工作能力与品质，评估应聘者的工作态度与意愿，了解应聘者对工作的认识程度，同时传达经济型饭店的企业文化。

二、员工培训与上岗

经济型饭店不仅要在人员招聘时着眼于未来的发展，对内更应建立长期的员工培训机制，以保证饭店人才的充足完备。

（一）培训需求分析

目前很多饭店都非常重视员工培训，但是又经常会感到培训没有效果，往往是员工抱怨培训枯燥乏味、内容单一，培训人员认为吃力不讨好，管理层对培训部门意见很大。其实抛开一些培训技术层面的问题，出现这些问题在很大程度上是因为培训需求分析没有做好的缘故。

1. 培训需求分析

所谓培训需求分析，是指在规划与设计每项培训活动之前，由培训部门、主管人员、工作人员等采用各种方法与技术，对组织及其成员的目标、知识、技能等方面进行系统的鉴别与分析，以确定是否需要培训及培训内容的一种活动或过程。它既是确定培训目标、设计培训计划的前提，也是进行培训评估的基础，因而成为培训活动的首要环节。

2. 培训需求分析方法

那么怎样去作一个有效的培训需求分析呢？这是酒店培训人员和培训部门目前面临的主要问题。以下列一个简单的培训需求分析表作参考：

表 9-8 培训需求分析表

分析	目的	具体方法
组织分析	决定饭店中需要培训的地方	考察饭店目标及经营计划来判定知识和技能需求
		将实际结果与目标进行对比
		制定人力资源计划
		评价饭店的组织环境
任务分析	决定培训内容	个人工作分析
人员分析	决定需要培训的人员和不同人员的培训层次	对业绩差距进行分析
		对关键案例进行分析
		进行培训需求调查

资料来源：徐源. 培训主观实务. [M]. 广东：经济出版社，2005.

（1）培训需求的组织分析。主要是通过对饭店的目标、资源等因素的分析，准确地找出饭店存在的问题与问题产生的根源，以确定培训是否是解决这类问题的最有效的方法。

（2）培训需求的任务分析。主要是指工作分析。只有对工作进行精确的分析并以此为依据，才能编制出真正符合饭店绩效和特殊工作环境的培训课程来。而工作分析的依据就是完整而持续改进的岗位责任书和任职资格条件。

（3）培训需求的人员分析。人员分析的方法很多，通常采取案例分析法和问卷调查法。主要分析和研究本饭店顾客满意度调查中所关注的基本焦点、重复问题，以及员工关注培训的方面和希望得到的培训内容。因为培训的目的不仅仅是让管理者和员工得到工作知识和技能，更重要的是通过得到并有效运用这些技能而保证饭店达到目标。

所以，培训需求分析的最终衡量标准是培训目标的设立。通常包括三个层面——知识目标、行为目标和结果目标。知识目标指培训后员工将知道什么；行为目标指受训后员工具备什么技能；结果目标指通过培训，饭店将最终达到什么目标与结果，例如顾客满意度的增加、员工流动率的降低、团队意识增强等等。

（二）培训计划制定

根据对培训需求的分析，制定下列培训计划：

1．新员工培训计划

（1）培训目的：协助新员工了解工作环境，饭店规章、组织、管理阶层及各项设施；了解饭店服务理念、历史及未来；增加新员工对公司的认同感。

（2）培训内容：

- 经济型饭店的历史、组织；
- 人事、行政、福利等方面规章、制度；
- 饭店安全、急救、消防宣传指导与实务；
- 基本礼仪，品质服务概念；
- 熟悉饭店环境，参观各项设施及部门作业情形；
- 熟悉饭店附近各项观光旅游咨讯。

（3）培训方式：讲授、分组讨论、参观活动、观看录像等

2．岗前培训计划

（1）培训目的：通过熟悉各经济型饭店的工作制度及服务标准，使新员工在入职前，能了解工作上的专业知识及技术，以增进工作效率，维持服务质量。

（2）培训内容：

➢ 专业知识与技能；

➢ 标准作业程序；

➢ 了解饭店的经营理念、文化及服务精神。

（3）培训方法：一对一教导、授课、演练、观察等。

3．岗位培训计划

（1）培训目标：帮助员工不断地学习和进步，为饭店培养储备管理人才，提高饭店整体服务质量，增强饭店的向心力。

（2）培训内容：

➢ 操作者岗位培训；

➢ 执行者岗位培训；

➢ 管理者岗位培训；

➢ 语言沟通培训。

（3）培训方法：讲授、演练、讨论、对话、工作锻炼、自我启发等。

（三）培训实施

实施培训计划，主要是指确定培训程序，培训时间、地点，培训人员等，以落实培训内容。下表是某经济型饭店筹建期培训情况：

表 9-9 培训时间安排表

说明 \ 培训时间/周		第一个月				第二个月				第三个月			
		1	2	3	4	5	6	7	8	9	10	11	12
1	迎新课程培训（培训部落实）												
2	岗位培训（部门落实）												
3	新饭店垦荒												

说明：1. 饭店员工应在开业前三个月全部报到上班,上班第一周、第二周接受培训部安排的迎新课程培训；第二周至第九周接受由各部门管理人员安排的岗位培训课程；第十周至十二周进行新饭店垦荒。

2. 培训部在这段时间要统筹、协调、监督各部门岗位培训的顺利进行，并在垦荒期协助人事部关心员工的工作情绪，给予思想上的正确疏导。

表 9-10 迎新课程培训内容及时间安排表

时间（周） 内容	第一个月				授课人
	1	2	3	4	
饭店的历史及酒店背景介绍					培训主管
饭店服务设施介绍					培训主管
员工手册讲解					人事主管
礼貌礼仪标准					培训主管
工作中的安全与卫生					培训主管
饭店保安课程					保安主管
饭店消防培训					消防主任
职业道德培训					培训主管
礼貌训练					培训主管
电话技巧训练					培训主管
紧急情况护理措施					医务人员
遇到紧急事件的应变程序					培训主管
饮食卫生知识					餐饮主管
公共区域卫生知识					房务主管
饭店英语培训					培训主管

表 9-11 部门岗位培训安排

培训时间（周） 内容	第一月		第二月				第三月	培训者
	3	4	1	2	3	4	1	
部门介绍								部门经理
部门的职能与目标								部门经理
操作程序、规章制度								部门培训者
工作职责与责任								部门培训者
工作标准								部门培训者
实操训练								部门培训者
专业英语培训								部门培训者
电脑培训								部门经理
礼仪礼貌培训								部门培训者
工作中的安全和卫生								部门培训者
电话礼仪								部门培训者

资料来源：根据饭店网站相关资料整理

三、员工激励与晋升

在饭店管理中，激励是指饭店管理者通过内部或外部刺激，激发和培养员工的工作动力，使员工产生内在工作动机，从而促使员工为实现饭店经营目标而努力工作的过程。目前，大多数经济型饭店的管理者都意识到激励员工的必要性，但是怎样有效激励员工依然是经济型饭店管理者面临的一个难题。

（一）激励要素分析

对激励要素分析，是经济型饭店选择合适激励方法和策略的前提。对员工起主要激励作用的要素有：

1．工资薪酬

工资薪酬是经济型饭店员工的第一激励要素。这里所指的“工资薪酬”主要包括：饭店按月发放的基本工资，岗位工资，根据工作业绩发放的绩效工资及其他形式的销售佣金，加班费和特殊岗位津贴等。

2．晋升与培训

晋升与培训是激励经济型饭店员工的核心要素之一。目前经济型饭店员工工资普遍不高，对选择从事经济型饭店行业的员工来说，特别是一些年轻员工，大多看重的是经济型饭店的良好前景和未来发展。

3．领导水平

经济型饭店的工作强度较大，因此会产生一定的心理压力，“领导水平”因素决定了员工是否可以得到上级的尊敬、关心、关怀和激励。领导水平也是激励的核心因素之一。

4．饭店品牌和文化

经济型饭店具备强大的品牌和良好的企业文化，会让员工产生一种心理上的满足感和成就感，从而增强对饭店的忠诚和热爱，在工作中也会更加有激情和责任心，工作效率自然也会提高。饭店品牌和文化是员工激励的重要因素。

除此之外，饭店的组织管理制度、福利待遇及工作条件等因素也能对员工起到一定的激励作用。

（二）激励方法

经济型饭店常用激励方法主要包括物质激励和精神激励两大类。从满足员工需求、分配形式及激励结果来看，具体激励方法主要有经济激励、发展激励、情感激励等三种。如下表：

表 9-12 经济型饭店员工激励系统

激励结构	需求动机	激励人力资源的分配形式		激励的结果	
		一般人力资源	高级人力资源	一般人力资源	高级人力资源
经济激励	生命的维持与延续	工资	薪金	维持一般人力资源平衡	维持高级人力资源平衡
发展激励	自我发展与实现	培训、工作与锻炼机会	职位、职称、挑战性工作	业务素质提高、工作积极性提高	管理能力增强、创新精神增强
情感激励	享受尊重	称号与非正式荣誉	称号与非正式荣誉	增强归属感和自我激励	归属感、成就感、自我激励

1．经济激励

经济激励一般是指饭店以金钱为基本工具，在一定的分配制度保证下，通过向员工支付工资、发放奖金或股权、给予特殊津贴以及代缴部分福利保险等形式，让员工享受一部分饭店的利润，从而达到激励员工的目的。经济激励的直接效果最明显，因为经济条件能满足员工维持与延续生命的需求，激励所产生的直接结果是饭店能维持人力资源的平衡。

2．发展激励

发展激励主要体现在培训和晋升激励两方面。对老员工而言，这一激励措施的效果甚至会超过经济激励产生的效果。经济型饭店通过建立合理的培训和晋升制度，满足员工自我发展和实现的需求，从而达到激励员工的目的。这一激励措施所产生的结果是员工素质的提高、工作积极性增强，还能降低员工的流失率。

3．情感激励

情感激励的手段有很多，如尊重激励、关怀激励、沟通激励、参与激励等。

尊重激励，指管理者尊重员工的人格、价值、员工的工作及劳动成果，从而使员工得到一定的激励。经济型饭店的管理者如果能做到尊重员工，员工就会有自信，心情舒畅，激励效果显而易见。

关怀激励，是通过关心员工的行为达到激励的目的。分析员工需要被关心的心理，通过组织一些活动，在生活、工作细节上给予员工帮助，让员工产生感恩、获得认可、受到尊重等情感，增强归属感，获得自我激励。

沟通激励，是指通过让员工及时、准确地掌握饭店内部和外部相关信息，认识到饭店发展的远景，激发员工的责任感和工作的激情。主要体现在上下级沟通、部门间及员工间的沟通等方面。

参与激励，是指通过创造条件让员工参与饭店经营管理，满足和激励员工实现自身价值的愿望。如，让资历较深、技术熟练的服务员参与酒店的“培训计划”，充当培训员；适当下放权利，给员工更多的自由等。

本章小结

1. 关键术语

酒店组织构架　酒店人员配置　关键绩效指标（KPI）　酒店薪酬体系设计　酒店人员招聘　酒店员工培训　经济型饭店员工激励

2. 逻辑框架

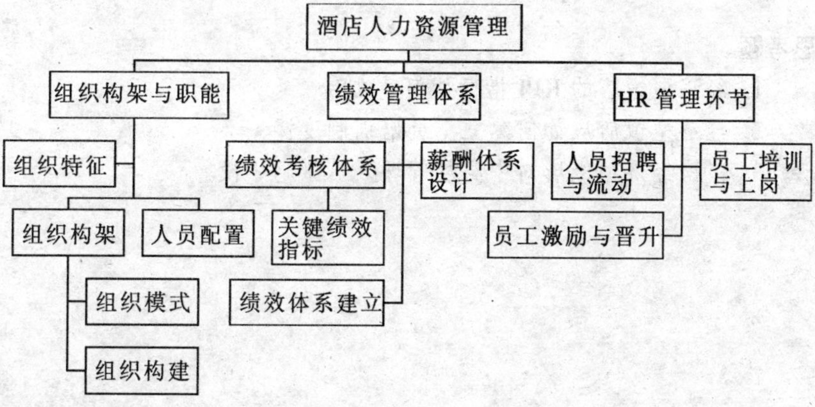

案例讨论

“如家”经济型饭店的人力资源管理

在“如家”高效的经济型连锁模式之下，旗下每家酒店的平均客房数量为120间，2007年度“如家”每家酒店客房的平均营业收入为179元。为了实现“经济型”的品牌连锁梦想，“如家”一直以来致力于企业“系统”的反应和应变能力，“如家”的管理层将重心放在连锁系统管理和人力资源管理两方面。“如家”的人力资源管理特色鲜明。

首先，在绩效考核方面，“如家”在各个分店推行KPI（关键业绩考评）管理，通过销售、成本、客源和客源结构来对分店业绩进行考核，并且将店长每天的工作也“标准化”，例如必须要找两位顾客填写意见调查表、查两间客房等等。关于店长日自查表和周自查表就长达13页，客房质量核查细目也达到了57项。

其次，在HR开发和管理上，“如家”更加重视吸引和开发符合企业自身要求的人才系统。这一人才系统，将总部、分店店长、资深店长、店助、城市/区域总经理等等各个层面的员工纳入了公司的培训、开发和考核机制。例如，“如家”管理学院，作为酒店管理人才的培训基地，为企业培养符合“如家”企业文化的管理人员，为各层次员工设计和规划各自的职业路径等。

（资料来源：“如家”经济型饭店案例分析 http://www.bmlib.com.cn/）

思考题

1. 经济型饭店的KPI指标如何建立？
2. 经济型饭店应如何建立全员培训制度？
3. 谈谈经济型饭店对中高层管理人员激励手段。

第十章 经济型饭店的财务管理

■ **本章目标**

本章旨在使读者了解经济型饭店财务管理中与日常经营活动联系最紧密、也是最重要的两大部分，即财务预算和内部控制的基本内容和程序。其中财务预算包括预算编制和预算控制两项重要内容，而对于营业收入和营业成本费用的内部控制则是经济型饭店内部控制的重点。

■ **本章重点**

1. 经济型饭店的预算编制和预算控制
2. 经济型饭店的采购成本内部控制
3. 经济型饭店的费用支出内部控制

第一节 经济型饭店的财务预算

一、财务预算概述

任何企业的经济活动都有一定的目的性，作为饭店业新生力军的经济型饭店亦是如此。经济型饭店企业通过分析市场环境，并结合企业自身所拥有的资源，明确自己的长期战略目标和近期发展目标，并为实现这些目标制定科学、合理的计划。而计划侧重于文字形式的说明和描述，在计划付诸实现之前，必须以数量形式加以反映，这即是预算。诚然，预算就是对计划的数量说明，财务预算则是将企业的财务计划通过数量和表格等形式反映出来，并以此作为控制和评价企业未来财务活动的依据。

财务预算的内容亦即财务预算的职能，它包括两个重要方面，即财务预算编制和财务预算控制。财务预算编制是指企业在全面考虑市场需求及自身经营状况的前提下，将企业总体财务计划用数量或表格形式反映出来的过程。财务预算控制则是由贯穿财务预算全过程的一系列控制制度组成，是一种全员、全过程的控制，包括事前的预算编制控制、事中的预算执行控制以及事后的预算考评控制，它们共同保障着企业财务预算编制的顺利执行及财务目标的顺利实现。

二、财务预算编制

（一）财务预算编制方法

1. 固定预算和弹性预算

（1）固定预算

固定预算又称静态预算，它假设在预算期内，编制预算时所依据的业务量是不变的。例如，无论入住率如何，经济型饭店客房水电费的每月预算为固定的1000元。然而实际上，固定预算的这种假设在大多数情况下与事实是不相符的。经济型饭店所处的饭店行业具有很强的季节性或周期性，其成本开支与客流量联系紧密，因此若全部采用固定预算，当实际业务量与预算指标发生偏差，而预算标准并无相应变化，这样的财务预算就不再具有指导和控制意义。

（2）弹性预算

与固定预算相对，依据预算期内可预见的多种业务量水平分别作出预算数额的弹性预算，则很好地弥补了固定预算不够灵活的缺陷。弹性预算又称动态预算，针对不同的业务量水平，能够提供与其相适应的预算额，具有伸缩性，适用范围也较固定预算更为广泛，因此更能适应经济型饭店行业的实际状况。

弹性预算的具体实施方法有公式法与列表法两种。

列表法又叫多水平法，其实施步骤是：①确定预算其可能的业务量变化范围；②划分业务量区间间隔，即划分不同的业务量水平；③根据不同的业务量水平，分别确定各项成本、费用的预算额。表 10-1 为某经济型饭店的年营业费用预算。

表 10-1 营业费用部分项目预算表

单位：万元

明细项目	客房收入				
	1500～1600	1600～1700	1700～1800	1800～1900	1900～2000
半变动费用	135	135	155	160	180
1 水电费	15	15	20	20	25
2 餐饮成本	50	50	60	60	70
3 工资	50	50	55	55	60
4 广告宣传费	20	20	20	25	25
固定费用	18	18	18	18	18
1 折旧费	15	15	15	15	15
2 财产保险费	3	3	3	3	3
合计	153	153	173	178	198

表 10-1 中的半变动费用，是指在一定业务量区间上，费用额相对保持不变，而超过此区间的业务量范围则会发生变化的费用。如这里的工资及水电费等。而固定费用则是在预测期各业务量水平上均不会发生变化的费用，如折旧费和财产保险费。需要说明的是，固定费用也并非是在任何情况下都不发生变化，例如，若经济型饭店的客房收入超过了 2000 万元，为达到这一目标很有可能需要增加客房、床位及相应配套设施，那么折旧费用也会相应上升。因此，固定费用的数额不是绝对固定的。

公式法是在对成本、费用习性分析的基础上，用成本费用的线性公式 $y=a+bx$ 来表示一定业务量水平上的预算数额的方法。公式中的 a 表示固定费用，b 表示变动费用率，x 表示业务量，则 bx 为变动费用，

y 表示某项费用的预算数额。对于经济型饭店的某些费用项目，可能不存在固定部分，即公式中的 a 部分为零。如衣物洗涤费用，若根据以往预计为营业收入的 2%，则其预算额可表示为 y=2%x；当营业收入为 1800 万元时，洗涤费用为 1800×2%=36（万元）。而对于其他一些费用项目，既包括固定部分又包括变动部分，即为混合成本，则必须按照一定标准对其进行分拆，用上述公式表示并编制预算。例如，假设某经济型饭店租用了部分房产用于经营，出租方约定每月固定收取租金 5 万元，同时按年收取年经营收入的 1%，则该饭店租金成本的预算额可表示为 y=5+1%x，当营业收入为 2000 万元时，租金成本为 5+2000×1%=25（万元）。

2．增量调整预算和零基预算

（1）增量调整预算

增量调整预算是以基期某项目的实际发生额为基础，考虑预算期内该项目可能发生的增减变动因素，从而确定预算期该项目预算数额的方法。例如，某经济型饭店基期客房营业费用 100 万元，预算年度预计客房收入将增长 15%，使营业费用增长 10%，营业费用率比基期下降 6%，则其客房营业费用的预算数额为 100×（1+10%）×（1-6%）=103.4（万元）。

由此可见，增量调整预算是在基期实际发生额的基础上进行调整，从而确定本期预算数额，因此可能导致预算执行部门人为提高或压低基期发生额，以使本期预算对本部门更有利。例如，餐饮部门可能在基期期末突击加大费用开支，以提高基期实际发生额，以使本期预算数额所制定的成本费用指标更为宽松。因此，以基期为基础编制预算，使得本期预算数额在很大程度上受到基期或以前年度实际经营状况的影响，也容易被利益相关部门人为干扰。

（2）零基预算

零基预算又称零底预算，与增量调整预算正好相对，它不考虑基期的项目开支状况，而是以零为起点，从各期当前状况出发，分析各项支出是否有必要，并预算出必须开支的数额。零基预算不是对历史数据的修补，而是对传统增量预算的改革。零基预算的基本编制步骤为：①确定预算项目；②确定必须开支项目，将其余项目按照成本效益原则进行排序；③将预算数额分配至各项目。以下试举一例进行说明。

例如，某经济型饭店营销部在基期末提出如表 10-2 所示总额为 35 万元的年度预算。

表 10-2 营销部年度预算

项目	人员培训费	场地租金费	广告宣传费	设备维护费
预算	120000	50000	150000	30000

根据以往经验，营销部门场地租金费和设备维护费是必不可少的开支项目，属于约束性固定成本，因而这两部分必须优先保证；而人员培训费和广告宣传费则可根据实际情况相应调整，属于酌量性固定成本，在正式预算编制前，应根据以往项目平均费用金额及相应的平均收益金额分别计算出人员培训费用和广告宣传费用的成本收益率（见表 10-3），并据此确定这两项费用的预算分配顺序。

表 10-3 成本收益率计算

项目明细	平均年费用	平均年收益	成本收益率
人员培训费	100000	360000	3.6
广告宣传费	80000	320000	4

至此，可以确定，营销部门的场地租金和设备维护费用作为第一层次，需全额保证；广告宣传费支出效益高于人员培训费，因而位列第二层次；人员培训费列为第三层次。

最后，按照最终确定的顺序对各项目进行预算额度的分配。在核准的预算额度与部门上报的预算支出相等时，上述各项预算并无变化。但是若最终经核准的预算额度只有 30 万元，则优先保证场地租金费用 5 万元、设备维修费用 3 万元，剩下的 22 万元预算额度先分配给成本收益率较高的广告宣传费用 15 万元，其余 7 万元用作人员培训费用预算。

与增量调整预算相比，零基预算不受历史数据的束缚，能够根据企业的实际状况作出更加准确和合适的预算，并且能帮助企业将其有限的资源用在最需要的地方，从而得到更加有效的利用。

（二）财务预算编制程序

对经济型饭店而言，要想使编制出的预算具有科学性、合理性及可操作性，能够很好适应客源市场及饭店自身实际状况，必须有组织有计划，按照既定的程序和科学的方法来进行财务预算的编制。在由（副）总经理、财务总监、部门经理等企业高管组成的预算管理委员会的指导和监督下，经济型饭店的财务预算编制大致可以划分为三个阶段，即预算会议、部门预算及最终预算报告。

1．预算会议

预算会议可以视为经济型饭店财务预算编制的起点。在由预算管理委员会成员出席的预算会议上，将完成以下工作：回顾当年经营状况，分析现有经营条件及市场竞争形势，并在此基础上分析各项产品和服务的价格水平和预测下一年度的客房入住率以及营业收入。其中，分析预测未来入住率及相关营业收入是预算会议的重中之重，它也将为部门经理编制更为详细的部门预算提供指导方向。

2．部门预算

通过预算会议获得部门营业收入预算及相关信息之后，经济型饭店的各部门经理将结合本部门当年经营成果和上年度经营预算执行情况等多方面因素，综合由财务部门提供的员工工资、福利等财务信息，确定本部门经营成本与各项费用的预算。部门经理应及时提交其部门预算，并对经营活动的特殊事项所需的额外费用进行说明。例如，某项设备维护费用大幅上升的原因，或增加人员开支的必要性。另外，部门预算还要求部门经理考虑各种可能影响整体预算的潜在因素。例如，国家规定的企业支付的养老保险的计算基数发生改变，将会影响来年该部门的工资费用。

部门经理将部门预算制定好后，应交由财务部门审核其预算的准确性和完整性。之后，财务部门将准备一份下年度的计划损益表，同时对综合各部门预算时发现的有关信息进行补充。这份计划损益表与部门预算一起，伴随补充计划和相关资料，便成为递交由经济型饭店总经理和财务总监共同审核的、初步的、全面的预算。

3．综合财务预算报告

在部门预算提交至总经理之后，饭店总经理应和财务总监一道仔细进行审核，确保营业收入和各项费用目标的合理性和可实现性。在审核过程中，应随时与各部门相关责任人进行沟通，若总经理或财务总监认为部门预算存在不合理之处，应责成部门经理进行修改。因此，这一审核过程可能反复几次，直到最终形成一项令人满意的预算为止。最后，总经理和财务总监才能将审核通过之后的部门预算会同计划损益表等相关资料进行整理，形成综合的财务预算报告，最终提交给经济型饭店的所有者。至此，一份完整的预算才算编制完成。

我们可以将经济型饭店预算编制的过程绘成如下流程图，见图10-1。

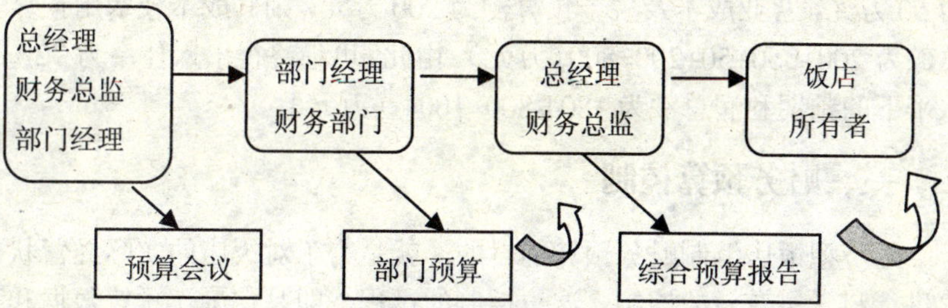

图 10-1　预算编制流程

一般情况下，经济型饭店的财务预算通常以营业收入预算为编制起点，而营业收入预算的编制也是经济型饭店预算编制的重点和难点环节。在此基础上，再来编制各项成本和费用预算，最终确定预期营业利润。下面通过案例对经济型饭店的预算编制进行说明。

假设，某经济型饭店客房规模为 400 个床位，平均房价 170 元/床，入住率 65%。预算期若平均房价下降 5%，则入住率提高 7%；若平均房价下降 7%，则入住率提高 10%；若平均房价下降 10%，则入住率提高 15%。餐饮收入为客房收入的 8%，其他收入为客房收入的 2%。则其销售预算如表 10-4 所示。

表 10-4 营业收入预算表

单位：万元

收入项目	入住率 72%[1]	入住率 75%[2]	入住率 80%[3]
1 客房收入	1640[4]	1650[5]	1670[6]
2 餐饮收入	131.2	132	133.6
3 其他收入	32.8	33	33.4
合计	1804	1815	1837

[1] 65%+7% [2] 65%+10% [3] 65%+15%
[4] 400×170×65%×365×（1-5%）×（1+7%）=1640
[5] 400×170×65%×365×（1-7%）×（1+10%）=1650
[6] 400×170×65%×365×（1-10%）×（1+15%）=1670

若在入住率为 72%的情况下，该经济型饭店各部门汇总的管理费用预算额为 200 万元，营业费用预算额为 350 万元，财务费用预算额为 50 万元，营业成本及税金预算额为 200 万元，则其成本及费用预算总额为 200+350+50+200=800（万元）。由此，可最终得出入住率为 72%水平下的预期利润总额为 1804-800=1004（万元）。

三、财务预算控制

经济型饭店编制财务预算的目的，就是为了对饭店的实际经营状况进行科学、有效的控制。这一控制的过程，即是在确认预算数据和实际经营成果的差异的基础上，分析差异形成的原因，并找出解决办法的过程。因此，财务预算控制包括以下几个重要步骤。

（一）确定差异

这是预算控制的第一步，是最简单的一步，但也是最重要的一步。差异是实绩与预算进行比较的结果，为了确定差异，饭店必须编制反映这一结果的比较分析报告，即预算报告，它通常以月度数据为基础编制。预算报告中的差异要同时包括金额和百分比两种，金额差异是实绩与预算相减的结果，而百分比是金额差异除以预算的结果。

（二）确定差异的重要性程度

预算毕竟是基于历史数据和对未来的判断而作出的一种预期，因而与实际情况之间难免存在差异。但是，并非所有的差异都需要管理当局一项一项地进行分析。由于企业资源的有限性，只有具有重要性的差异才会得到仔细的分析和相应处理。于是对差异重要性的判断就显得极为重要。例如，某经济型饭店的实际客房收入与预算相差5万元，若与预算数500万相比较，仅占1%，显得微不足道；而若预算数仅为50万元，则百分比差异为10%，这时的差异显然不能被忽略。又如，饭店一个月的清洁费用预算为1000元，100元的差额同样导致10%的百分数差异，但是此时饭店管理层几乎不会在这项差异上花时间。由此可见，要确定一项差异是否具有重要性，是否应该被纳入分析处理的范围，金额和百分比差异需要结合起来考虑，但金额仍应是第一指标。例如，某经济型饭店将某项收入差异的重要性标准制定为5000元或5%。

（三）分析重要的差异

对于具有重要性的差异，经济型饭店的管理当局一定要认真分析差异的产生原因，特别是当某项重要差异的产生原因不止一个时，必须借助因素分析法。这种方法利用各种影响因素之间的数量依存关系，通过因素替换，从数额上分别测定各个因素对总体差异的影响。假设某一项目有三个影响因素，其计算过程为：

①计算预算数额：$P_0=a_0\times b_0\times c_0$

②将各因素的实际数逐一替换预算数进行计算，直至所有预算数均被替换为实际数：

$P_1=a_1\times b_0\times c_0$

$P_2=a_1\times b_1\times c_0$

$P_3=a_1\times b_1\times c_1$

③将每次替换的结果与前一个计算结果相比较，两者差额即为某一因素对总体差异的影响数额：

a因素的影响额为$P_1-P_0=(a_1-a_0)\times b_0\times c_0$

b因素的影响额为$P_2-P_1=a_1\times(b_1-b_0)\times c_0$

c因素的影响额为$P_3-P_2=a_1\times b_1\times(c_1-c_o)$

总差异为P_3-P_0，也就是三因素各自影响额之代数和。

例如，某经济型饭店某年度营业收入预算数为1000万元（200间

×5 万/间），实际营业收入为 1200 万元（300 间×4 万/间），则房间数量差异为（300-200）×5=500，而房价差异为 300×（4-5）=-300，总体差异为 500-300=200。通过因素分析，我们可以清楚地看到，由入住率上升导致的有利差异为 500 万元，而房价下降导致的不利差异为 300 万元，二者综合作用导致实际营业收入比预算多出 200 万元。

（四）采取措施解决问题

经过前三个步骤的计算和分析，下一步经济型饭店的管理层就应当开始分析和研究导致差异产生的深层次原因。例如，对于客房价格下降和入住率上升，如果是由于客房价格下降而吸引了更多客源，那就要弄清楚客房价格下调的原因，是主动降价还是与竞争对手抗衡的措施；如果是由于入住率上升而给予顾客优惠下调房价，那么又是什么原因导致的入住率上升，这种原因是暂时的还是持久性的。由此可以看出，预算控制的目的是为了促使经济型饭店不断完善自身服务，更好地经营，以期未来能够获得更好的回报。

第二节 经济型饭店的内部控制

所谓内部控制，是指企业为了加强内部管理，提升企业竞争力，确保企业各项管理目标顺利实现，对其所属部门及各项业务活动进行组织、协调、制约和考核的种种财务控制措施。作为企业财务管理的重要部分，内部控制这一概念自上世纪三四十年代产生之后，经过大半个世纪的逐步发展日臻完善，最终形成了一套完整独立的体系。内部控制中最重要的概念包括岗位责任制、不相容职务相分离、财产的限制接近、授权控制、会计控制以及严密高效的监督体系。几大部分的相互作用和紧密联系共同构成了企业内部控制系统。

一、饭店客房收入的内部控制

对致力于提供价廉物美住宿体验的经济型饭店而言，客房收入无疑是饭店收入的主体。客房收入的内部控制，是指以客房收入为对象，围绕其发生、计算、取得和汇总等一系列过程进行管理控制的活动。为保证饭店客房收入的合法性、及时性以及完整性，经济型饭店有必要对其进行严格的内部控制。以下本节将根据客房收入发生的时间顺序，按照预订、登记、入数、结账和稽核的程序逐一介绍客房收入内部控制的基本内容。

（一）预订

预订是客人与酒店之间的第一步接触，无论是电话预订还是网络预订，对于客人而言，通过预订可以减少等候时间并确保享有住宿服务的权利。然而，当顾客已采取预订但未履行时，饭店势必要承担由此造成的客房空置所带来的损失。因此，在预订阶段，经济型饭店很有必要采取超额预订的策略。

所谓超额预订，是指饭店为了最大限度利用客房资源，争取获得100%客房出租率，在对各类型的客人数目进行分析、预测的基础上，在已经没有客房可以出租的情况下，仍然接受预订的行为。通过超额预订，经济型饭店能够有效防范未履行预订大量出现的风险；但是若超额太多，也有可能使已经预订的客人无客房可住。因此，准确预测超额预订的数量就显得尤为重要，而这项预测的准确性则依赖于经济型饭店对其顾客类型的常年跟踪和分析。

通常，经济型饭店的客人可以分为以下几类：

1．确认预订的客人：对于这类客人的预订，通常有一段时间期限，超过期限，酒店就不再需要为其保留预订。但这类客人的未到率通常也较高，例如，商务客人未到率可能在 1%左右，团队客人可能为 0.5%，而休闲游客人则可能达到 10%。

2．担保预订的客人：这类客人通常与酒店签订预订合约并为之提供担保，因此未到率相应较低。

3．延期离店客人：指已经入住的客人，在原预订时间内延长其住店时间。

4．提前离店客人：与前一类顾客相对，指已入住的客人在原预订时间内缩短其住店时间。

5．临时散客：指没有经过预订，直接前来酒店住宿的客人。

如果经济型饭店管理人员能够在平时注意收集、整理和分析不同类型客人的住店状况，那么根据下面的公式，便能计算出为争取达到100%客房出租率必要的超额预订数，从而更准确地制定客房预订策略。

必要的超额预订数=酒店可供出租的客房总数-确认订房数×（1-预订未到率）

-担保订房数×（1-预订未到率）-预计延迟离店客人数

+预计提前离店客人数-预计临时散客人数

例如，某经济型饭店拥有客房150间，其中有80间已确认预订，根据经验估计未到率4%；40间已担保预订，经验估计未到率1%；同时另据历史资料预计，同一时段内提前离店客房为7间，延期离店客房5间，还可能有散客临时住店10间。则该经济型饭店客房的超额预订数为150-80×（1-4%）-40×（1-1%）-5+7-10=26（间），这即意味着，该经济型饭店的经理，要使客房出租率尽可能达到100%，就必须把余下的26间客房推销出去。

（二）登记

客人入住经济型饭店，无论之前是否经过预订环节，登记环节都是必须的。从客房收入内部控制的角度来看，登记一方面为每位客人建立个人档案，以便计算、汇总和结算客人在饭店的全部消费；另一方面，客人个人档案中的消费记录也是日后经济型饭店分析客人消费偏好、提升自身服务的宝贵资料。一般而言，客人登记入住的全过程主要由如图10-2所示的五部分组成。

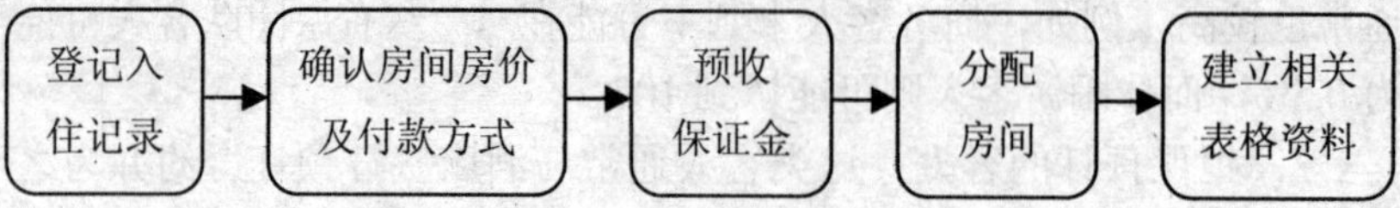

图10-2　登记入住主要程序

（三）入数

1．开设消费账户

客人登记入住之后，即开始了在酒店的消费。与登记时酒店为客人建立的个人档案相呼应，经济型饭店的前台收银部还应为每个入住的客人单独开立一个个人账户，以记录客人住宿期间的各项消费和付款状况。

2．及时准确入数

建立了消费账户之后，客人在酒店的各项消费就有了存放和汇总的地方，此时酒店就应开始将客人的各项消费计入其对应账户的工作，这就是入数。入数不仅要求准确而且必须及时，因为客人的消费随时随地都在发生。随着酒店信息管理系统的普及，经济型饭店的各部门之间多已实现联网，这也使得入数工作的及时性得到了充分保障。但是，在系统出现故障或者停电等意外发生时，不得不进行手工入数，这时，对入数员工操作的准确性就提出了极高的要求。

3．入数与收银职责分离

根据内部控制原理中的重要准则不相容职务相分离，经济型饭店的入数工作和收银工作必须由不同的员工来执行。这样既可以防止同一员工操作可能出现的舞弊，也便于入数数据与收银数据的互相核对和相互制约。入数的原则是客人何地消费就在何处入数，而总台收银处只负责最后结算的复核收款。这样，如果发生入数和收银数额的不符，就很容易显示或揭露出来。

（四）结账

结账是客人离开饭店之前的最后一道环节，由于涉及客人、前厅收银以及客房部等三方，因此也是比较容易出现差错的环节。当客人提出结账请求时，前厅收银员应首先调出该名房客的相关资料，确认其消费金额及结算方式，同时通知客房部进行查房。待查房结束之后，前厅收银员应打印消费明细账单，并由客人仔细核对上面记录的消费金额是否准确；待客人确认无误后，再由收银员打印总账单请客人签字并按照约定的付款方式向客人收取消费款项。最后，收银员应将离店客人的登记卡、结账单等所有资料汇总归类存放，以便夜间审核。

（五）稽核

收入稽核是根据客人账单的收支情况进行记录和控制的过程。作为收入内部控制程序的最后一个步骤，稽核与前面四步的主要区别在于：一方面，稽核属于后台操作，不与住店客人发生直接接触；另一方面，由于经济型饭店收入发生的不间断性，稽核工作一般安排在当天全部业务结束之后，因此属于事后控制的一部分。

经济型饭店的收入稽核工作分为夜间稽核和日间稽核两部分。夜间稽核的工作对象是各收银点的收银员以及经济型饭店各部门交来的单据、报表等资料。夜间稽核人员利用夜间客人较少的时间，首先对当天发生的单据、报表进行细致的查对，纠正错弊、追查责任，保证当天收入的真实、完整、合法和合理；其次，集中处理当天的总账和明细账的核对以及账单之间的交叉核对工作，并在此基础上生成夜间稽核报告。而日间稽核人员每天上班第一件事就是查阅夜间稽核报告及留言薄，将需要处理的问题及时解决，并跟进夜间稽核人员遗留的问题。经济型饭店的收入金额通常较大，且涉及饭店多个部门，单靠夜间稽核还不够，因此日间稽核能进一步更细致更全面跟深入地分析核对，堵塞可能的漏洞，使经济型饭店的收入能得到真实全面的记录和反映。

二、营业成本和费用的内部控制

（一）营业成本和费用的内容

经济型饭店所处的酒店行业，是典型的服务型行业，因此其营业成本和费用的构成内容和计算方法等都不同于制造业。为了便于实施内部控制，一般将其直接支出部分列为营业成本，而将未列入成本的各项支出，即间接支出列为费用。对于经济型饭店而言，由于其专注于提供优质而价格相对低廉的住宿服务，尽量简化其他不必要的服务项目以实现其“经济”的目标，故其营业成本部分仅含各项客房用品和有限的餐饮服务的采购成本。

经济型饭店的费用构成，依然是营业费用、管理费用和财务费用，即通常所称的三项期间费用。但是，其中营业费用的构成与其他行业相比区别较大，原因在于人工成本计入营业费用而非营业成本。经济型饭店所提供的服务往往是具有综合性的，哪项服务花费了多少人工费用、应负担多少工资，通常没有一个较为合理且简便的分配标准和分摊依据，不利于直接予以对象化。因此，经济型饭店的人工成本一般直接计入营业费用。

除了人工成本之外，经济型饭店各营业部门在经营过程中发生的和经营活动直接相关的各项费用，均计入营业费用；属于饭店行政管理部门发生的费用，直接计入管理费用；而不易分摊的费用，则统统计入营业费用。财务费用则是指饭店在筹资活动中所发生的如利息支出、汇兑损益、金融机构手续费等与筹资相关的费用。

（二）采购成本内部控制

采购成本是经济型饭店最主要的营业成本，而采购环节也是饭店经营过程中最难掌控的环节之一。由于经济型饭店需要采购的物品品种多、批次多，采购人员数量多且通常拥有一定的权利，因此如何杜绝采购人员营私舞弊、中饱私囊，保证饭店能够以最有利的价格购买到足够数量且质量满意的所需物品，就成为经济型饭店采购成本内部控制的重中之重。一个比较完善的经济型饭店采购流程通常应该分为请购、报批、订货、验收和付款等五个步骤，如图 10-3 所示。

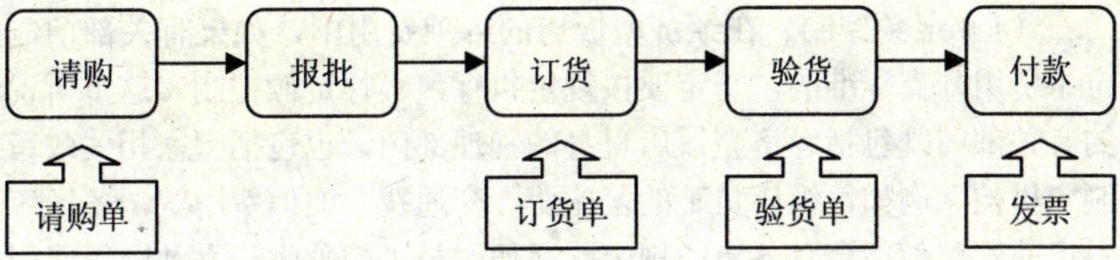

图 10-3　采购成本内部控制流程

1．请购。请购可以由使用部门提出，也可以由仓库提出。请购部门在实际需要时，仓库在物品库存量达到采购线标准时，提出请购申请，并填写“请购单”。

2．报批。请购单首先应由仓库主管核实实际库存量后签字，并根据采购金额大小报财务主管或总经理审批。经批准的请购单应分别送交采购部和财务部。

3. 订货。采购部接到请购单后应选择合适的供应商，安排采购事宜并签订订货合同（单），同时将订货单送交请购部门、仓库和财务部各一份。

4. 验货。收到所需物品后，饭店应安排专门的验收人员进行盘点和验收，核对实物与订货单的内容是否一致。验货完成后，验收人员应填制验收单，并将验收单与购货发票一道送交财务部。

5. 付款。核准付款是采购流程控制的最后一个环节，也是采购控制的关键。负责核准的会计人员应仔细核对请购单、订货单、验收单和发票，核对无误之后才能最终付出款项。

（三）期间费用内部控制

由于饭店行业的特点，经济型饭店营业收入的大部分都被日常运营费用即期间费用所抵消。因此，如何在保证服务质量的前提下，获得目标利润，是经济型饭店财务管理所面临的重要问题。

1. 费用控制的基本方法

经济型饭店中经常发生的费用项目有成百上千种，将各项费用按其习性归类并研究其发生的规律性，将简化费用控制的工作内容并提高费用控制的工作效率。

（1）定额控制。在经济型饭店的各项费用中，如果有关部门制定了费用开支标准的，一定要按规定执行，实行定额控制。这里所说的有关部门既包括经济型饭店自身的管理部门，也包括国家相关政策制定机构。例如，饭店员工的差旅费、交通费、通信费用等，各饭店自己的管理部门会有各自的规定。又如，员工的独生子女补贴等费用是由国家统一规定，经济型饭店也要严格按照标准执行。

（2）比率控制。类比定额控制，比率控制也因政策制定主体不同而稍有区别，例如国家规定的职工福利费、工会经费和职工教育经费，必须按照职工工资总额的 14%、2%和 2.5%提取。又如饭店需要按照依据自身固定资产状况而设定的折旧率计提固定资产折旧，按照一定比率计提年末的应收账款坏账准备。

（3）预算控制。费用预算是经济型饭店经营支出的限额目标。预算控制的目的在于比较实际支出与预算数额的差异，并找出差异产生的原因，调整企业费用支出的计划。本章第一部分财务预算中对此有详细叙述。

（4）主要消耗指标。主要消耗指标是指对饭店经营费用有决定性影响的各种消耗指标。对于一家经济型饭店而言，其资源是有限的，并且其经营目的就在于在不影响服务质量的前提下压缩成本费用，获得目标利润。因此，饭店管理人员应当充分遵循重要性原则，将主要精力放在对主要消耗指标的分析上，为了全面了解费用支出情况而全面研究分析所有消耗项目，得不偿失。

2．费用支出内部控制程序

经济型饭店的费用支出一般可以分为现金费用支出和非现金费用支出两部分。

现金费用支出包括使用库存现金或银行存款等货币款项支付的费用，饭店的日常开支还有水电费、维修费等等都属于这一类。对于现金费用，其发生与否是由饭店日常经营的客观需要决定的，而不是饭店管理层的主观愿望。因此，现金费用发生后，首先由相关业务部门填制“现金付款单”，并将原始单据附在其后，一并送交主管部门审核。审核无误的现金付款单和相关原始凭证被送到财务部门再次进行审核，财务部门除仔细审查账单金额是否与付款单相符，更重要的是审核该项费用支出是否符合有关规定以及此项费用金额是否在预算范围之内。最后，经财务部门审核批准的现金付款单将交给出纳人员，由其办理相关付款手续。

非现金费用通常指那些不需要用现金支付而由经济型饭店为自己提供服务的一种费用支出形式。如饭店公务人员自己用车而发生的租金费用等。非现金费用一定要从经济型饭店的日常营业成本中严格区分出来，单独进行核算，以避免造成费用开支的随意性和成本费用管理的混乱。与现金费用不同，非现金费用的发生一定要经过饭店主管部门的批准。因此，非现金支出在发生之前，相关责任人一定要首先填报该项费用支出的“申请单”，报总经理审批。审批之后的费用支出，才可按批准的内容执行，并且在执行过程中，一定要按照视同对外营业进行计价。另外，支付款项时，相关人员应将已批准的申请单一并交给收银员，以便其正确处理结算。对于非现今费用而言，最重要的步骤是事后的稽核。稽核人员应仔细检查账单和申请单的事项是否相符，并审核其金额是否超出批准数额。不相符的应再报送至总经理处。审核无误的账单送交财务部做记账依据。

相关链接 10-1　城市客栈的高利润从何而来？

深圳华侨城城市客栈（City Inn），一个新浮出水面的经济型饭店品牌，欲与豪华宾馆一争高低。它原来只是一个卖几十元钱房价的小旅店，但 83 间客房（第一期）仅仅花了 450 万元改造，房价马上飙升到 300 多元，且门庭若市，成为深圳酒店业的一个新亮点。

城市客栈的客房平均面积为 14 平方米。原来的旅店没有独立卫生间，在改造中将每间客房辟出 3 平方米建高级卫生间，卫生间因不设浴缸，所以显得很宽敞。所有洁具全是高档的，恭桶是壁挂式的，浴具、水龙头、洗脸盆的品牌是科勒（Kohler）的，墙面是马赛克的，每平方造价 30 多元。单就这卫生间的设施和材料，一些没改造的四星级酒店的洁具就比不上这客栈的水平。

客房的双层遮光窗帘外是双层中空隔音玻璃，外面的噪音一点传不进来；空调是最新款的恒温数字调控中央空调；门锁也是先进的自动报警电子门锁；闭门器是进口的，价格高达 1000 多元一个；宽带网络接通到每间客房，使用十分方便。

酒店没有商铺，也没有餐厅，大堂很小，才 20 多平方米。大楼的七楼出租给一家酒楼，城市客栈每天付给酒楼 10 元的早餐费，酒楼为住店客人提供牛奶、鸡蛋、肠粉、菜肉包、稀饭、油条等 10 多个品种的自助餐，而酒店省去了自办餐饮的所有场地、人工和能源开销。目前，餐饮已成为许多中低档酒店的一个负担，而城市客栈果断放弃餐饮经营，实为明智之举。

正是“集中精力只办客房、办好客房”的正确的战略思想，城市客栈才显示出其茁壮发展、强势发展和快速发展的生命力。上面所叙述的客房连大堂、电梯、空调全部在内，平均每间客房分摊的改造费用为 5.4 万元；而同样客房数的二星级酒店，其改造费用起码是城市客栈的 2 倍。

而城市客栈的定价一开张就按深圳四星级酒店平均房价（400 元）的 60%定价，也就是 240 元。然而，开张之后房价直线上升：门市挂牌价 398 元，一般时段 290 元，周末 338 元，黄金周 438 元，最低协议价也要 240 元。这会令业内许多同行咋舌羡慕，但高房价源自于正确的决策、果断的放弃和核心竞争力的凸现。

从劳动力看，员工总数 30 人，员工与客房比是 0.36，工资费用占总成本的比例很小。这样，城市客栈开业仅 5 个月，营业收入已达 300 万元，毛利率为 80%，即有 240 万元的利润，一年之内就能把改造费用全部收回。与同样营收的餐饮经营，其利润要高出几倍。

至于酒店房产价值回收的问题，我们可以算笔简单的账：原有旅店月租金 15 万元，相当于每间 1800 多元的租金，按房价、高出租率和高毛利率计，每月可有 50 多万元毛利，支付房租绰绰有余。

若假设购置房产，每平方建筑以 5000 元计，每间客房分摊建筑面积 30 平方米，每间客房 15 万元，每间客房一年就能有 7.7 万元毛利，2 年也能付清置业款。如果能选到地段合适的房产，置业款更低，偿还负担就更轻。

（资料来源：根据王大悟 2004 年 11 月相关文章改编）

本章小结：

1. 关键术语

预算编制　弹性预算　增量调整预算　零基预算　预算控制　因素分析法　内部控制　不相容职务相分离　超额预订数　采购成本　期间费用　非现金费用

2. 逻辑框架

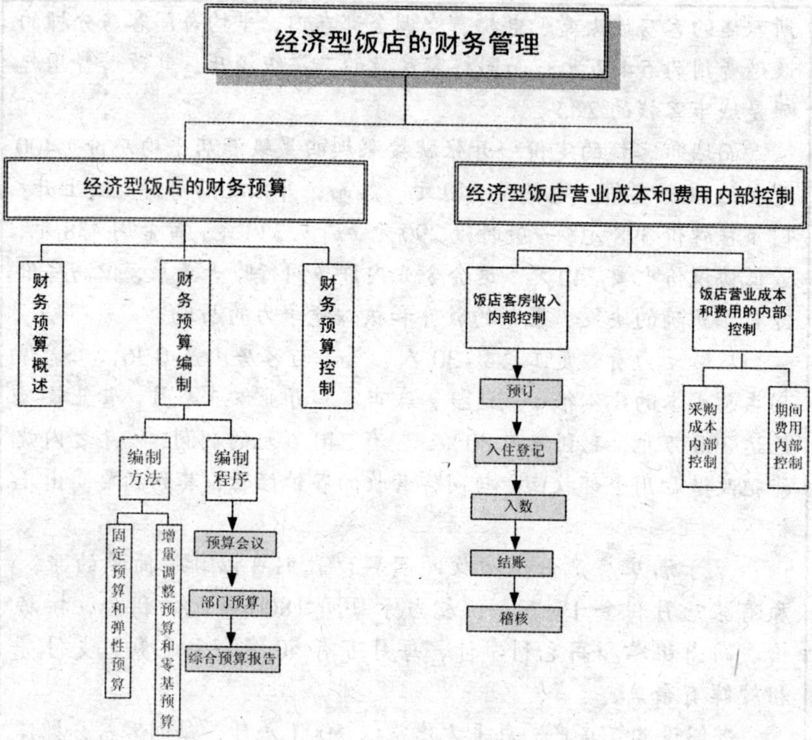

案例讨论

创新酒店收银工作

1. 员工培训

员工培训的目的有三个方面：①提高员工的个人素质。包括增强服务意识、语言沟通技能、专业知识，掌握服务技能等。②提高员工的安全意识。可收集大量案例，包括零钞调兑诈骗、外币诈骗、伪造信用卡诈骗、支票诈骗等等，利用例会时间，组织员工学习探讨，让他们一进入工作岗位，安全意识也随即而来。③通过培训让员工具备一定的管理意识，能积极主动地投入工作，从而减少管理人员的工作量。

2. 新员工培训

以前新员工到岗以后，将操作程序直接发给他们，让他们以自学自问为主，领班、主管随时抽查学习情况。这样的结果，造成新员工所学知识零乱，理论和实际有脱钩现象。现在，我们成功地总结出一套较为全面、系统的新员工业务培训资料，分阶段、抓重点地从财务基础知识、电脑操作方法、账务处理、外币兑换、业务英语等几方面对新员工进行岗前、在岗的培训指导。让他们在观摩老员工实际操作的同时，把理论知识运用到自己的实际操作这一循序渐进的过程中，学到业务知识和技能技巧。

3. 老员工培训

定期对一些财务操作程序及业务用语，结合现行的实际操作作一定的修改，使培训资料更趋完善和合理。对老员工的培训重点在于提高对工作中碰到的新问题的灵活应变上。针对近年来酒店会议市场的拓展，酒店的会议也增加了不少。以前会议结算大都由领班、主管负责在会议结束时，整理账单、汇总金额。现在的做法是每天由收银员核对账单与电脑记录是否一致，账单按账项分类，出现问题，找出原因，及时处理，使会务组不管在任何时候都能清晰地看到自己所发生的每笔消费，找任何一个收银员都能进行会议结算。同时，在定期的例会上，我们还总结会议的接待、结算情况，组织小组讨论，总结经验，大家各抒己见，充分调动了员工的工作积极性。

4. 具体操作方面

财务工作的创新具有一定的矛盾性，因为它既要求员工遵循财务的原则性，又要求员工在处理事情方面具有灵活性。负责应收账务的信用组，管理近百个挂账单位的账务。根据客户的需求，我们提出主动询问消费而代替等待查房的方法。具体的操作是我们在收银台准备了一张客房消费价目表，当客人到收银台结账时，收银员会主动问一句："请问您在房间有什么消费吗？"，然后按客人的回答，手工先算出金额、开出发票，或刷卡、或找补零钱。这一环节下来，差不多查房也结束，从而缩短了结账时间。

资料来源：张芹. 新阳光 2003.06

思考题:

1. 你认为以上案例中的收银工作的创新做法是否有普遍的可行性?

2. 你认为一个合格的酒店财务人员应该具备哪些素质?

第十一章 经济型饭店的技术支持体系

■ **本章目标**

使学习者了解经济型饭店的支撑体系，了解经济型饭店的硬件和软件设备支持技术，了解经济型饭店的网络平台。

■ **本章重点**

1. 经济型饭店的支撑体系
2. 经济型饭店的技术支持
3. 经济型饭店的网络平台

第一节 经济型饭店的支撑体系

一、标准化体系

（一）标准化

标准就是将企业里各种各样的规范，如规程、规定、规则、标准、要领等等，形成文字化。制定标准，而后依标准对实际的或潜在的问题制定共同的和重复使用的规则，从而使管理获得最佳秩序的活动称之为标准化。

饭店业理论上是一个具有深度标准化的行业，从建筑外观、设施设备、使用物品和服务规范等方面都烙上了“标准化”的印记。饭店服务的标准化是指通过对服务标准的制定和实施，以及对标准化原则和方法的运用，以达到服务质量目标化、服务方法规范化、服务过程程序化，从而获得优质服务的过程。服务质量目标化、服务方法规范化和服务过程程序化这三者是不可分割的整体，由它们共同实现服务标准化的功能。

经济型饭店所特有的“清洁、舒适、便捷、安全、廉价”的服务品质要求，从安全设施、公共空间设施、客房数、客房最小使用面积、基本服务等基础硬件和软件上看，任何一个品牌都应该有自己统一的运营标准。

相关链接 11-1 锦江集团的标准化

锦江集团吸收借鉴国际上先进连锁饭店集团的管理理念，结合多年的经营管理实际，建立完善了一套科学化、规范化、标准化、专业化的连锁管理模式。其中包括质量管理标准系统、管理服务操作标准系统、运营支持保障标准系统、计算机网络管理系统。宣传资料由饭店联系印刷制作，印刷按照市场部提供的样张，注意颜色、规格、质量、价格与公司规定保持一致；此外，还编写了“锦江之星旅馆设计要求和主要设备、设施配置标准”、“物品、用品配置标准”、“人员任职要求、人员培训和配置标准”、“服务中心操作标准手册”、“管理人员工作标准”等 14 套连锁管理模式文本。

（二）标准化的意义

首先，经济型饭店标准化是防止饭店管理水平下滑的制动力。没有标准化，饭店不可能维持在较高的管理水平。在经济型饭店里，所谓”制造”就是以规定的成本、规定的工时，生产出品质均匀、符合规格的服务产品。如果制造现场的作业方法、作业条件随人而异有所改变的话，一定无法生产出符合上述目的的服务产品。因此，必须对作业流程、作业方法、作业条件加以规定并贯彻执行，使之标准化。标准化的作用主要是把饭店内的成员所积累的技术、经验，通过文件的方式来加以保存，而不会因为人员的流动，使整个技术、经验跟着流失。有了标准化，每一项工作即使换了不同的人来操作，也不会在效率和品质上出现太大的差异。总的来说，标准化有以下四大目的：技术储备、提高效率、防止再发、教育训练。

其次，经济型饭店标准化有利于自身的复制扩张。酒店业的本质是服务业，服务业的核心在于人。对于经济型饭店来说，保证品质标准化是扩张的前提。作为一种商业模式，经济型饭店连锁经营是一种复制模式，要达到和完成这种模式必不可少的就是标准化。标准化经营与管理能使经济型饭店在连锁和兼并中，成功地进行“复制”或“克隆”，使企业的经营管理模式在扩张中不走样、不变味，使企业以最少的投入获得最大的经济效益。

最后，饭店服务的无形性要求经济型饭店的管理者为服务制定一系列标准以方便顾客直观评估。标准化、程序化的服务具有高效、可靠的特点，它方便顾客接受服务并减少其感知的风险心理。

相关链接 11-2　“标准化”支撑如家连锁扩张

如家，自成立以来，一直坚持标准化的服务流程和日常运营管理及监测系统，以复制出理想的连锁品牌效应。它有自己统一的品牌形象、经营模式、质量控制和服务标准。除了自建“直营饭店”之外，还通过特许经营的方式来扩充如家经济型饭店的规模和数量。对于特许经营加盟商，如家提供包括品牌支持、销售支持、工程和维护、特许服务、利润维护、标准手册、培训、饭店管理和网络技术支持等内容的“特许经营九大服务支持”，以保证服务的标准性和复制性，如家的品牌起到了快速扩张的“连锁”效应。

（三）经济型饭店标准化

目前，我国饭店行业管理主要是依据国家标准《旅游饭店星级的划分与评定》实施的标准化管理，但经济型饭店与星级饭店实际上是两套不同的评价体系。我国经济型饭店尚未形成统一的行业体制和宏观管理规范，这是目前经济型饭店发展面临的最主要瓶颈；加上行业标准欠缺，使得经济型饭店成为了饭店行业管理的薄弱地带。我国经济型饭店首个国家标准《经济型饭店经营规范》由商务部和中国饭店协会共同起草，计划在2009年正式出台，即将出台的《经济型饭店经营规范》将对规范饭店市场起到积极的作用。

二、采供中心

（一）采供中心概述

采供中心是经济型饭店管理部下属组织，主要负责饭店所有物资采购供应工作的职能部门。其采购范围主要有饮食原料、餐具、酒具、烟酒、客房用消耗品、陈设用品、针棉织品、清洁用品、印刷品、机械设备、木器家具、其他器具、办公用品、文具、花卉等约两千多个品种。

采供中心在实行采购计划管理和库存定额管理时，严格执行货比三家，尽可能按照"保证质量要求、就近采购、分批进货、合理库存"的原则，使采购的每一项物品既能符合饭店服务水准和要求，又能降低采购费用和库存物资对资金的占用，从而达到降低成本的目的。

同时，采供中心还承担其他职能，一方面按质、按量、按时地满足饭店各部门对各类物资的需求；另一方面，主动为物资使用部门服务，积极开拓货源市场，了解市场各类物资的新品种，主动向使用部门推荐，做好使用部门的参谋。

（二）采供中心意义

采供中心是一个重要的行政部门，它运转得好坏直接影响经济型饭店的效益。采供中心在中心主任领导下，分工合作，积极地为饭店各部门做好物资保障工作。采供中心管理着饭店所有设施设备，它为饭店采购全部的设备器械及各种耗费品，为整个饭店提供了有力的物资保障。

经济型饭店主要瞄准的是低端市场的价格敏感者，成本控制成为首要任务；但随着旅游者的越来越成熟，提供高质量的产品自然也是经济型饭店应有之义务。而高质量是需要高成本来维持的，要想在经济型饭店上实现价廉物美的目标，采供中心必须作出重要的贡献。

三、营运中心

（一）营运中心的定位

营运中心作为一个综合职能部门，负责对饭店经营管理的全过程进行计划、执行和控制。

（二）营运中心的职责

营运中心对饭店集团旗下的各个饭店日常经营行为及业务、财务等运营流程和相互衔接执行具体的指导、协调和监督职能。在操作过程中，应做到指导有方、协调有度、监督有力。

1．选址

饭店的位置与周围的环境，对饭店的经营有极大的影响。饭店营运中心在建设一个新的饭店之前，必须要对市场进行分析，根据本饭店将要接待的对象选择合适的位置。对于经济型饭店店来说，商业区、交通枢纽、高速公路边都是很好的区位。美国的经济型饭店要求在15分钟的车程范围内，有餐馆、购物中心、加油站或社区等。我国经济型饭店通常有一个5公里概念，在这5公里之内一定要有商业区，饭店里没有的，周围一定要配套，有便利的交通网络，有成熟的市场，充分利用饭店周围的公众资源。例如首旅集团在京沪两大城市的“如家客栈”的区位一般选择闹市区、商业区、改造发展区或景观优势区，北京的几家均在三环之内，上海的第一家位于浦东中心地区。

2．布点

经济型饭店选址包括第一选址和第二选址。第一选址即宏观选址，指经济型饭店建在哪个城市或地区的选择；第二选择即微观选址，指某一地区或城市内的具体位置选择，即布点。

饭店营运中心在布点时，应该考虑到城市的发展、规划，要同政府部门进行沟通，了解城市的发展计划；要考虑到人文环境，与人文环境相匹配；要考虑到土地价格和租赁价格；要考虑竞争者因素和市场因素。

3．物业谈判

经济型饭店的各类成本都是相对固定的，其中最关键的一项就是物业成本，物业成本的高低将直接影响饭店的命运。因此，是否有合适的物业是开店的最主要条件。经济型饭店物业租金一般为住宅房地产价格的3～5倍，其中上海北京的平均涨幅在40%以上。2007年，北京的物业租金均在2元/天·平方米以上，上海内环线以内的物业成本已经从两年前的0.5元/天·平方米上涨到现在的2.5元～3元/天·平方米。而一个物业主往往同时谈五六家饭店，在谈判中逐渐处于强势地位。显然，今后随着城市商业黄金地段的稀缺，经济型饭店物业租赁显示出卖方市场[①]特点。因此，在经济型饭店扩张过程中，营运中心的物业谈判职能显得尤为重要。

4．监督控制

营运中心要监督控制饭店各项政策、方案实施过程，计划完成情况等等。

（三）营运中心行使职权的工作步骤

1．提出具体工作目标。包括饭店长期发展目标的制定，战略方向的确定和短期目标的制定。

2．制定实现目标的具体手段和办法。

3．明确实现分目标的实施计划。确定实现分目标的具体负责人，并共同商讨，列出目标实现时间表，明确实施步骤及实施人、实现时间段等。

4．实施跟踪。对实施过程中出现的具体问题，应由该分目标的具体负责人提出，交营运中心分管人共同商讨，确定最终解决问题的手段。

5．过程监督。对实施过程中出现的具体问题，该分目标的具体负责人不能执行或偏差较大而不主动反映的，营运中心可行使其监督

① 卖方市场即卖方主导的市场，其主要特征表现为产品供不应求。

权力，指出存在的具体问题，督促并协助解决该项目的具体问题。

6．总结改进。在计划时间内完成具体目标后，对目标完成情况进行总结，并分析其间出现的问题，商讨改进办法，并作进一步完善。

第二节　经济型饭店的软硬件支持

一、硬件设施

（一）国外经济型饭店的“硬件”

国外经济型饭店在筹划时通常会精心考虑特定的客源群。国外的经济型饭店是以客人特殊属性作为市场细分依据，特性显明、属性突出，真正实现了市场细分和服务个性化的目标。

新西兰的家庭饭店根据孩子们爱好动物的心理，让他们摸摸小羊羔，骑骑小马驹。如为学生旅馆，设施上应有个网吧、阅览室。如为老人旅馆，设施上应有一个医务室、茶吧。

美国密执安洲圣约瑟汽车旅馆，位于交通繁忙的公路旁，有引人注意的外观，门前有高耸的广告塔；客房有走廊与停车场相连；饭店旁有汽配和加油站；饭店提供早餐和快餐；休闲娱乐有一年四季可用的游泳池。这是一个比较有代表性的汽车旅馆。

瑞士苏黎士青年旅馆，建筑组成中心是6层的客房楼，其中有35间8床间（双层床4张）、19间双床间。南侧是3层的餐厅及厨房和工作人员用房，西侧是单层的聊天室。这三部分围成内院，客房可避开道路噪音。其特点：每层去男女客房的楼梯分开，当男女人数不同时，关闭一楼梯，给人数多的方面使用。

（二）中国经济型饭店硬件设施

目前国内经济型饭店基本上都是以客人消费水平作为依据，特色不太显明。

经济型饭店定位于普通消费大众，饭店规模较小，设施简单舒适。

除前台、客房和餐厅三大基本要素外，并没有宽敞的大堂、游泳池、娱乐室等配套设施，而一般的打印、复印及传真等商务服务也由前台代劳。

经济型饭店是把客房作为经营的绝对重点，客房的条件可与三星级饭店媲美，致力于创造舒适、干净、方便的住宿。经济型饭店针对商务客人多的特点，在全饭店范围内配置有线和无线的宽带上网设备，满足其特有的信息需求。与此同时，良好的卫生条件也是经济型饭店的重要标志。

相关链接 11-3　宜必思的的客房硬件

宜必思连锁饭店便是经济型饭店中一个很好的范例。自 1974 年创建第一家店起，它就凭着物超所值的优惠价格、国际统一的服务与质量标准，为顾客创造了经济实惠与品质保证。它不像豪华饭店那样富丽堂皇，在设计和布置上更注重简洁与温馨，虽然没有奢华的大堂，没有行李员，但拥有良好的卫生条件，每个房间每天有专人负责打扫，毛巾、床单也每日一换。同时房间内的电视、电话、卫浴、免费高速宽带上网等设施也一应俱全。

另外，住宿舒适度是宜必思始终强调的重点。饭店周全地考虑到客人的各种需求，尤其关心顾客的睡眠品质。宜必思的在客房设计上采用特殊建筑构造，以减小 45 分贝的噪音；窗户采取遮光窗帘设计，以保证一个舒适的睡眠环境；而在床的选择上，除配备软硬适度的床垫外，还用柔软的盖被代替了厚重的毛毯，十分舒适轻便，力求给顾客营造一个良好的充分放松的睡眠环境。

（三）酒店设备的维修和保养

设施和设备是经济型饭店的硬件条件，要使之保持一个好的运行状态就要不断地对其进行维修和保养。饭店工程部主要负责整个饭店所有机械、设备、家具、固定设施的日常检修和维护工作，以延长饭店运行所必需的设备的使用寿命，维持饭店设备的正常运营。饭店设备保养可分为以下几类：

1．日常定期的维护保养。有计划地对设备和设施进行维护保养，经常巡视宾客区域。如客房、走廊、公共洗手间、大堂及登记区域、自动售货机等其他设施，以及与饭店正常运行相关的所有设备和机器。

日常定期的维护保养又称例行维修保养。其工作任务包括机器设备检修、检查和宾客区的预防性维护保养。

大型机器设备应包括以下十五种：空调暖通系统，锅炉系统，空气压缩机，电梯，风扇，土建设施，厨房设施，洗衣设施，发动机，泵类，制冷设备，交通工具，阀类，电力设备，应急消防设施。整个饭店的每件设备、工具应逐一登记在机器设备分类卡上，并按类别划分归类。

宾客区预防性维修保养是指所有涉及宾客区的例行维修任务，应包括在客房检查单、商务区域检查单中，或者一个特殊的检测表，如游泳池登记表。以下区域也应包括在内：客房、走廊、公共卫生间、大堂及客人注册区域、前台公共区域，所有的客房检查单应该按房间号来编排。

2．设备的优先维护和维修。设备的任何故障通常会引起客人投诉，所以需要维修工人进行优先检修。因为，若一个客人由于设备故障受到直接或间接打扰，他也许就再也不会光顾这家饭店。而一旦客人因不舒适而离开这家饭店，他也就可能一去不复返了。这些需要优先维护和维修的项目往往是下列关键时刻：客人投诉时，雇员要求进行维修保养时，机器设备出现故障时。

为了保证维修人员对上述警示迅速反应，避免不必要的拖延，许多饭店为维修人员配备了现场无线通信设备，以便于前台人员及时将投诉和故障告知维修工。另外，还可以采用一些其他的信息传递渠道：维修申请单，客房服务员工作单，其中有一栏专门记录维修保养情况，它们可以让饭店的其他人员能够及时转告工程维修人员那些不太紧急的维修项目。

3．饭店周围环境维护。饭店的外观是客人的第一印象。许多客人往往仅是依靠对饭店的外观印象而最终决定是否住在这家饭店。每个饭店的工程部在周围环境的维护保养方面的作用会因为各饭店与园艺公司的合同差异而变化。基于饭店工程部现有人员的职责，适当的时间，必要的设备，如割草机、草地修剪机等应该予以考虑。当然，园艺只是一个方面。为了确保饭店的外观美好，工程部人员或外请专家应维护保养好周围环境，如外部仓库、垃圾站、车场、饭店外墙、围栏、灯箱、招牌、垃圾清运区、玻璃窗户和通风设施等。

相关链接 11-4 酒店天花吊顶的空调设施维修保养

每个月

（1）检查过滤网，是否有脏物、碎屑，及时清扫。

（2）检查冷凝盘和排水管以防止阻塞。

（3）检查皮带松度为 1/2，如果需要必须进行调整。

每半年

（1）用 SAE30 为风扇电机轴承加油。

（2）用安培探测器检查蒸发器、冷凝器电机的电流并记录下电流数据。

（3）检查冷凝器、蒸发器电机上的滑轮以免磨损、损害。需要的话，就更换新的滑轮。

每年度

（1）把明显外露的部件擦拭干净，清洗蒸发器外装箱和风扇叶片。清除空调机外部的锈迹和腐蚀物。用锌酸漆油漆。

（2）当从设备手册上获取所需的以前信息，查清应该对每件设施进行何种必要的维护任务后，应为每件设备建立身份卡。

二、软件系统

计算机系统参与到饭店的日常营业管理之中，可更充分地发挥现代信息技术的工作优势，为饭店管理服务。计算机系统主要为饭店的经营提供了以下经营数据：

- **实时经营数据**：为饭店的管理人员提供最及时的经营数据，包括当前售房、入住状况及预订客人分析，餐厅等设施的当前营业情况、库存现状、财务现状、各指标的完成情况等。为在激烈竞争环境中的饭店提供更加精确及时的数据，以供决策层参考。

➢ **单位营业时段数据**：在饭店的单位营业时间结束时，如夜审、日审、交接班等阶段自动汇总数据，方便操作人员的操作，增强系统的归档能力，减少错误发生的可能性和漏洞，为管理人员准确把握工作进度和方法提供依据。

➢ **阶段性分析数据**：在饭店的各种营业期间，包括星期、月份、季度、年度等提供统计分析和对比数据，为决策层提供各种经营数据检察经营业绩，并为制定各种包括短期、中期和长期的计划和建立指标体系提供数据基础。

➢ **随机分析数据**：对于饭店开展的各种商业经营活动、促销计划及优惠政策进行跟踪分析，计算各个活动的运作成本，实时地、周期性地通过各种数据反映经营状况，为严格控制成本、监控运作状态提供可能。

另外，市场分析、客源分析、消费水平分析、物料损耗分析、畅销项目分析、成本分析等等各种分析对比功能为决策人员进行市场运作、成本控制、经营规划等提供数据参考。

（一）饭店管理信息系统

经济型饭店管理信息系统是一套全方位的、灵活的管理信息解决方案，其内部涵盖了经济型饭店日常经营活动的各个方面，从客人预订到退房，包括客房、餐饮、商务等等各个环节，从前台业务部门到后台（包括财务、库存、人事、资产等）职能模块。

管理层次上可以覆盖从低层的联机事务处理（OLTP）直至在线分析（OLAP）、决策支持（DSS）等高级手段；从简单的局域网络（LAN）到企业网（Interant）及互联网（Internet）访问等联机模式。

（二）管理信息系统设计宗旨

目前饭店所广泛采用的管理系统通过计算机及网络的形式参与到饭店的日常营业管理之中，更加充分地发挥了其工作优势，为饭店管理提供了更加充分的手段，主要有如下体现：

1．科学性

饭店管理信息系统参照国际上的流行趋势，整个系统分为三个层次（子系统）：

➢ 实时联机事务处理系统（OLTP）：此层次的系统为饭店利用计算机系统进行日常业务操作（包括预订、接待、查询、收银、客房管理、财务、餐饮等等各操作点）提供各种功能，并包括数据互访、资源共享等机制。

➢ 联机数据分析系统（OLAP）：此层次的系统通过网络为饭店管理层提供各种周期性经营数据和分析数据，为饭店管理人员进行市场运作、成本控制、经营规划、指标体系等提供数据参考。

➢ 数据仓库体系（Data Warehouse）：数据仓库通过对日常营业数据进行汇总、分析、提纯之后按照各种规则进行归档保存。这一体系完全建立在前两个层次（实时联机事务处理系统和联系数据分析系统）之上，为整个系统提供数据档案、数据分析等等各种功能。

2．先进性

系统采用了当前软件设计系统中最先进的各项技术，除包括实时联机事务处理系统、联系数据分析系统、数据仓库体系等功能外，还包括有：(网络结构方面)互联网(Internet)远程访问，企业网(Interant)，以上均以浏览器 / 服务器体系（B/S）形式体现；多层次客户机 / 服务器体系；各种硬件接口；（软件系统方面）ActiveX/com 技术；多线程技术（Multi Thread）；多屏幕显示技术；WINDOWS /NT 环境等。

3．实用性、方便性

实用性方面注重功能的实用和界面实用的统一，实用性高的功能尽量安排在较直接的界面，以提高实用效率。系统在界面上引入了操作向导机制，对于初用者或不熟悉计算机操作的人员提供提示界面，一步步引导操作者进行操作。功能强大的在线帮助系统为各种操作人员提供帮助提示以方便操作。直观的屏幕显示，客房、餐厅等操作直接以图标方式显示客房内部、外部的布局、结构，餐厅、餐位的分布等，并各种图表均可直接用鼠标点击操作。

4．规范性

现有的酒店管理系统在操作界面上多采用统一的模式（菜单、色彩、快捷键等），并采用标准的 WINDOW 应用系统界面风格，给操作人员一种熟悉、直观、简洁的印象。

其他采用 WINDOWS 界面风格的还包括有：错误提示、系统对话框、色彩集、屏幕保护等等。

对于企业网用户，如办公自动化系统（OA）、电子邮件系统等采用互联网浏览器（IE 4 界面风格）。

5．稳定性

稳定性作为系统性能的最重要标志之一，是整个软件系统从设计初始即最为重视的因素，因此从系统结构上采用了多层次客户机 / 服务器体系，后台数据库通常采用了大型数据库系统，能够支持 Microsoft SQL Server 、Sybase、Oracle 等，多种数据库平台也可协同工作。

6．完整性

完整性包含数据的完整性和功能的完整性两个方面：数据的完整性方面，系统采用数据库触发器和提交回卷机制杜绝不完整性数据发生的可能性；功能的完整性方面，统一的界面风格和专业人员的参与设计以及不断的更新调整和维护，保证系统的完整性。

（三）管理信息系统的构成

计算机网络管理信息系统解决方案，根据功能模式划分为四部分：包括前台业务模块；后台管理系统；物业管理系统；办公自动化系统等。

1．前台系统

（1）预订/接待系统：根据饭店预订部门的工作模式和客源特点，预订系统可分为散客预订和团队预订两个模块，散客预订处理各种零散客人，团队预订主要针对各种旅行团体、会议等客人。

相关模块：客房资料查询，订房状况查询、旅行社档案、销售档案、房价管理，自动配房系统、实时房态查询。

接待系统作为预订的相关环节，可处理各种散客、团队会议的接待操作。

自动登记操作可将指定散客、团队或全部预订客人进行自动登记入住处理。

自动分房系统可提高团队接待的工作效率，实时房态查询最及时地反应当前客房的实时状况。

图形化、图表化的操作界面，使房间类别、房间状态情况一目了然，建立预订不再繁琐，仅仅是用鼠标一划这么简单。各种房间可以接受将来任意时间的预订。房间列表列出每个房间的可住天数，简单、直观，避免重复订房。针对客人资料的各种修改可在同一界面完成，如接待登记、退房、换房、房租变更等。

操作界面的结构清楚，仅需少量在线帮助就可以使操作轻松自如，随时显示每天的预订、确认、出租率预测等分析数据。预订注释可以针对每天、每种房间类型建立各种注释说明，如价格限定、各种交易会、庆典、淡旺季提示、节假日等，并可采用各种色标来提示操作员；订房图表中采用不同颜色、不同图表来显示房态、客人资料、预订状态、维修状态等；房间资料修改可直接利用鼠标点击、拖拽；远程订房系统运行于Intranet/Internet网络结构上，可使远离饭店的销售部门、代理机构进行实时订房操作，扩大订房来源。

（2）客房管理：客房管理饭店的客房资源，可进行房态更新、房态查询、客房封锁、客房维修、清扫时间控制等功能。

（3）总台收银：总台收银模块处理各种相关账户，如在店客人、团队、会议等发生的各种账务，包括收银、记账、转账、结账、退房、打印账单、调整、取消等。

每个账号可包括多个相对独立的账单以适应客人的不同要求；屏幕上可同时显示任意两份账单，可对任意两份账单中的明细进行调换，所要操作仅仅是利用鼠标将一项或选定的若干项拖拽到另一张账单上；特有的账项夹功能可使相关的几笔账项通过鼠标拖拽进行合并，以减少账单长度，合并后的账项也可随意分离复原；自动转账设定可方便地完成各种账房的转账关系，一但有相关账务发生可方便、及时地自动转账；转账功能可随意选择一笔或若干笔账项进行操作，也可以输入全部或部分金额进行余额转账，使得此功能更加灵活随意；结算操作可选一笔或某几笔账项进行结算（Open tem），也可针对每张账单余额进行全部或部分结算，以适应各种账务情况；每笔业务可采用不同货币记账，系统将自动进行汇率折算，使得系统更加方便、适用范围更加广泛；每笔账项除应有的信息外，还可以纪录包括单价、数量、单位、汇率、外币、收银机号等信息；账务取消和冲减调整功能操作方便、责任清楚；每个收银模块均可接IC卡读写器、款箱、账单打印机等外设。

（4）协议客户管理：对同饭店有业务联系的各种旅行社机构、机关、公司等建立档案资料，对其他业务量进行统计、分析。对管理人员进行市场分析及制订优惠政策等提供数据资料。

（5）应收账管理：针对有账务挂账协议的客户及各种信贷账户进行管理、建立、修改账单、转账、结算操作等。账龄分析功能可提供各周期内的账款分布，为有效控制应收账务提供手段。可设定账务控权人，经授权后方可挂应收账。

（6）程控计费系统：系统通过与PABX（程控电话交换机）联机，完成如下功能：

➢ 电话自动计费　对饭店内所有分机电话进行计费管理，自动划分客账电话和内部电话，（不同用户）可设定不同费率。自动计算电信局规定的折扣。自动核算服务费及附加费用。

➢ 自动开关客房电话　当客人登记入住时，系统可自动开启该客人房内的电话外线功能，并可根据级别开启IDD，DDD及市话等服务。当客人退房或消费额超过信用限额时，系统可自动关闭其电话外线（市话DDD或100）功能。

➢ 同留言系统联接　可开/关客房电话的留言灯或联接电话语言设备进行语言留言。

（7）前台经理查询：订房统计、分析，当前售房统计，超订房控制，房态控制，房价管理等。

（8）宾客信贷管理：客账信用限额设定、客账查询、应收账务转账设定、账务查询。

（9）房价管理：房价设定，不同类别、不同时段的房价管理。

（10）销售管理：客户档案管理、合同管理、价格管理、联系人资料、旅行社计划等。同时可查询房人资料、客史资料、订房操作等。

2．前台接口模块

（1）电话 Minibar 酒水自动记账：可通过客房电话为退房客人进行 mini 酒水入账处理，提高入账效率、减少跑单。

（2）电话房态自动更新：通过客房电话自动更新房间的房态，如正在清扫、清扫完成、维修等。

（3）IC 卡（电子卡）一卡通：通过与 IC 卡（电子卡）系统及 IC 卡门禁系统结合，可为客人在 cheek-in 时自动生成房卡，客人在各消费点挂账时系统自动通过客人的房卡将客人的账务记入相应账单。除住店客人的房卡外，还可设定会员卡、折扣卡等。

3. 后台系统

（1）财务总账、报表及分析系统。

（2）库存系统：入库、转库、出库、盘点、查询等功能操作简便、直观。一、二级库全面联通，数据一体化程度高，减少单据流通环节和人工干预程度及工作量，降低出错概率，使得财务数据更加严谨。

（3）人事、工资、考勤系统。

（4）固定资产管理系统。

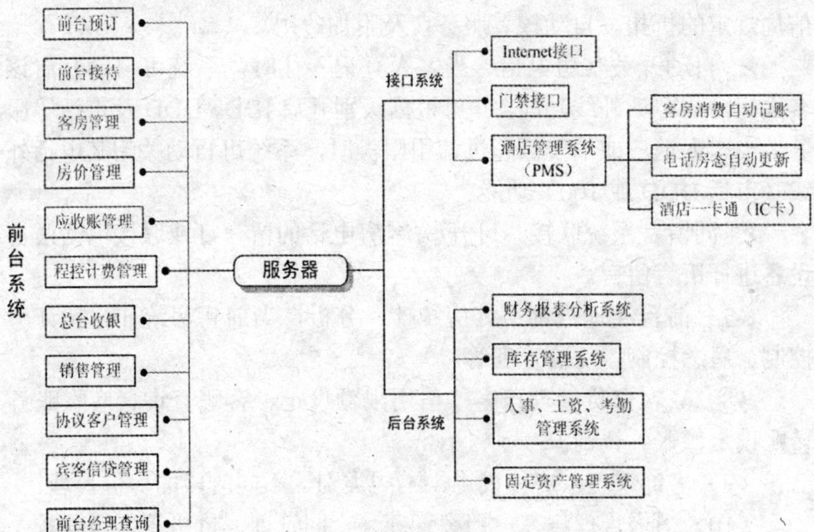

图 11-1 酒店管理信息系统（PMS）的构成

第三节 经济型饭店的网络平台

一、呼叫中心

呼叫中心是英文 Call Center 的直译，业内也译为电话服务中心或客服中心，是服务供应商为提高对客服务水平，通过电话、传真、电子邮件、互联网站以及视像会议等电信科技向顾客提供服务的综合性服务系统。

在目前的饭店业务中，市场竞争更多地集中在争取客户或客户群上，饭店呼叫中心已成为现代商战中得以生存的关键因素。在今天，如果没有呼叫中心，饭店在激烈市场竞争中是不可能有竞争力的。尤其是在客户服务方面，一个设计好的呼叫中心能够增进对客户的洞察力、竞争力，并可拓宽销售机会，提高员工生产力，更有力地帮助酒店占据市场主导地位。

（一）呼叫中心的核心运营能力

饭店呼叫中心核心运营能力从运营的角度看，通常包括几个部分：

1. 联系通道：呼叫中心为顾客提供服务的手段，包括电话、传真、IP 语音、互联网在线交谈、电子邮件、视像会议、手机短信息等。随着通信技术的发展，新的客户沟通联系渠道将越来越多。

2. 数据库存取：呼叫中心每日处理数量庞大、种类繁多的顾客事务，为对这些记录进行跟踪和使用，需要通过数据库存储；同时，酒店预订系统、CRM 系统、会员积分系统等各种商务系统也要求呼叫中心具有访问中心数据库的能力。大规模的呼叫中心通常采用 Oracle、Sybase、Informix 等专业数据库系统。

（二）呼叫中心与订房公司的区别

对于经济型饭店经营者存在一个误区，就是混淆了订房公司与呼叫中心这两个概念。一谈到呼叫中心，想到的就是市面上林林种种打着某某订房中心旗号的订房中介机构。经常出差的人，步出机场或车站，立刻会收到一些单张和名片，上面印着某某某订房中心的热线电话，以及所代理的各大酒店的优惠房价。这些订房公司，通常就是一张桌子、几台电话、一部传真机。接听电话的小姐对于酒店的认识仅限于房价、联系人和传真号，对于顾客的资料一无所知，对于顾客的满意度漠不关心。不幸的是，很多国内经济型饭店都把这种最原始的形式作为一种营销渠道。我们可以列出订房公司与连锁酒店呼叫中心的本质区别：

表 11-1 订房公司与连锁酒店呼叫中心的本质区别

	订房公司	呼叫中心
经营目标	通过房间差价牟取利润	为在旅途的酒店顾客提供全方位服务
技术含量	低，几条中继线或小总机	高，专业平台、CTI 技术和大型数据库
人员素质	缺乏管理和培训	量化质量指标、严格培训考核、分级管理
功能	单一的订房业务	市场拓展、客房销售、客户服务、客户保持等
效果	盘剥酒店利润、客源不稳定	为酒店带来盈利和稳定忠诚的客户

（三）呼叫中心高效实现酒店 CRM

呼叫中心经常被称为 CRM 的门面，是因为呼叫中心一旦建立起来，就会成为企业与顾客之间的主要接触点，原来分散在各个部门中的客服工作会统一归口到呼叫中心完成。酒店行业与一般的企业不同，对顾客的服务主要是在酒店物业范围里面由酒店员工进行，是面对面的服务。而呼叫中心所扮演的角色，是在入住以前和离店以后为顾客提供服务，同样体现品牌服务的质素，所以我们不妨称之为连锁酒店 CRM 的外风景线。

连锁饭店呼叫中心是一专多能的，其灵魂就是客户关系管理。它由总部实施全程控制，独立于每个加盟饭店，而又服务于所有加盟饭店，能够起到对客户和饭店实施交叉管理作用，利用中央 CRM 数据库，找到客户也就找到了相关的饭店，入住日期和投诉记录一目了然，这是人工操作所无法比拟的。通过 800 免费电话和呼叫中心的结合，呼叫中心可以为酒店顾客和潜在顾客提供入住前的信息咨询、酒店推介、预订、订单确认和取消、顾客特别需要、行程安排等服务以及入住后的服务质量跟踪、满意度评估、投诉处理、失物追寻、改进建议、会员促销奖励等服务。这些服务如果不通过呼叫中心，而是分散到各个职能部门，效率将大打折扣；如果由各个加盟酒店执行，则难以保证其一致性。因为呼叫中心具有单一号码、24小时不间断运作、标准化服务流程、对客沟通能力的专门培训、定质定量控制、高强度作业等的特性，使得它在连锁酒店实施客户关系管理中的地位是不可取代的。

（四）呼叫中心的营运管理

呼叫中心的管理，既包括对系统的管理，也包括对员工的管理，还包括对许多不定因素的管理。对呼叫中心的管理方法除了靠管理艺术来实现，更重要的是靠数字量化指标来衡量，对服务质量进行全程控制和持续改进。

呼叫中心本身是个高劳动强度、高生产效率的数字化工场，可以很容易地找到丰富的数字资料和统计数据。如果采取科学的方法，这些数据可以处理成十分有用的标准化规范，并用专业化的软件组织成各种图示和表格，成为呼叫中心管理者作出决策的依据，从而使呼叫中心更有效地满足客户要求。呼叫中心管理方面的常见指标见下表。

表11-2　呼叫中心管理中的常见考核指标

评价指标	指标含义及考核重点
事后处理时间	指一次呼叫电话接听完后，话务员完成与此呼叫有关的整理工作所需要的时间。管理者应认真观察并评价每个动作，看是否所有程序都必需，鼓励话务员在谈话时做好信息的处理，减少事后处理时间。
实际工作率	座席联入系统准备回答电话的实际时间除以按计划应当回答电话的总时间的百分比。应该达到92%或者更高。
平均放弃时间	指顾客放弃呼叫前平均等待的时间，以秒计算。应控制在20～60秒。等待时间很短即放弃，表明顾客等待耐心有限，原因可能是

	有其他中心可以选择，也可能是不喜欢拨叫时多次失败。两者都值得引起重视，并采取相应措施。
平均单呼成本	某段时间内呼叫中心的全部费用除以这段时间接听的所有电话数。就多数行业的平均情况看，每打入一个电话需花费成本4元，如该数值上升，需仔细检查中心成本费用是否合理。
平均通话时间	谈话时间和事后处理时间的总和。一个技术支持力较强的呼叫中心，平均数一般在10至15分钟之间。从全行业来看，平均通话时间是8～5分钟。建议将这一规范的目标定在3～10分钟之间。时间过长可能表示人员过剩，会引起费用增高。
平均持线时间	电话接通后，话务员让顾客在线上等待的平均时间，应控制在20～60秒之间。持线时间直接影响到呼叫者的情绪。过长的持线时间表明座席人员不能很快地从电脑中查找到相关资料，需要改进系统。
平均振铃次数	指顾客听到回话之前电话铃振响的次数，不论这个电话是由业务员、还是交互式语音应答（IVR）回的。行业平均次数是2～4次，应保持最低。
平均排队时间	指顾客被自动呼叫分配（ACD）列入名单后，等待话务员回答的时间。排队时间在建立整个服务水平的总目标上是个关键因素，如果排队时间为零，意味着付费让话务员等电话来，这是很不经济和缺乏效率的。但排队时间太长，顾客有可能挂机。
平均应答速度	简称为ASA，指总排队时间除以所回答的总电话数。标准长度常常定在20秒钟之内。
平均交谈时间	指顾客与话务员联系后交谈的时间长度。行业平均交谈时间为330秒，技术支持型呼叫中心的平均交谈时间为6～10分钟。通常，为了降低成本，谈话时间越短越好；但交谈时间太短可能导致有些顾客不满，他们认为你过于匆忙，没有认真倾听他们的问题。
每小时呼叫次数	指每个话务员每小时接待呼叫的平均次数。在一个技术支持程度很高的呼叫中心，这一数字可能低到每小时只有五次，而在简单的呼叫中心，这个数字则可能高达 100。长期以来，该指标都是衡量话务员业绩的一个普遍适用标准，具有较高的小时接待数的业务员从来都是受人欢迎的。但随着客户服务中心的发展，片面强调小时数，可能导致服务品质低劣的座席人员可能会想法欺骗

	系统来增加小时数。
监听分值	指由质量保证专家对话务员的回话质量所作的等级评价。
占线率	通话时间+持线时间占通话时间+持线时间+闲置时间的百分比。应在90%以上，以减少线路闲置情况的出现。
呼叫放弃率	顾客在被接听前挂机的电话数与全部接通电话数的比率。行业放弃率为3%。
忙音率	受到忙音信号阻滞，连ACD都无法接待的呼叫电话的百分比。最理想的状况是没有受阻电话，如果忙音率很高，就需要增加人员以保证服务质量。
一次性解决问题的呼叫率	不需要顾客再呼、也不需要话务员回呼，就将问题解决的电话比例，应在85%～100%之间。
队列放置率	列入排队名单的电话数量占接到的所有电话的数量的百分率。行业平均水平为15%左右。
转接呼叫率	即由话务员转给其他人员接听的电话的百分比。建议每一百个电话只有一个被转接，而且转给的是专家座席。应该使用以信息技术为基础的软件，使座席有能力回答呼叫者的问题。
已复电话百分比	等于回答过的电话数占所有接入的电话数的百分比。应在98%以上。
服务水平	回答时间少于20秒钟的电话数占所接入的电话总数的百分比。行业标准为80%。
总呼叫数	指所有打入呼叫中心的电话，包括受到阻塞的、中途放弃的和已经答复的电话。
座席人员流动率	指辞职流失的话务员人数，在全职员工中的比例。呼叫中心话务员属于高强度工种，行业平均辞职率为25%。

目前国内经济型饭店行业的呼叫中心运用水平还很低，某些高星级酒店策略联盟[①]的预订中心规模小、功能单一，一些旅游服务公司建立的地域性呼叫中心又不是专门针对酒店服务的。严格意义上还没有一个从属于经济型饭店品牌的为饭店顾客提供全方位服务的呼叫中心。在国外，连锁酒店运用呼叫中心技术已经趋于成熟，世界第二大

① 指企业在面临竞争压力时，基于本身资源及能力不足的考虑，多家企业彼此间通过合资合作研发、品牌共享、相互授权、联合销售协议等方式，互补各自稀缺的有限资源，共同分担产品研发的成本及风险，形成品牌规模效应，共同制定行业标准，从而掌握市场经营的主动权。

特许经营连锁酒店集团Choice Hotels在北美地区的三个呼叫中心拥有250个座席，每天接听20000多个电话。希尔顿国际通过国际IP网络把在比利时、新加坡和日本的三个客户服务中心与旗下的酒店连成整体，处理顾客来电的同时挖掘和收集客人的重要信息，以便提供特别服务。

二、预订中心

在酒店业中，预订是最重要的市场推广，一个有效的预订系统能够保证准确地分配房间，确保客人有房可住。预订房间的准确记录，有助于饭店的客房达到最大限度的利用。客人有信心得到房间，而饭店可以确定能为其他客人提供房间的数目。因此，一个良好的预订系统在保持酒店美好声誉方面起着关键的作用。饭店客房的网络预订通常可以分为直接和间接两种渠道。

（一）间接网络预订

互联网产生之后，大量出现的网上旅游公司也属于帮助饭店销售客房以取得佣金的中间商。饭店企业通过这些渠道取得的订单都是间接的，是一种间接预订。这种间接网络预订渠道主要由以下几个部分组成：

1. 全球分销（GDS）公司

以航空公司为背景的电脑预订系统公司，在1978年美国航空自由化政策问世之后取得了重大的发展。进入90年代，由于集中和兼并，这种电脑预订系统公司形成了四大系统平分天下的局面。这四大系统分别是：SABRE（原美国航空公司的SAB既系统）；world SPAN（由原美国环球航空公司的APRS系统和达美航空公司的DALASn系统于1990年合并而成）；伽利略国际（由原美国联合航空公司的APOLLo系统和欧洲的GALILEo系统于1993年合并而成）；阿马迪斯/系统一（由原美国大陆航空公司的‘系统一’和欧洲的AMADEUS系统于1995年合并而成）。这四大系统包揽了全球所有的GDS预订业务，并各有侧重，如SABRE是北美最大的GDS系统，在北美的业务占整个地区总业务量的36%；而阿马迪斯/系统一是欧洲最大的GDS系统，其业务占整个欧洲的51%。

2．大型饭店集团的中央预订（CRS）

这种网络系统由集团所属酒店的电脑构成网络。客人如需要预订该集团内任何一家酒店的客房，可以通过该集团的订房系统进行网上预订。国际上一些著名的酒店集团，如巴斯酒店集团的HOLIDEX预订系统、洲际集团的GLOBALN预订系统、雅高集团的ACCOR订房系统、希尔顿的HITLRON中央预订系统和1999年4月推出的HLISTAR预订系统等等，都属于这类系统。这种CRS系统一般都同GDS实现了连接以充分利用GDS的强大功能和旅行代理商终端普及率高的优势。饭店集团公司所有的饭店使用CRS系统在获得订单同样需要付出一定的费用，拥有特许经营权者除了预订费经常还有其他收费，单体饭店以合约形式使用大型饭店集团的CRS所付出的费用将会更高。

3．接口转换公司

为了实现CRS与GDS的连接而产生的一类公司。由于饭店企业的产品与航空公司的产品相比更具有多样性，使得原本是由航空公司开发的系统并不是十分适合于销售饭店产品，所以各大饭店集团开发出了更适合于饭店产品的CRS系统。但是由于编程语言不兼容，使得CRS需要通过编码转换程序才能与GDS相联，接口转换公司就从事这种编码转换处理业务。目前世界上主要的接口转换公司有Thiseo和Wizeom。

4．旅行代理人

就是各种中间商（包括零售旅行代理商、公务旅行管理公司、旅游零售商、旅游批发商、报价产品组织商/零售商、奖励旅游公司、会议交通安排商、旅游俱乐部、包机旅游公司等等），他们是直接面对消费者的人。

5．专门的网络预订服务公司

也称为饭店代理公司（Hotel Representative Companies）。能够加入GDS系统是连锁公司所属饭店同独立饭店相比的主要优势，它们可以通过集团的CRS接入GDS以实现其产品的全球电子分销，但独立饭店因不具备这样的技术条件而无法加入这一系统之中。开发一套CRS系统的成本较高，最基础的中央预订系统也要10万英镑（英国饭店技术咨询公司HSSS）。饭店代表公司就是帮助中小型饭店组织接入GDS系统的，他们是中小型饭店在GDS系统上的代言人，如国内的携程旅行网、艺龙网等。

6．网上旅游公司

网络出现以后，首先对这一技术变更作出反应的并不是饭店企业，而是中间商。根据雅虎网站1998年7月的网上调查，超过一半的旅游网站是旅行代理商或旅游服务商的网站。一些最为著名的旅游网站如Travelocity、EPxdeai，他们的所有者都是旅行代理商。

（二）直接网络预订

随着网上预订业务在饭店总销售额中所占的比重越来越大，饭店付给网络中间商的佣金越来越多，使得饭店企业逐渐认识到构架自己的网络预订平台的重要性。出于利益的考虑，各大饭店集团正努力建设自己的预订系统——中央预订系统CRS（Central Reservation System），使顾客可以迅速、方便地找到自己需要的产品，并进行确认。中央预订系统主要是指饭店集团所采用的、由集团成员共享的预订网络。饭店集团利用中央数据库管理旗下饭店，将集团下属酒店客房资源整合在一起,形成一个完整的系列；客户在全各个地方通过这一网络系统可以轻松地获得该集团下属各个酒店的房间资源、房价，并可网上或电话预订。

相关链接11-5　全新中国锦江酒店中央预订系统

根据来自锦江国际酒店管理有限公司（锦江国际酒店）市场营销高级副总裁米达的消息，这家中国最大的酒店集团已推出全新的自有的中央预订系统。

该新系统由锦江酒店与德尔集团创建的合资公司开发，将会连接锦江所有超过60家星级酒店。

中央预订系统的特点是拥有最新无缝网络技术，并可以在第一时间同所有酒店对接。这将更易于在锦江任何一家酒店进行客房预订。

新的中央预订系统将扩大锦江第三方在线分销的领域。同时加大了锦江全新管理公司网站 www.jinjianghotels.com 上预订引擎的功能。

呼叫中心坐落于上海，接受来自全中国的预订及逐步延伸到国际市场。锦江将推出自己的 GDS 系列代码“JJ”。这项工作全面地完善了锦江新品牌的特色，即独特的双 J 标志。

（资料来源：锦江国际酒店管理有限公司　2006-08-29）

本章小结

1. 关键术语

标准化　采供中心　营运中心　物业谈判　硬件设备　管理信息系统　呼叫中心　间接预订　直接预订

2. 逻辑框架

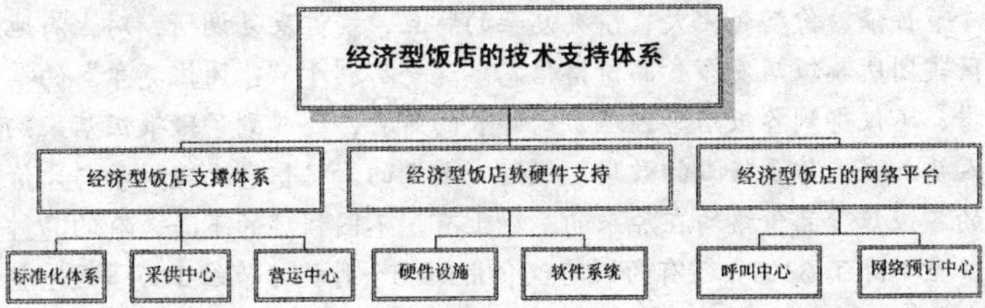

案例讨论

创造成本奇迹的锦江集团的采供中心

上海锦江饭店集团的物品采供经历了多次改革创新，即通过对集团所属饭店的采购供应部门的职能进行重新整合，由过去各饭店各自为政的分散采供，逐步过渡到信息共享、联手出击的集中采供，充分发挥集团的综合优势，进一步降低经营成本，最终形成适应市场经济的统一采供新体制。今天，这种“统一采供”果然初露锋芒，成为集团饭店业降本节支的一个耀眼的亮点。

具体工作由集团下属的国际饭店物品有限公司组织实施，该公司是为把饭店业采供工作逐步统一起来而组建的集采供业务的洽谈、签约、管理、协调、指导、服务等功能于一体的专业性公司。他们在集团各饭店及其采供部门的理解和支持下，大胆而又稳妥地改革旧的采供模式，使之经过“裂变”释放出更大的能量。

裂变过程之一：对集团饭店的一次性客用品、针棉织品、部分纸张等三大类物品统一采供形成批量，降低饭店的采购成本。他们在调查、摸清属于统一采供物品范围的各饭店原有供应厂商的资质、服务、价格、信誉等的基础上，选择保留各饭店比较一致、易达成共识和能接受的厂商产品及价格，予以续签或新签属于统一采供的三大类物品的合同。改革当年就平均降低饭店采购成本6.79%，第二年，三大类物品的采供成本又比上年再下降了2%。

裂变过程之二：是物品公司于1999年进一步巩固三大类49种物品统一采供业务的同时，面对饭店食品原料需求品种多、要求不一、季节性强、价格变化大、情况复杂的特点，经过反复调研，对上海地区集团所属饭店发布食品价格信息。这一有利于“集团化竞争”的举措，不仅得到各饭店总经理、厨师长的首肯，还起到了鞭策饭店采购人员加强工作责任心的效用。经过十七期的价格信息比较，参与比价的各饭店食品价格均在原来的基础上有了不同程度的下降，有的品种甚至下降了53%，还有的饭店仅食用油一个月就可节约1万多元。整个集团饭店（上海地区）的成本平均下降幅度为23.9%。

裂变过程之三：在反复听取上下意见后挑选了48项74种规格的食品，分三批实行联合采购。为能抓住重点有所突破，物品公司首先选择用量大、价值高的锦江看家菜“水晶虾仁”的原料——河虾仁进行试招评标。经过艰苦的谈判，物品公司与供应商最终达成的共24吨优质虾仁的进价，比上年同期平均下降了5.44%，比上年最高价格下降了12.98%，仅此一项就节约采供成本30.6万元。三批招评标食品共节约采供成本约85万元，平均下降饭店采购成本8.4%，为日后进一步扩大食品原料联合采购打下了良好的基础。

裂变的能量还在不断地释放。2000年以来，物品公司着手将原上海华亭集团所属饭店纳入统一采供的网络，同时引导供货厂商之间合理竞争，以价格为目的，以质量为宗旨，优胜劣汰，以利于降低饭店的采购价格。并遵循“统管不统死，统大不统小，统共性不统个性，统通用不统特殊”的原则，积极引入“联合订货采供”和“总代理、总代销”等统一采供新形式。而统一采供的范围也逐步扩大到各类矿泉水、纯净水、蒸馏水、印刷品、制服、灯泡、清洁剂和味精等十大类品种。物品公司新扩大的统一采购品种，平均价格均有所下降，如客房饮用水平均下降14.95%，味精平均下降11.47%，固体酒精等平均下降14.64%，水果平均下降19.07%。

现在，集团饭店仅餐饮年营业收入就有4亿元，但是食品原料成本支出达到了1.5亿元，如通过统一采供使之节约5%～10%，对集团的经济效益贡献将是巨大。而且，由实行统一采供而带来的观念转变，同其经济成果一样，也是集团的巨大财富。统一采供的成败关键，对于物品公司来说，在于完善管理服务机制，以服务意识、质量保证、价格优势让饭店满意。

“统一采供”初见成效，也是与物品公司重视加强自身建设分不开的。为了使物品统一采供、食品联合采购体现公开、公平和公正性，他们在总结经验的基础上制定出物品招、评标工作制度和实施细则，建立健全招、评标的组织机构、工作职责、人员组成等，逐步形成招、评标工作程度的规范性、公正性、严肃性。在加强廉政建设方面，物品公司更有明确规定，要在采购、供货过程中遵纪守法、廉洁奉公、不谋私利，在签订业务合同的同时，均须同时签订廉洁协议书作为合同附件，具备与业务合同同等的法律效力，有关礼品、礼金、有价证券、回扣等均应在明处，甚至可以在合同中写清楚。

思考题

1. 统一采供的优势体现在哪些方面？
2. 锦江集团是如何控制外部成本的？

第十二章　经济型饭店质量与安全控制

■ **本章目标**

使学习者了解经济型饭店中的质量管理，了解经济型饭店的客户服务管理，了解经济型饭店的全面质量管理的含义，理解经济型饭店的质量与安全控制中的各关键点。

■ **本章重点**

1. 经济型饭店的质量管理
2. 经济型饭店的安全控制

第一节　经济型饭店质量管理

一、执行力管理与控制点

（一）经济型饭店执行力管理系统

所谓执行力，指的是贯彻战略意图、完成预定目标的操作能力。它是饭店竞争力的核心，是把饭店战略、规划转化成为实际效益和成果的关键。

经济型饭店执行力管理系统是为了满足现代化的管理制度所提出的更新更高的要求，服务于饭店内部管理，充分利用计算机辅助管理手段所建立的操作系统。它实现了饭店从上至下，部门之间、人员之间以及员工自身工作计划的制定、落实及绩效的考核。系统将采取有效措施，实现经济型饭店的运营目标，最终提升饭店整体的执行力和核心竞争力。

管理中的执行力的问题，一直是困扰饭店发展的实际问题。如何强化与提高执行力，在饭店质量管理中就显得格外重要。具体实施可以从以下方面展开：

1. 饭店内部要建立一套强化执行力的培训机制，明确目标

常见的执行力不强或执行力不到位往往是执行人员不知道如何去执行、不清楚执行到什么标准，自认为已经执行到位，而实际上相去甚远。所以应对工作人员进行执行前的强化培训，让全体人员明白自己要做什么、该做什么、做到什么目标，这样才能目标一致、执行到位，各尽其责。

相关链接 12-1　"知行合一、文武兼备"强化企业执行力

"知行合一"。"知"乃"行"的前提，以利益为导向激发员工自律意识。当今迅猛发展的知识经济时代使得员工素质日益提高，其自我实现意识日趋成熟，"民可使由之，不可使其之"的传统观念难以适应而今企业管理民主化的潮流。员工关注的不仅埋头苦"干"，更为关注的是"干"的目的、利益，有所求是有所为的真正动力。员工个体利益与企业整体利益不尽同质，因此企业不能尽靠整体利益激励员工，诸如"企业利润翻几翻"，而且更多注重"对员工个体受益具体承诺"的激励。"利之所趋"是人们的一种普遍的心理，企业应使员工明白，制度是企业整体利益与员工个体利益价值、利益的形式转换，强制性制度约束隐含着可取利益，只要付出就有回报，从而激发员工群体的尽责意识。

文武兼备。古代兵家"先廉耻而后刑法，先起亲爱而后律其身"

的治军理念对于今天企业制度构建具有积极的借鉴意义。文而化之，“强制性”是制度自身属性所决定的，但同时也表明了企业的价值取向，本身蕴含丰富的教育意义。企业通过对员工权利意识、自主意识教育、引导，通过架构尊重人、关心人、相信人的人文环境来提高广大员工尽责意识，借以强化执行的速度与力度。

2．要对工作人员的执行结果进行及时的检查、评估和督导

当执行者明白了如何去执行，清楚执行目标后，然后才能去执行。但是，是否执行到位、是否与执行目标一致，就要有检查、监督。不但要对执行结果检查，而且也要对执行过程进行监督。这样就能在执行过程中发现执行是否正确、目标是否一致，及时发现偏差并督导执行者及时纠正。

3．提升整体执行力要营造一个良好的工作氛围与沟通环境

提升整体执行力的关键是在饭店内部建立一个有效沟通的组织氛围。整体执行力的提高，有效沟通是基础。在一个良好的工作氛围中，大家彼此信任和理解，这样才能有效沟通。有了好的理解，才会有好的执行。通过沟通，群策群力集思广益可以在执行中分清战略的条条框框。适合的才是最好的。通过自上而下的合力方使企业执行更顺畅。

相关链接 12-2　企业执行力的五个关键词

➢ **沟通**：沟通是前提。通过沟通，群策群力集思广益可以在执行中分清战略的条条框框，通过自上而下的合力方使企业执行更顺畅！

➢ **协调**：协调是手段。把内部资源协调集中在战略上，从上到下一个方向，才能达到事半功倍的效果！

➢ **反馈**：反馈是保障。我们可以通过反馈了解产品销售走势或者市场占有率等情况，以趋利避害！

➢ **责任**：责任是关键。企业的战略应该通过绩效考核来实现，从客观上形成一种阳光下进行的奖惩制度，才能不会使执行劳无用

功。

➢ **决心：**决心是基石。狐疑犹豫，终必有悔。专注、坚持这类人生信条同样也适用于管理执行方面！

（二）经济型饭店管理中的控制点

1．控制与标准

标准是衡量实际和预期业绩的尺度，控制是按照标准衡量实际完成的工作情况以及纠正实际工作中的偏差，以确保计划目标的实现。标准是控制的前提。一项经营管理活动的组织者，通过标准来检查督导下属的工作，评价实际业绩的效果。

2．关键控制点

对于一项复杂性的管理活动，组织者可以通过其亲自仔细观察所做的工作来实行控制。但是，面对有限的时间、众多的控制标准，如何选择控制点是关键的。因为掌握管理活动过程的关键控制点既能节约成本，又能扩大管理幅度，实现管理的成效。那么所谓的关键控制点就是管理控制活动中的关键性因素。美国著名管理学家哈罗德·孔茨和海因茨·韦里克认为，这些关键因素包含两方面的含义，一是该项活动中的限制性因素，二是对该项活动明显有利的因素。选择好关键控制点，消除或削弱其限制性因素，发挥其有利因素的功能是管理活动的重要原则。

3．客房现场管理的控制点

客房现场管理是指客房管理人员亲临服务现场，对客房服务工作进行分工、督导、检查、决策等活动。客房服务工作是饭店全面质量管理的重点，它以客人的需求为中心，以物质设备为凭借，以对客服务为直接表现形式，向客人提供安全、清洁、舒适的休息空间。具体来讲，客房现场管理是管理人员对客房服务员正清扫或清扫完毕的房间进行及时的检查。设备完好情况、清洁卫生、物品摆设、房间布局、住进客人后的小整理及物品补充等情况，都是现场管理控制点。

客房现场管理一般采用三级检查制度：客房服务员完成定额客房清洁工作后，由领班全面检查，主管层层抽查，经理重点抽查，以此确保客房服务的质量。但客房服务工作面广、工序多，内容琐碎，并且随意性大，标准无形，差异性大。又会受客人的情绪、个人癖好、意外情况和即时需求等因素的影响。面对存在的众多控制点，客房的管理者每天必须检查每一项环节、房间每一角落，耗费了大量的精力但往往得不到客人的满意。究其原因是因为在客房现场管理中，管理者没有突出重点，建立长期的关键控制点绩效考核体系。建立关键控制点绩效考核体系能及时防止服务员质量意识的弱化，强化从细小的事情体现饭店的全面质量管理。启发服务员对清洁卫生的责任感，时刻提醒其卫生盲点，又使其从繁忙劳累的工作中解脱出来，从而创造性地完成工作，是基层管理者必须每日关注的问题。

从某种意义上讲，把握好关键控制点是推进客房现场管理，实现生产力要素的合理配置，促进现场管理、专业管理和总体管理达到整体优化的有效手段之一。

4．选择关键控制点的原则

（1）适度性原则　关键控制点的选择应使客房主要工作和事务得到正确的管理，即要求这些关键性因素要符合客房服务工作的规范，使服务控制标准具体的内容得以实现。这时的控制点是建立在饭店设备、设施状况之上的，任何过分的要求将无助于管理工作的开展。重点是能让无形的标准体现为可实现的要求。

（2）及时性原则　关键控制点的选择应能及时反映并发现问题。客房现场管理中的关键控制点以偏差出现的预防为依据，在客人没有进入房间、没有因为某一服务缺陷而引起影响其满意度之前，问题就被及时地发现，并在损害发生之前及时地解决。

（3）全面性原则　关键控制点要能全面反映并说明绩效水平。客房现场管理的目的在于向客人提供全面服务质量的保证。因此，关键控制点的选择范围尽可能地广泛、细腻。

（4）维护性原则　关键控制点的选择要以维护客房良好状况为原则，保证客房服务工作的高效。对于不能在现场及时解决的因素要另选择时间进行处理。比如由于空调失调，一旦报修后不能及时修好的房间要记为维修房，禁止出售。

5. 选择关键控制点的方法

（1）按时间段来确定

客房管理者在督导活动过程中，在某一时间段（比如一周）重点突出众多控制点中的某一二项。这一二项就作为该时间段中的关键控制点。比如第一周突出检查卫生间地板的清洁程度（地板头是否有污迹、花岗岩地板是否积水、地板是否有头发等），第二周突出检查房间照明设备的完好程度、清洁程度等等。在对这些项目进行控制时，要特别严格，能给服务员留下深刻的印象。过一段时间后有必要进行再循环。该种方法有利于提醒员工，不能放松任何一个卫生盲点和服务环节，因为饭店内没有“非服务区”。长期坚持，能使现场管理经常化、制度化以保证服务质量的逐步提高。

（2）按物品或设备的暴露程度来确定

客房客用品的摆放、枕巾的干净度、卫生间地面是否有头发等等这些显而易见、往往又能引起客人敏感的地方和物品常常是一般控制点选择的项目。而不显眼墙角、床底、浴室帘布、不锈钢挂杆等地方的清洁程度又能体现出饭店对客人的呵护程度，饭店管理和服务的整体素质。因此，有序地选择这些地方为关键控制点能让客人不会因为一个小小的卫生死角而影响其对饭店的满意度。当然，运用该方法，应该注意到定期性适度原则，要合理地安排，循序渐进地进行，以免给员工增加无谓的负担和过大的精神压力。

（3）按特殊用途来确定

在客房服务中，服务员常常因为某些客用品小和少，而忽视没有给客人或者少给客人。比如针线包、信纸（或者信纸少后没有及时补够）、垃圾袋等等。但正是这些小客用品才能体现饭店是“家”的内涵。因此确定有特殊用途的物品或设备为关键控制点有特殊的意义。该方法尤其适用于新员工。同时也有利于树立员工认真、负责、细腻、体贴的工作态度。

（4）按操作程序与工作流程来确定

客房服务过程是一个标准化的过程，服务的标准化有利工作效率的提高。客房服务的各种操作程序与工作流程主要有：清洁客房次序

（优先打扫房→空房→走客房→住客房）；进房程序（轻按门铃三次，报身份→用钥匙开门→房门开启三分之一时再报身份→敞开房门进房清洁）；清扫住客房的程序、铺床程序、夜床服务程序等等。管理人员在进行现场督导时，以操作程序与流程为关键控制点，有利于培养员工的标准化意识，促进员工在标准化的基础上提高服务技能和服务技巧。

总之，管理者应根据客房服务的特点和本店存在的问题，正确选择和调整关键控制点，使客房现场管理达到目标明确、工作高效、质量全面的水准。

相关链接 12-3　如家快捷的“管理圣经”与执行力

在如家快捷酒店，所有管理细节要求都有据可查。它们统统被写在 16 本厚厚的如家快捷酒店“运营文件汇编”里。其内容囊括了从服务、管理、硬件到客房等你几乎能想到的一切关于酒店运营的细节标准，从台风应急预案到台面胡椒瓶如何摆放的大小事情都有规定。其中的餐厅服务手册就有 105 页，而管理手册则有 132 页。这 16 本手册，如家快捷酒店的雇员人人必看，力求做到有关规定烂熟于胸，而且还要每月就此考试——如家 CEO 孙坚称之为“我们的管理圣经”。

从某种程度上说，如家快捷酒店致胜的秘密，就在于员工对这 16 本“圣经”“奉若神明”后产生的执行力之中。一位刚刚从别的酒店管理公司跳槽到如家快捷酒店的中层管理人员说，酒店业中的规则大同小异，其根本差异就在于员工能否照做。在他看来，如家快捷酒店的这些规则未必最全最细，“但却是最实用和可执行的”。如家快捷酒店从外面招聘来的中、高层管理人员几乎个个有星级宾馆部门主管的职业背景，这些酒店业的老手一致承认，“如家快捷酒店的执行力优于他们见过的任何酒店”。他们由此也很为自己的选择得意，因为，“从如家快捷酒店出来的人现在在市场上很抢手”。

这 16 本“圣经”是在 2004 年下半年逐渐一点一点汇编成型的。

从诞生起，它们就有专门的小组维护，每半年还会在全公司开会吸取各个部门的意见改进一次，保证其适应市场变化。

2004年底到2005年年初，这些手册定型之时，也是如家快捷酒店发展历史上的关键时刻。当时，如家快捷酒店在全国刚刚发展到将近30家酒店，基本完成在北京、上海和长三角其他城市的布点，有了一定品牌知名度。也就在2005年1月，现任CEO孙坚加入。这些“苦其心智、劳其筋骨”的打基础工作，为如家快捷酒店后来的发展完成了关键的“第一层修炼”。

孙坚成为力促如家快捷酒店“管理圣经”成型的主导者。来如家快捷酒店之前，他是建材零售业巨头百安居的中国区副总裁；在百安居之前，他还在泰国正大集团旗下易初莲花超市待过。外人可能会奇怪，孙没有酒店管理经验，却为何被如家快捷酒店董事会选中。事实上，正因为孙坚丰富的连锁经验，才使他成为最适合为如家快捷酒店“开动复印机”的人（他上任第一年，如家快捷酒店就新增42家店，比之前的总和还多）。按照孙坚对连锁的了解，如家快捷酒店将进入高速扩张阶段——连锁的精髓就在于规模效应，而如果想在大规模扩张时把风险控制到最小，就要找到一套复制新酒店的模板。“理想模板”是：一个清晰的定位，一套紧密围绕定位建立的标准操作手册以及一套有关日常运营的酒店管理系统。如此，只要资金充裕，如家快捷酒店就可以“按动电钮”，选择合适的时机和地点复制出一家家新“如家快捷酒店”。

“一张舒服的床，热水，干净整洁的房间，温馨的环境，交通相对便利”——这是击败“跳蚤窝”的方法，也正是如家快捷酒店要满足的那些在这个国家里到处旅行的普通商务人士，或者说全体费用有限的旅行者的需要（在大城市里，他们愿意负担的酒店预算在200到300元/天之间）。另外，重要一点就是，人们会希望在所到城市中遇到的酒店质量能稳定地维持在同一水平——这就是如家快捷酒店的定位。

只要翻开这16本“圣经”，不难看出，一切内容都在致力于把孙所描述的如家快捷酒店定位一丝不差地变成事实。而且，这些管理规定实现了严格的成本控制，这是经济型饭店的根本。举例来说，如家快捷酒店的人员配备只有同等规模高星级酒店的 1/4——一座 171 间房的酒店只有 60 个员工；他们连每辆客房工作车上配备多少把牙刷都有规定，力求保证客用品的成本只有 2.6 元/间夜。

这些近乎完美而精致的规定避免成为“一堆废纸”的方法只有一个：无情地推进和执行。“找出问题，用一个闭合循环的方式去解决它，这就是如家快捷酒店赖以成功的管理方法。”孙坚说。

二、服务质量与客户服务管理

（一）服务质量管理

饭店服务质量是经济型饭店的生命线，是饭店的工作中心；在饭店竞争中，最根本的是质量竞争。如果一个饭店的服务质量做得差，单只是靠饭店位置佳、营销能力强等因素期望顾客盈门，此事发生的概率几乎为零，因为它严重违反了市场规律和饭店产品原理。抓好服务质量，必须做好以下几个环节：

1. 建立质量标准和质检制度

饭店服务质量管理必须制定出明确的质量标准，但是由于饭店产品是由无形产品和有形产品组成，对于无形产品很难定出一个明确的标准。有人认为宾客满意程度就是服务质量的标准，可是宾客情况千差万别，各有各的要求，因此宾客满意程度有高有低，它不是一个明确的稳定的标准。通过对饭店各个部门各个岗位定出具体的服务规程，明确、规范饭店无形的服务，以描述性语言为质量标准，是目前可行的一种最佳方法。

质检制度是监督、检查饭店质量状况的有效手段，有了严格的质检制度才能使饭店质量标准被准确无误地执行，才能保证饭店产品质量稳中有升。

2. 强化企业全员服务意识

服务质量是一个综合性的概念，它是指饭店向宾客所提供的服务在使用价值上（包括精神上和物质上）满足宾客需要的程度，它直接影响饭店产品的市场销售。就其内容来讲，包含设备设施、服务水平、实物产品、安全保卫等四个方面，这四个方面的任何一方面质量不合格都会影响整个饭店服务产品的质量。所以，抓好服务质量必须饭店上下一齐动作，各个部门互相协作，全体员工真正树立质量第一、质量高于一切的意识，把“100-1=0”的饭店质量原则深入到每一位员工。

3. 努力提高员工素质

饭店的服务质量在很大程度上取决于员工的素质水平，因为饭店产品的生产、销售、消费三者是同时进行的，生产者与消费者直接见面，所以员工的素质水平也成了饭店产品质量的一个组成部份。为此，通过培训和思想教育，不断提高饭店广大员工的技术水平、服务态度和精神面貌是饭店质量管理的重中之重。

4. 利用质量反馈信息，不断完善、提高服务质量

任何成功企业的产品都有一整套完善的产品质量信息反馈系统，利用反馈信息，不断改善自身产品。饭店产品也同样需要反馈质量信息，对存在的服务缺陷进行针对性的培训。另一方面，信息反馈还可以及时了解宾客的个性需求，为这些宾客提供个性化的服务。这既完善、提高了服务质量，同时也有利于饭店不断提高自身服务质量标准，以适应市场需求。毋庸置疑，一个饭店在激烈的市场竞争中要站住脚，决定因素很多，但最根本的就是产品质量；而要抓好产品质量，质量管理工作的成败是关键。只有在制定明确的质量标准和严格的质检制度的同时，全面强化全员服务质量意识，努力提高员工素质水平，以准确的质检反馈信息为依据，才能不断改正产品缺陷，达到保证和提高产品质量的目的。

（二）客户服务管理

国内酒店目前缺的不是微笑，不是豪华的大堂和舒适的房间，恰恰缺的就是个性化和人性化的服务。而要提高管理服务水平，尤其是客户服务管理水平，远不是花钱买设备就能解决的，它需要的是日积月累的经验，以及不断自省的持续改进。这也是提高酒店整体竞争力的必由之路。

酒店管理者所管理和销售的不仅仅是商品，他们还将服务作为一

种个性化体验来进行管理和销售，并且做好充分的准备来打造和营销其产品以满足客户的需求，与客户建立长期、忠诚的关系。这种客户关系管理即为客户服务管理的核心内容。大部分企业的经营符合“帕列托 80 / 20 规律”，即 80%的营业收入来自 20%的老客户。市场营销又有一“新老客户说”：开发一个新客户的成本是老客户的 5 倍，丢失一个老客户的损失要用十个新客户来弥补。面对连锁经营的饭店和跨国饭店集团的冲击，一些饭店特别是单体饭店的老客户在不断地流失，这些饭店必须采取有效措施，建立客户关系管理系统，实施客户关系管理，形成自己的市场营销网络，留住老客户，开发新客户，这乃是饭店营销工作的当务之急。

要实施客户服务管理，首先我们在观念上要有所突破，即把客户看做是饭店宝贵的外部资源，并尽可能地纳入有效的控制范围内。在营销管理观念上要实现几个转变：

- 从注重一次性交易转变为注重与客户保持长期的关系；
- 以提供服务功能为核心转变为以高度重视客户的利益为核心；
- 把服务质量是前台服务部门过问的问题转变为是饭店所有部门都要关心的问题；
- 把以客房、餐饮等部门各自销售的形式转变为由饭店统一管理的整体营销机制。

只有这样饭店才能有意识并主动地追求以增加客户价值为中心，尽可能有效地满足客户的个性化需求，从而改善客户关系和提高市场竞争能力。饭店前台主要业务在规范化、标准化、制度化和信息化的基础上再建立运行客户关系管理系统的机构，该机构可称“客户关系管理中心”或“客户服务中心”，该中心隶属饭店统管营销的部门。主要职能大致如下：

1. 应用电子信息（IT）技术，建立客户关系管理系统或购置现成的软件系统

实施饭店客户关系管理需处理大量的数据和信息，完成这一复杂的工序，光靠人工操作而没有 IT 技术的支撑是不可能的；因此要在已

有的饭店前台系统的基础上建立网络化的客户关系管理系统或者购置现成的软件系统。在购置软件系统时，要求开发商提供数据接口，使购置的软件系统与原有的饭店网络系统建立无缝的连接；否则大量的客户资料还需手工输入，使效率大为下降。

2．分析已有的客户资源，制定相应措施

对饭店电脑系统存储的客户信息进行分析， 分析时要遵循帕列托 80 / 20 规律，在已入住过饭店的茫茫人海中抓住主要矛盾，把精力放在对饭店贡献最大的 20% 的客户上。根据客户在饭店的消费金额用“客户金字塔”法来分类，将客户群分为 VIP 客户、主要客户、普通客户与小客户等 4 种。

➢ VIP 客户：是金字塔中最上层的客户，是指在特定的时间段内，消费金额最多的前 1%客户。

➢ 主要客户：是指客户金字塔中，包括 VIP 客户，消费金额最多的前 5%客户。

➢ 普通客户：是指包括 VIP 与主要客户，消费金额最多的 20%客户。

➢ 小客户：指除上述三种客户外，剩下的 80%客户，这部分客户对饭店的贡献不大，可以忽略。

用以上方法分析和掌握了客户层级的分布之后，饭店的营销部门就可认真规划，根据客户不同的价值制定相应的关怀和优惠措施，一方面可留住有价值的老客户，另一方面可提高这些客户对饭店的满意度和忠诚度，吸引他们多来消费，保持或升级成为金字塔的上层客户。

3．建立完整的消费客户档案

在分析了客户对饭店的贡献大小后，应对消费金额最多的 20%客户建立完整的客户档案，客户档案分常规档案、预订档案、消费档案和个性化档案等四类。建立客户档案目的是使饭店能分析和掌握目标市场客源的基本情况，制定相应的营销策略和建立合适的销售渠道，同时也掌握了客户的个性化需求，为提供“1 对 1”的个性化服务打下基础。为保证客户档案的完整性，在系统设计时，要充分考虑到客人入住登记或消费记录等信息的详尽，不足部分要由专人补充录入客户关系管理系统。

4. 在电子商务活动中收集客户信息

目前不少的饭店通过网络订房公司、旅行社或异地的饭店进行销售，但彼此之间的业务往来多是采用电话、传真等传统的方式，繁杂重复的工作很多，故建立客户档案更是困难。饭店可应用互联网技术完成业务的往来，甚至在网上支付，逐步实现企业对企业（B2B）的电子商务活动。这样客户关系管理中心的人员就可在完成预订业务的同时通过饭店的网络系统把客户信息转入客户关系管理数据库，在本饭店网站预订的客户信息也可同样处理。应用IT技术收集客户信息，管理效率将大大提高。

客户服务管理的实施可以提高管理效率、保留客户和拓展市场，并建立了饭店自己的市场营销网络。有关资料表明，成功地实施了客户关系管理的酒店，客户的满意度增加20%，销售和服务的成本降低21%，利润增加2%。客户服务管理是现代企业营销策略中的重要组成部分，也是一种市场营销手段，它是通过应用客户关系管理系统来实施的。但客户服务管理系统不是一种单纯的电脑软件，而是一个人机系统，能否顺利实施，除需有好的软件外，还取决于饭店的人和饭店的整体营销机制。因此，要获得成功，饭店决策层的重视、支持是必不可少的。

相关链接 12-4 经济型饭店的服务方式创新

首先需指出，酒店服务方式的创新是一个相对概念，主要是指相对于酒店服务的标准化、规范化、程序化而言的。经济型饭店服务设施不如高星级酒店齐全，所以对客人的服务方式更要求真务实，要围绕“方便”二字去开展。如可实施“一站服务”、“目的地服务”模式。即客人入住酒店后，其需要提供的服务和对酒店的不满，只通过酒店服务中心专门电话便可得到解决；凡客人入住酒店后，酒店可为客人提供目的地延伸服务；如为提高结账速度，可尝试免查房制度。我们所订的查退房制度，本意是怕客人遗留物品和迷你吧的消费，但一些酒店却是查客房物品少了没有。我们不能为防百分之一的人而去冒犯99%的客人；如我们要落实《酒店管理模式》规定的总经理定期大堂值日制度，总经理亲自征询和倾听客人的意见和建议，总经理和部门经理定期到下属岗位轮值制度等，是对客服务和提高管理效率的可行办法。

三、全面质量管理 TQM

全面质量管理（Total Quality Management，简称 TQC）起源于20世纪60年代的美国，首先在工业企业中应用，后又推广到服务性行业，取得了良好的效果。它是把经营管理、专业技术、数据统计和思想教育结合起来，形成从市场调查，产品设计、制造直至使用服务的一个完整的质量体系，使企业质量管理进一步科学化、标准化。日本在推行全面质量管理中取得了卓越的成果，并使之又有了很大发展。我国在 1978 年引入目标管理等的同时引入了全面质量管理的方法，并首先在工业企业中推行，后又将其引入商业、饭店业等服务性行业，现已在各行业得到广泛的应用，并取得了较明显的成效。

（一）饭店全面质量管理的概念

饭店全面质量管理是指饭店为保证和提高服务质量，组织饭店全体员工共同参与，综合运用现代管理科学，控制影响服务质量的全过程和各因素，全面满足宾客需求的系统管理活动。它要求以系统观念为出发点，通过提供全过程的优质服务，达到提高饭店服务质量的目的。

（二）经济型饭店全面质量管理的特点

1. 全方位

如前所述，饭店服务质量不仅包括有形产品质量，还包括无形产品质量。既有前台服务质量，又有后台工作质量。所以，饭店服务质量包括饭店工作的各个方面。全面质量管理就是针对饭店服务质量全面性的特点，对所有服务质量的内容进行管理，即全方位的管理，而不是只关注局部的质量管理。

2. 全过程

因为饭店服务质量构成内容的全面性，且饭店服务质量是以服务效果为最终评价的，所以，影响服务质量的因素是全方位的。既有服务前的组织准备，又有服务中的对客服务，还有服务后的善后处理，这三者是一个不可分割的完整过程。而饭店服务质量管理正是对此全过程的管理，形成了全面质量管理有别于传统质量管理的两个观念：其一是预防为主，防患于未然，服务质量管理的重点从“事后把关”转变为更重事先预防。事实上，饭店服务出现问题，其事后的弥补是非常困难的。其二是要求饭店内部树立“如果你不直接为客人服务，那么，你就应为为客人服务的人服务”的观念，即强调工作的下一个环节就是你的客人，就是你服务的对象，你必须努力让其满意，最终使得饭店服务过程中的每一个环节都符合饭店质量管理的要求，即全过程管理。

3. 全员参与

饭店服务基本上是通过员工的手工劳动来完成的，因此，饭店中的每位员工及其工作都与服务质量密切相关。而且饭店所提供的优质服务也不仅仅是前台人员努力的结果，同时也需要后台员工的配合才有保障。所以，全面质量管理要求全体员工都参与质量管理工作，并把每位员工的工作有机地结合起来，从而保证饭店的服务质量。所以说，饭店服务质量管理是全员性的管理。

4. 方法多样化

饭店服务质量的构成丰富，且影响质量的因素复杂，既有人的因素，又有物的因素；既有客观因素，又有社会、心理因素；既有内部因素，又有外部因素。要全面系统地控制这些因素，就必须针对具体情况采取灵活多样的管理的方法，才能使宾客全面满意。因此，全面质量管理要求饭店管理者能够灵活运用各种现代管理方法，从而提高服务质量。

综上所述，全面质量管理是饭店以顾客需求为依据，以宾客满意为标准，以全过程管理为核心，以全员参与为保证，以科学方法为手段，运用全面质量管理的思想和观念推行的服务质量，它是达到饭店预期的服务质量效果的一种有效的管理方法。

相关链接12-5　莫泰连锁酒店注重品牌的质量建设

质量不是终点，质量是旅程。酒店品牌的成功并不是一时技巧的运用，而是有赖于持久的战略计划和精细质量体系的实施与保障。质量管理的标准化是为了使我们所提供的服务更加个性化。首先，莫泰在设计产品和服务时就考虑到顾客的需求。其次，要建立独特的品牌形象。莫泰品牌最基本的形象就是“时尚、亲和、实惠、随意”。再次，随时掌握国内外行业发展动态和顾客的需求趋势。当今世界发展日新月异，顾客需求也不断更新，如果不能及时跟踪和适应行业发展态势和顾客需求趋势，开发设计出独特的产品和服务，品牌的核心竞争力就会完全减弱甚至消失。莫泰连锁旅店以建立质量检查和绩效考核机制，通过自查、互查、总查、暗查、专查等方式，有效监控服务与产品质量的标准化、规范化和专业化。

莫泰连锁酒店自成立之始就坚持“安全、便捷、卫生、温馨”的规范服务，积极追求品牌经营。汽车旅馆作为一个服务行业，服务质量的高低，在很大程度上决定其兴衰成败，从某种角度看，服务比生产或销售更重要。

莫泰连锁酒店坚持将一流的服务贯穿于预订、入住到结账、离店的全过程。设立预订中心与客服中心，开通网络预订、短信平台，采用最先进的管理软件和最完备的预订系统，实现顾客在预订过程中可以直接知道预订酒店的入住房号，为顾客提供“点到点”一站式服务；莫泰坚持设计指导标准，不开设地下室客房和暗房，不惜减少黄金区位的有效使用面积，在建筑物的有些部位开通采光天井，确保所有莫泰连锁酒店客房全部实现自然采光，设立一定规模的停车场地，确保顾客的停车需要；开设融合欧陆风格的“美林小厨”，为顾客提供全天候服务；设施设备价格成本比较，始终坚持从顾客出发，全部选用同类设施中较好的国际品牌产品，如热水器用美国的史密斯、电梯用日本的日立、空调用日本的松下、电话交换机用法国的阿尔卡特、门锁用非接触感应的。虽然成本上去了，但顾客安全了、方便了，也就对莫泰的服务满意了。

莫泰还开通卫星电视和 VOD 点播系统，在大堂设立手机充电器、自动售货机、无线/有线上网平台等。尽可能为顾客提供全方位的服务，加大品牌的服务支持。还从树立“品牌就是服务”、“顾客就是上帝”的意识做起，莫泰连锁酒店建立了一套完整的、规范的服务体系，通过提高服务的品质来实现以服务托品牌、以服务创品牌。

（**资料来源**：莫泰连锁旅店品牌发展战略选择. 饭店世界，2005年第 6 期）

第二节　经济型饭店安全控制

饭店安全控制意义大、范围广、要求高，要做好这项工作，必须抓住重点。一般来说，安全控制主要应抓好控制范围和关键点。

一、安全控制范围与关键点

（一）客人安全控制与管理

饭店对客人安全负有责任，因此在合理范围内，应保护客人免遭人身伤害，保护其财产安全。饭店在安全控制应在以下几个方面采取措施：

1. 入口控制

饭店不宜设多处入口，应把入口限制在能控制的大门。饭店门卫应接受安全训练，能够识别可疑分子的活动。同时应用现代化设备安装闭路电视摄像器等，有专职人员进行监视。

2. 电梯控制

在大多数饭店，电梯是到达客房的主要通道。应在电梯口设立服务员，不仅疏导客流，而且须接受安全训练，对可疑人物进行监督；同时通过电梯里的监控系统监视可疑人员。

3．客房走道安全

派遣安保人员在客房走道中巡视，及时发现和处理可疑情况。同时要求服务员随时注意可疑人及不正常情况，并及时汇报。

4．客房安全

客房安全是饭店安全计划的主要内容，应从客房设备的配备及有关部门的工作程序设计两方面来保证客人的人身及财物安全。

5．客房门锁与钥匙控制

客房门锁是保护客人人身及财产安全的关键。坚固安全的门锁和严格的钥匙控制是客人安全的重要保障。饭店管理部门应结合实际情况设计客房钥匙发放、保管及控制的程序，以保证客人人身及财物安全。

6．旅客财物安全保管箱

我国法律规定，饭店必须设置旅客财物保管箱，并要建立一套登记、领取和交接制度。旅客财物安全保管箱应放置在使用方便、易于控制的场所，未经许可的人不得入内。

7．客人伤病处理

饭店应有各种措施预防客人受伤病之苦。一旦客人受伤或生病，饭店应有紧急处理办法及能胜任抢救的人员。

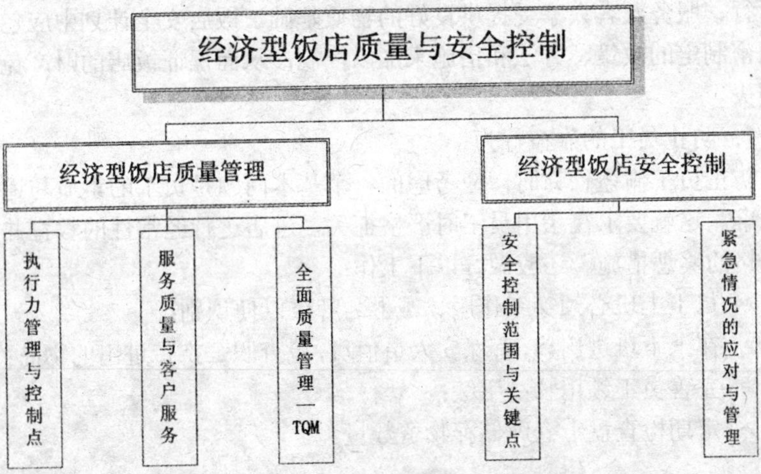

（二）员工的安全控制与管理

饭店有法律上的义务及道义上的责任来保障员工在工作过程中的安全。如果因饭店忽视员工安全，未采取保护及预防措施而造成了员工安全事故，饭店负有不可推卸的责任。因此员工安全是客房安全管理的组成部分。具体来看，员工安全保护和预防措施主要包括以下几个方面：

1．劳动保护措施

各个工作岗位要制定安全操作标准，在技术培训中涵盖安全工作和安全操作的训练，定期检查及维修工具与设备，确保员工使用安全。

2．保护员工的个人财物安全

在员工进出口，有保安人员执勤，防止外来不良分子进入；提供个人储藏箱，避免个人物品的丢失。

3．保护员工免遭外来的侵袭

在服务岗位的工作人员，有可能遭到行为不轨客人的侵扰，饭店工作人员应及时协助解决，避免员工遭到进一步伤害，同时通知保安部门酌情处理。

（三）财产安全控制与管理

饭店是拥有大量财产及物品的企业，这些财产及物品为饭店的正常运行、服务及客人享受提供良好的物质基础。饭店安全计划中应包括周密制定的政策、方法和措施来加以控制，从而保证饭店的财产免遭损失。

1．防止员工的偷盗行为

防止员工偷盗行为时，应考虑的一个基本问题是员工的素质与道德水准。这就要求在录用员工时严格把关，进店进行经常性的教育并有严格的奖惩措施。还应做好以下工作：

- 员工上班必须穿工作服、戴上名牌，以便识别；
- 在上下班进出口，有保安人员值班，检查职工携带进出的物品；
- 完善员工领用物品手续；
- 定期检查盘点仓库储存物资数量。

2. 防止客人偷盗行为

“人上一百，形形色色”，住店的客人一多，难免鱼目混珠，有少数客人未经许可就拿走（偷盗）客房内的物品，以及逃账及冒用信用卡、支票等欺骗行为，酒店应采取相关的措施来预防：

➢ 将有可能成为客人随手拿走的目标物品，印上酒店的特殊标识；

➢ 出售客人可能感兴趣的一些酒店物品；

➢ 在打扫房间时检查房内物品是否丢失。

3. 防止外来人员的偷盗行为

一些来历不明直接进入酒店的不速之客可能是我们酒店员工需要重点关注的，因为外来的不法分子往往混入其中，乘机偷盗。我们可以采取的防范措施主要有：

➢ 加强入口、楼层过道及公共区域的控制，防止外来分子伺机作案；

➢ 不在没有安全设施的公共区域放置有价值的物品；

➢ 外来办事人员只能使用员工入口，并必须经保安人员问明情况后方可放行。

（四）消防安全计划与管理

消防工作主要包括火灾的预防和警报、火灾事故的处理。饭店应贯彻“消防为主、防消结合”的方针，切实采取有效措施，以达到“消除火灾、控制火警、确保安全”的目标。

1. 消防安全告示

在客人一入店时就应当告诉客人防火安全知识和火灾逃生办法，一般是在房门背后安置饭店的《火灾紧急疏散示意图》，指导客人在紧急情况下如何逃生。

2. 火灾警报

饭店一旦发生火灾应先报警，报警分为两级：一级报警是在饭店发生火警时，只向消防中心报警，其他场所听不到铃声，以免造成整个饭店的紧张气氛；二级报警是在消防中心确认店内已发生了火灾的情况下，向全饭店报警。

3．火灾发生时各部门应采取的行动

每个饭店应按照本饭店的布局和规模设计出一套应急方案，保证在发生火灾时，所有员工都能够保持冷静，并做出正确的反应。

二、紧急情况的应对与管理

一家饭店纵然防范很严，也难免会出现一些诸如打架、卖淫、盗窃等违法犯罪活动。所以，饭店除加强预防外，还必须制定处理突发事件的有关规定，如报警、现场保护、急救、事故档案等，以便把损失降到最低程度，并为破案创造有利的条件。

本章小结：

1. 关键术语

执行力　执行力管理　控制点　服务质量管理　客户服务管理　全面质量管理 TQM　安全控制

2. 逻辑框架

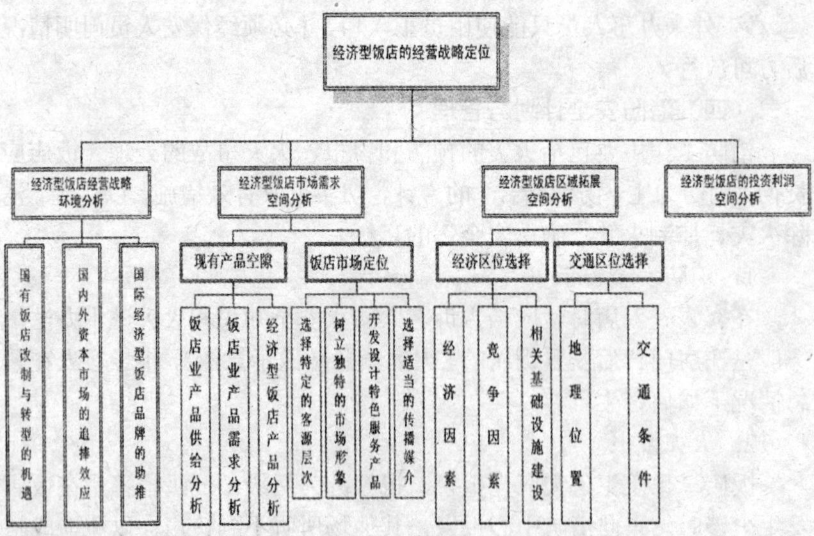

案例讨论

格林豪泰打造完全绿色环保商务经济型饭店

为了实现“2008绿色奥运”理念，北京对现有的几百家星级酒店和社会酒店提出了环保改造计划。目前很多星级酒店都在大兴土木进行装修改造，以达到环保酒店的标准。

携巨额海外投资和先进酒店管理经验来到中国的格林豪泰酒店连锁，从2004年创建第一家酒店以来，一直坚持严格按照环保标准进行设计、施工和质量验收。“超健康、超舒适、超价值、超期望”是格林豪泰的品牌核心价值。将“超健康”放在首位，就表明了格林豪泰对于绿色环保的重视。为了真正达到“超健康”这一目标，并在节约资源等环保方面贡献自己的一份力量，格林豪泰在京边开新店边进行了不懈的努力。从2007年8月开始，格林豪泰在京首批7家酒店陆续开业。为了充分体现“绿色奥运、绿色北京”的倡议，所有酒店都按照“节能、节水、环保、室内健康”标准来设计，打造完全绿色环保商务经济型饭店。

目前酒店内所有的墙面漆和木漆都选用最新、无刺激的环保漆。在客房用品上，也是全力主张简洁舒适。房间内摆放的是全实木家具，安全、牢固、无异味，符合高标准的居住要求；酒店安装的全部是国际知名品牌空调，冷暖强劲，噪音非常低，不影响客人宝贵的睡眠环境。客房内全部采用高密度、白色全棉的布草，大大降低了污物附着在布草上的可能。在格林豪泰很难看到塑料用品的身影，因为酒店将客房传统的塑料洗衣袋改成布质洗衣袋，做到了循环使用；同时把一般酒店中使用的一次性塑料纸杯都换成白瓷 MARK 茶杯附杯盖，安全，耐高温，无毒害。以上种种，无不从细节之处体现环保意识。

资料来源：最佳东方社区《酒店论坛》2007.10.26

思考题

1. 格林豪泰酒店连锁所致力打造的完全绿色环保商务经济型饭店与一般经济型饭店的主要区别是什么？

2. 格林豪泰酒店连锁如何对自己设定的完全绿色环保商务经济型饭店进行全面质量管理？其中突出了哪些关键控制点？

第十三章　中国经济型饭店的发展趋势展望

■ **本章目标**

了解经济型饭店的发展趋势，以及它对中国饭店业和旅游业所能产生的有利影响；了解未来经济型饭店可能产生的分化，即存在形态；了解经济型饭店在我国目前的发展状况及存在的问题，掌握经营管理的方法，对经济型饭店这种对构建和谐社会起到推进作用的新型酒店业态有一个相对全面的理解。

■ **本章重点**

1. 中国经济型饭店的未来发展规模
2. 经济型饭店对中国旅游业和饭店业可能产生的影响
3. 经济型饭店对构建和谐社会的价值
4. 经济型饭店的类型分化
5. 经济型饭店的经营管理问题与前景

经济型饭店在全球的发展经历了四个历史阶段：萌芽与发展初期，蓬勃发展时期，品牌调整时期，重新发展时期。经济型饭店（Budget Hotel）是相对于传统的全服务酒店（Full Service Hotel）而存在的一种酒店业态，价格优势比较明显，它会大大降低投资成本，既经济又简约，酒店规模比较小，设施方面相对比较简单，在不同的地区处于不同的历史阶段。

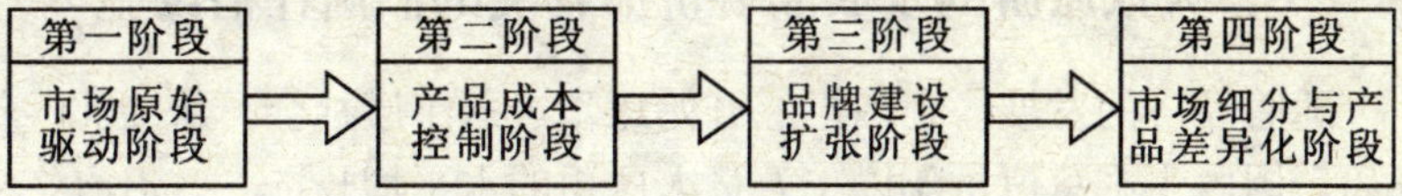

图 13-1　经济型饭店的四个主要发展阶段

进入 21 世纪，经济型饭店进入了新一轮快速发展时期，主要表现在经济型饭店在发展中国家的市场开拓和本土品牌的发展。例如在中国、东南亚等地区，经济型饭店的扩张非常迅速。目前，国际排名前 10 位的酒店管理集团已有 8 个进入了中国。国内几家经济型连锁酒店也加速扩张，有的品牌扩张速度达到 200%～300%的增速，竞争呈现白热化。

从2007年起，业内有一部分人认为中国的经济型饭店过剩了或者说竞争过于激烈，这只是从某些方面或者某些地区而言，但是就整个中国来看可能事实并非如此，因为随着经济的活跃、社会的进步，经济活动和交流的需要，市场对酒店的总需要仍是不断上升。目前，很多消费者还没有真正认识到经济型饭店的价值，消费者尚没有通过正确的引导认识到经济型饭店具有现代酒店的各种理念和服务，与以往旅馆客栈那种卫生安全堪忧的情况完全不同；同时经济型饭店又不是像某些星级酒店那样过度追求豪华全方位服务，而这些却又恰恰是消费者并不需要或不愿意为之付费的。这就是经济型饭店在中国所处的客观市场环境。中国还有大量的中小城市没有经济型饭店进入，并且夹在星级酒店和旧式招待所和社会旅馆的中间部分没有合适老百姓的切合点，这就是经济型饭店未来成长的巨大发展空间。

第一节　中国经济型饭店的未来发展规模

经济型饭店的发展是在大众消费刺激下发展起来的。究其原因，经济型饭店发展的市场动力来源于三个方面：

一、大众旅游的发展需要价廉物美的酒店住宿设施

随着经济的发展，中国已经开始逐步进入小康社会。从 2000 年开始，国内生产总值每年以 1 万亿人民币的水平增长；一些沿海经济发达城市的人均 GDP 超过了 3000 美元；中国的国内旅游总人次超过了全国总人口的 60%，已经基本上达到了大众旅游的标准。中国经济发展为国内旅游奠定了一个广大的市场基础，为大众旅游时代的到来拉开了帷幕。

与大众旅游相伴而生的是相应旅游设施的改进和旅游行业结构的调整。改革初期，酒店业的发展集中于高星级酒店，这与国家大力发展入境旅游相吻合。然而，随着国内消费力量的增强，国内大众旅游市场井喷增长，需要符合国内旅游者需求和经济实力的旅游配套设施。而价格适中、质量上乘、服务优质、品牌知名的中低档酒店数量很少。因此，受每年高达 10 亿人次以上的国内大众旅游的推动，我国的经济型饭店市场蓬勃发展。

二、日益繁荣的经济推动商务旅游发展，产生对经济型饭店的巨大需求

近年来，世界经济的发展和全球化进程的加快，国与国之间和国家内部的商务往来日益频繁，商务旅游在全世界迅速发展起来。据统计，2000 年全球商务旅游收入已经超过 4000 亿美元，并且每年以超过 8%的速度递增。2003 年在中国境内活动的国际、港澳台和国内商务游客人数达到 1.16 亿。据世界旅游组织估算，中国的商务旅游目前年支出在 103 亿美元，在中国经济迅猛发展的背景下也正经历飞速的发展，据估计在未来几年可能以 20%的惊人速度增长。

以往，高星级饭店是商务客人的主要选择，但是在私有经济全力发展的今天，以及一些公司对差旅经费的限制，人们在进行商务活动的时候更加注重性价比的选择。一些设施设备豪华，装修考究，服务

优良，但只是提供客房和会议设施，削减其他非必需设施从而能大幅度降低价格的经济型饭店业态，开始受到商务旅行者的青睐。

三、随着入境旅游的增多，国际游客对经济型饭店的需求也逐渐上升

据国家旅游局2006年外国入境游客为2221万人次，同比增加9.7%，越来越多的国际旅游者来到中国旅游，并且自助游客增长迅速。随着国际著名品牌如雅高Ibis、圣达特Super 8、Days Inn等经济型饭店进入中国，以及中国本土的经济型饭店的发展，国际游客对经济型饭店的需求将越来越大。据旅游局所作的中国旅游业发展预测，到2020年，入境过夜旅游者为9500～13900万人次，年平均增长率为5.7%～7.75%。国际旅游组织进行的前景预测，认为到2020年，全球将有16亿国际游客，中国将有1.3亿游客入境，成为世界上第一大入境国。

相关链接13-1　经济型饭店将进入理性增长期

“经济型酒店还有数十倍的增长空间，市场远没有饱和。”在“2008中国酒店开发与融资论坛”上，两家经济型连锁酒店的掌舵者——锦江之星总裁徐祖荣和汉庭总裁季琦如是说。

1. 扩张增速将放缓　季琦认为，目前经济型酒店的数量和质量都不能满足消费者的需求，市场对品牌数量和规模的容纳度很高，再出现数十家品牌都不嫌多。徐祖荣认为，虽然涌现出许多经济型酒店品牌，但拥有百家以上连锁店的品牌并不多。

对于如家 2007 年第四季度的亏损以及由此引发的对于经济型连锁酒店出现泡沫、面临拐点的种种猜测，季琦认为这并不代表行业出现泡沫或不景气，行业还将继续增长，但增速将更平稳。“当然，前几年经济型酒店受风投追捧，不排除有人对该行业期望值过高，参与投机，使行业发展过快。”季琦认为，行业如今面临的挑战有利于将原本过快的扩张速度放缓，行业进入理性增长期。经济型酒店行业的外资同行速 8（中国）今年将继续在中国增开酒店。

与锦江之星、汉庭争相抢滩国内一线大城市不同的是，速8看好广大的二线城市和农村地区，走“农村包围城市”的扩张模式。速8（中国）总裁兼CEO柏力认为，农村地区的土地、人力成本低，是经济型酒店发展最有潜力的地方。柏力认为，此前大量运营的经济型酒店不良资产将继续退出，转而租赁给效益好的行业品牌，大量二三线的品牌将被优势品牌取代，国内经济型酒店市场还将继续洗牌。

2. 提价应对成本上升 在经历了高速扩张风潮之后，部分经济型酒店在一线城市的物业成本大幅攀升，劳工成本也同时提高，经济型酒店房价普遍面临上涨压力。实际上，几家品牌经济型酒店早已有抬价的动作。季琦表示，由于成本压力，经济型饭店客房价位将会缓慢上升，至少短期内不会有降价的可能。但经济型酒店的消费者对价格比较敏感，提价必然影响到酒店入住率。季琦表示，加上成本提高和市场进入者增多等因素，经济型酒店将面临利润摊薄的问题。尽管如此，他们对经济型酒店的前景仍然看好，目前，锦江之星和汉庭的酒店入住率都在90%左右，不过，今后很可能会随着品牌经济型酒店市场份额的缩水而下降。对此，徐祖荣表示，锦江之星两年前就已着手控制运营成本、加强科学管理，争取在入住率下降后仍保持盈利。

3. 次贷危机或影响再融资 近年来，风险投资对我国经济型酒店的高速发展贡献不菲。美国次贷危机袭来，2008年风投、私募在国内市场的投资肯定会大幅缩水，投资动作也更加谨慎，将使经济型饭店融资成本增加。季琦表示汉庭2008年的预算不会调整，并能够保持以往的发展速度，因为2008年需要的资金2007年已准备好，但融资难度加大可能影响公司2009年的发展速度。据悉，汉庭将缩减今年新开酒店的数量，原定增开150家左右，现在改为增开100家酒店，包括汉庭商务酒店、快捷酒店和汉庭客栈几种类型。但市场紧缩也能够对行业起到优胜劣汰的作用，季琦表示，经济型酒店必须苦练内功，今后完全靠资本市场的阴晴吃饭的酒店将无法存活。不过，经济型酒店此前主要是依靠资本的扩大进行扩张，很难迅速“断奶”，汉庭、七天等品牌在去年融得巨资之后，又将上市提上日程。季琦表示，尽管目前汉庭的经营业绩和规模已经符合上市要求，甚至赶超如家当年上市时的规模，但今年并不是上市的好时机，融资和企业估值都可能受影响，汉庭将另择时日上市。

（**资料来源**：根据《中国证券报》2008 年 3 月 31 日同名文章整理）

最后，借用如家 CEO 孙坚的一个比喻来表明经济型酒店的行业前景：一个玻璃瓶装满大石块的时候并非意味着玻璃瓶已经装满，这个时候将一堆小石块放进去，小石块逐渐填补了大石块间的空隙；随后，沙子还可以填补小石块的空隙；而后，水还能渗入其间。因此，只要形成科学的市场结构，经济型饭店一定会拥有自己的一片蓝海，整个酒店行业也将出现欣欣向荣的发展前景。

第二节　经济型饭店在旅游行业中的地位

一、经济型饭店对中国饭店业与旅游业可能的影响

（一）　经济型饭店将成为中国饭店业中的主要组成部分

据国家统计局统计，1999 年国内旅游人次为 7.19 亿，2005 年则增长到 12 亿人次。国内旅游的增长与缺乏品质合理、价格低廉酒店之间的矛盾，使经济型饭店市场得到了关注。这种新兴业态以快捷、安全、卫生的服务来满足普通消费者。目前，国际上以 b + b 模式为代表的经济型饭店占据着 70%的市场份额，而根据中国酒店协会的调查，我国经济型饭店的潜在市场可能高达 80%至 90%。因此，倡导和发展经济型饭店，对于中国住宿产业结构调整、进一步优化产业布局，具有重要的战略意义。国家相关部门已明确提出鼓励经济型饭店发展。

据了解，商务部正在计划制订《住宿业管理办法》，鼓励经济型饭店的发展将是《住宿业管理办法》的主要内容之一；中国酒店协会正在制订有关经济型饭店的行业界定和行业规范，为经济型饭店的快速健康发展铺路。

另外，经济型连锁酒店业在中国才刚刚开始发展，属于起步阶段，但目前中国有五星级酒店175家，三星级以上酒店有上万家，而经济型连锁酒店只有数千家，经济型饭店与星级酒店比例相差悬殊，可见经济型饭店的市场需求与发展潜力仍非常巨大。经济型连锁酒店通常采用连锁形式，以“经济”为核心，满足客人的基本需求；同时为了节省成本，经济型饭店一般位于偏僻但是交通方便的地区；这种酒店一般采用会员制，凭借集团的品牌效应以及房间和酒店的数量优势获得更多的忠实客流。例如“锦江之星”作为经济型连锁酒店发展迅速，其母公司锦江国际集团的发展战略目标为计划最终在全国范围内发展到1000家，并将在全球进行战略布局。在国家的大力支持下，迎着大量的消费需求，以连锁经营的方式，经济型饭店一定会如雨后春笋般出现在中国各地。酒店业是一个周期性的产业，它的发展跟GDP和宏观经济形势密切相关。在中国经济持续稳定发展的背景下，中国的酒店业正面临一个巨大的转折，整个行业会重新洗牌，经济型饭店将成为中国酒店业的主要组成部分。

（二）促进中国酒店业经营管理水平的改善和提高

健康发展的经济型饭店在保证优质服务的同时控制成本，能以很有优势的价格和服务来争取更大的市场，因此经济型连锁酒店将对传统酒店构成威胁。未来中国酒店业的主流只有两个，即顶级的高星级酒店与中低端的经济型饭店，而那些价高质差的酒店将最终被淘汰。高星级酒店若要力保原有顾客，就必须突出自身在服务上的竞争优势，通过提高服务质量，做好客户管理，满足高端客户的需求。所以，在高星级酒店和经济型饭店之间以及各高星级酒店之间的竞争中，一直以提高市场占有率为目标的酒店业的经营管理水平一定会不断更新发展。同理，经济型饭店迫于竞争，不断改善和提高自身的经营管理水平来提高自己在顾客心目中的影响力。由此，中国酒店业的经营管理水平将会在激烈的竞争中逐步升级。

（三）将促进中国旅游业的整体兴旺和繁荣

随着有薪假期的实施、交通条件的改善、民众收入水平的提高，国内旅游迅速发展，国内客人已经成为酒店不可忽视的客源。据统计，2000年参加国内旅游的人数比1995年增加1.2亿人次。旅游已成为一种时尚。国际旅游组织的权威预测和国内假日经济的日见活跃是最好的证明。但是大众旅游的主体并非是那些消费支出较大的群体，而是刚刚走上小康之路的普通阶层，他们热衷于外出旅游以提高生活质量开阔眼界丰富阅历，但是在外出的财务预算上不可能有较高的开支来支付高星级酒店的住宿费用，而大部分低档酒店的设施卫生、服务条件太差，又难以入住。我们知道旅游者的旅游决策通常由内因和外因等多种因素合力形成，当目的地的住宿设施的性价比不符合消费者的预期或者超出消费者预算时，可能迫于经济压力，潜在旅游者就不会转变为某目的地的顾客。所以现在缺乏的是中、外顾客需要的、符合国际标准的经济型饭店。未来需求趋势是装修朴素、干净卫生、设施便利、价位适中的经济型饭店，它将成为国内游客所看重的酒店业类型。各种符合消费者需求的经济型饭店在全国各地的建立，而住宿作为旅游者旅行费用支出的重头戏，将解决游客旅游过程中对住宿设施的需求问题，为潜在旅游者旅游决策的形成铲除一大障碍。所以，在人口基数庞大的中国，大众旅游时期，各层次和各具特色的经济型饭店将吸引大批量的游客流动，从而促进中国旅游业的兴旺和繁荣。

（四）经济型饭店将推动中国酒店业走向世界

2001年以来，我国出境旅游保持着年均29.3%的高增长率。2004年，我国公民出境旅游人数为2885.29万人次，成为亚洲最大的客源国。美国运通调查显示，2005年中国在商务旅行方面的支出约为250亿美元。随着国际贸易往来的繁荣，中国到境外去的商务人士逐年递增，这为酒店业的商务人士市场增加了份额。同时，随着中国经济的发展和人民生活水平的提高，有更多的中国人具备到国外旅游的经济支付能力，出境游客住宿的首选仍然是自己比较熟悉的酒店，通常都是本国人自己开办的酒店，因为这对他们来说文化差异不大，有一种和自己人在一起的踏实安全感。因此，中国饭店业在中国人出境游的住宿市场上有所作为。据统计，香格里拉在境外的客户20%客源来自中国，是最大的单一客源。作为迅速扩张的经济型饭店来说，连锁经营是其主要的经营模式，并且以标准化为准线扩张，这样更容易把店开到国外去，同时相比较高星级酒店来说，经济型饭店在国外市场驻扎的成本相对较低，更容易迅速扩张占领市场。所以，经济型饭店将使中国饭店业走向世界的过程缩短，中国饭店业走向世界将因经济型饭店的发展而出现曙光。

二、经济型饭店对构建和谐社会的价值

（一）旅游兴旺是社会和谐的重要表现

旅游业作为物质文明与精神文明的结晶、经济繁荣与社会发展的象征，是“一业兴而百业旺”的产业，在构建和谐社会中必然发挥重要作用。一个矛盾尖锐交错、冲突麻烦不断、贫富分化悬殊的社会，不可能有兴旺发达的旅游业；同样，一个生机勃勃、健康发展的旅游业，也必然会促进经济发展、社会和谐、人民安居乐业。 人们出去旅游是因为温饱问题都已经解决，开始追求精神层面的提升，作为社会和谐主体的人民的素质提高了，社会就走上了和谐前进的道路。另一方面，旅游业具有非常明显的社会事业性功能，可以增加就业和再就业，拉动投资和扩大内需，带动消费景气的提升，优化和改善投资环境，推动脱贫致富，实施革命传统和爱国主义教育，缓解国际贸易摩擦，促进国际友好交往等等。这些因旅游发展带来的好处关系着社会稳定的大局，潜移默化中推动了中国和谐社会的建设。

（二）经济型饭店将推动出游率的增高

宾馆饭店本是旅游生产力的重要组成部分，经济型饭店的需求最高。经济型饭店在中国应该有不同的价格、不同的服务内容以及不同的风格，这样才好适应中国不同消费者的需要。根据国家旅游局和国家统计局城市调查，调查的几千人当中平均旅游在外住宿是2.5天，平均住店消费只有八十几块钱。而现在的经济型饭店对于中等消费水平的人价位比较合适，处于100～300元之间的水平。对于多数前瞻的旅

游者以及商务客人来说它的适应面有限，所以应该有不同层次的、不同品牌的酒店，在不同的服务理念下为旅游者服务。这样不同档次对于不同人的适应性更有发展的空间。当这种能适合大多数人的经济型饭店在各个旅游目的地建立起来的时候，本来因为住宿问题得不到解决而没有作出旅游决策的潜在游客就有了更充分的理由作出出游的决定。毋庸置疑的是整体出游率的增高。

（三）经济型饭店方便了更多商务差旅

上世纪 90 年代，酒店业的发展主要集中在高档酒店。但近几年的发展显示，目前的社会经济发展时期，高端商务客人数量还有限，我国商务住宿市场呈现丰富的层次性，大、中、小企业的高、中、低管理层对应的住宿需求各不相同，很多目前选择其他酒店产品的消费群体都可能被经济型饭店所吸引，一旦经济型商务酒店的产品创新符合了某个群体的需求，则一定会产生对这个商务群体的强大吸引力。为适应国内旅游需要，发展具国际水准的经济型饭店已成为趋势。事实上，经济型饭店并不单纯是便宜，更是实惠和价值超值的一个概念，是比较简化的一个产品。对于中小企业的商务人士来说，连锁的经济型饭店给他们一个新的选择。他们到一个不认识的地方，原来是根本不能预知酒店服务质量和性价比；而现在无论到哪里，只要有自己熟悉的酒店品牌分店就能对自己可以享受何种质量的服务、什么样的价值，都比较有把握。例如，上海久悦商务酒店就是一种明确定位的经济型商务酒店产品，其客房设施借鉴了三星级商务酒店，客房装潢和设施都高于一般的经济型饭店，配备了电脑，提供免费宽带和无线上网功能，有功能比较齐全的商务中心，选址于城市商务圈内或者附近，地理位置非常便利。由此吸引了为数众多的商务客人。

（四）经济型饭店是节约型社会的典范

经济型饭店提供的是清洁卫生的客房、味美营养的早餐，交通方便但是价位适中，可以说是物美价廉，且由知名品牌连锁经营。经济型饭店提供的是简约但能满足消费者需求的优质服务，在一定程度上攫取了高星级饭店的一部分客源，但从某种意义上来说，是节约了高星级饭店奢侈建造和消费的那部分社会资源；并且从经济型饭店的经营管理上来说，因为连锁经营和集团化，将为企业节约营销成本、采购成本，节约人力资源，将外部交易转换为内部交易，节约经营成本和管理费用，对整个社会来说起到了资源节约的作用。总之，经济型饭店与目前我国提倡的资源节约型和环境友好型社会相吻合，为节约型社会树立了典范。

第三节 中国经济型饭店的未来产业形态

一、经济型饭店的类型分化

进入 21 世纪，伴随着中国国内旅游的蓬勃兴起，经济型饭店经历了井喷式的发展。低价高质、品牌连锁、标准化经营、提供有限服务的经济型饭店已经成为被广大消费者所熟悉的住宿设施。经过近几年的迅速发展，经济型饭店的发展开始步入正常轨道，该行业的投资与经营逐渐趋于理性，需求的多元化导致了市场细分的加强，一些新的产品类型开始出现。这个市场近期最为明显的特征是在商务客源市场强大需求的推动下，产生了对经济型饭店的产品创新和市场细分需求，开始衍生出种类繁多、各具特性的酒店类型。经济型饭店在中国的发展经历的时间不长，还没有出现非常细致的市场划分和多样产品。根据国际标准，经济型饭店按照目标市场来分类，有以下五种类型（见图 13-2）。但在我国，经济型饭店的产品发育还没有完全成熟，产品档次差异未凸现，各种类型之间的区别也不甚明显，很多经济型饭店的目标市场比较笼统，覆盖从商务人士到普通旅游者的大区间市场。但是，随着不同群体消费者的需求的日益分化，尤其是市场竞争的逐渐激烈，产品创新和市场细分将成为未来经济型饭店发展的重要趋势。

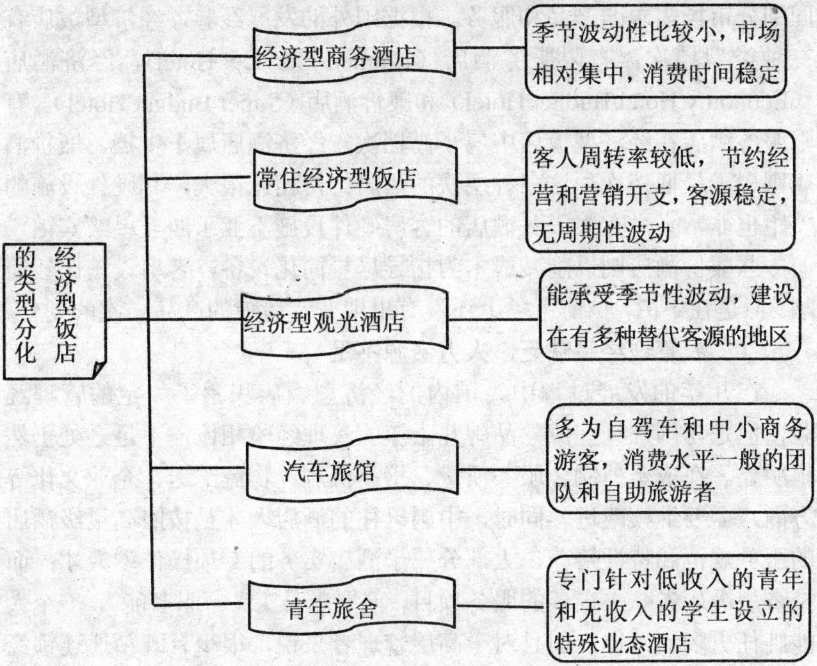

图 13-2　未来经济型饭店类型分化及主要特征

二、经济型饭店的经营管理

首先，目前中国的经济型饭店和美国经济型饭店处于不同的发展阶段上，美国的经济型饭店品牌达 150 家之多。而在国内，以北京市为例，该市包括社会旅馆在内的经济型饭店虽有 4000 多家，但纳入品牌管理的只有 30 多家，仅占总数的 1%，这与发达国家 20%至 30%的水平还有很大的距离。同时，中国经济型饭店存在诸多的问题，总结一下，有如下几点：

（一）市场细分不完全，产品层次不清晰

近年来，国内经济型饭店才刚刚起步，尤其是一些民族品牌的酒店，还没有明确的目标市场，或是对目标市场的细分工作不够细致和完全，导致了市场重叠或过于宽泛，产品设计没有层次，缺乏针对不

同细分市场需求的产品和服务。根据国外的发展经验，经济型饭店有三种类型档次：有限服务酒店（Limited Service Hotel），经济酒店（Economy Hotel/Budget Hotel）和廉价酒店（Super Budget Hotel）。有限服务酒店在经济型饭店中属于高档次，经济酒店属于中档，廉价酒店则属于最低档次。这三种层次的酒店价格相差很大，其硬件设施的差距也非常大。有限服务酒店的客房硬件设施不亚于四五星级宾馆，而一些廉价酒店则以削减成本为指导尽量简化设备，客房设施比较简陋。但是在中国，目前市场上还没有出现非常清晰的产品层次的划分。

（二）管理经验缺乏，人力资源不足

在几年的发展过程中，国内的经济型饭店积累了一定的管理经验，但是与国外一些成熟品牌几十年的管理经验相比，不足之处仍然很明显。在成本控制、服务质量、培训机制、物流配送、企业文化等方面，需要继续改进。同时，中国以往的酒店人才是按照高星级酒店的服务规范和特性培养，大部分属于酒店实务的专项操作型人才；而经济型饭店省略去很多的服务项目，但要求员工“一职多能”，一个人能胜任更多的岗位。而且对于高层管理者来说，很少有既精通连锁经营又掌握酒店管理的人才。因此，经济型饭店各个层次的人才都面临供应不足的问题。

（三）市场营销手段单一，销售预订网络不全

与国外品牌相比，中国国内的经济型饭店明显缺乏市场营销的意识和手段。尤其是一些区域性的品牌，知名度非常低，品牌形象构建也不够成功。尤其重要的一点是，除了如家快捷、锦江之星、7 天、新宇之星等少数几家酒店连锁建设了独立销售预订网络和呼叫中心以外，其他很多酒店都主要依靠专业的订房中心和旅行社来销售客房。即使是有预订网络的酒店，其预订技术和效率也不是很高，设计不够完善。

（四）非理性资产的涌入给产业带来冲击

经济型饭店的高投资回报率吸引了大量的资本，但是一些非理性资本的涌入导致了很多问题。一些低星级酒店被资本收购后改头换面冠以经济型饭店之名；一些经济型饭店的管理、经营等各个方面都存

在很大的问题；一些资本的真实关注点是地产，只想借经济型饭店之壳进入。这些现象都会搅乱这个产业原本就不是很稳定的秩序，导致一般民众对经济型饭店概念理解的混乱，并且为日后的价格竞争埋下隐患。

三、经济型饭店的发展前景

随着国内旅游业的发展，大众对经济型饭店的需求越来越强烈。能够被大众消费层所接受的经济型饭店在中国有着广阔的市场发展前景。针对以上四个问题，概括一下经济型饭店的经营管理在中国未来将呈现的三个主要发展趋势：

（一）连锁经营形式将成为经济型饭店发展的主要模式

在美国，经济型饭店的前十大品牌，占美国酒店销量的60%；而在中国，这个数据是 6%，即使连锁的经济型饭店在所有经济型饭店中的比例也还不到一半（如图 13-3 所示）。中国经济型饭店如果形不成规模、形不成品牌，未来的路就很难走。酒店品牌和集约化的经营，才是未来发展的方向。同时，连锁经营是世界酒店发展的主要趋势。英国一家投资机构对全世界酒店业进行调查和统计发现，到 20 世纪末，世界上酒店客房总数的 1/6 被 34 家酒店集团连锁经营，而欧美等发达国家的饭店总数中超过半数的都是连锁经营的。

经济型饭店在中国是一个新兴的业态，大多数投资者没有相应的经验，需要较长的学习积累过程。因此，经济型饭店的发展通常是从一些单体酒店开始的，在积累了一定的管理经验和品牌资产以后，逐渐推广连锁店。

经济型饭店采取连锁经营形式是两组矛盾发展的必然结果：一是酒店销售的空间局限性与消费者的分散性，二是酒店对规模效益的追求与个体酒店力量薄弱之间的矛盾。

首先，酒店销售的空间局限性与消费者的分散性之间的矛盾导致了酒店必须追求空间上最大散布的可能。酒店经营具有强烈的空间性，使得单个酒店对客源的吸引力受到空间距离的强烈影响。而游客的分散性主要体现在客人在城市内活动的区域呈现多中心、广范围的特性。

随着城市化进程的加快，都市型产业结构的逐步形成，城市积聚了越来越多的旅游、商务、会务功能，各个城市都经历了迅速扩张，传统的小面积的市中心已经不是城市唯一的繁华地区和客人活动的核心区域，越来越多的新区、开发区、新兴购物中心、金融中心、景点度假地区等如雨后春笋般涌现出来，各区域聚集相应的人群客流，并且，这些区域间的商务、交通等方面的交流促进了人员的流动，加剧了人员在城市中活动的分散性。所以，经济型饭店的空间局限性与客人的空间分散性构成了一个巨大的矛盾。通过连锁经营就可以扩大该品牌的酒店在某个城市的空间分布，从而有效地解决其空间局限性。

其次，酒店对规模效益的追求与个体酒店力量薄弱之间的矛盾使得酒店应该尽可能地扩大经营规模。追求利润最大化是企业的终极目标，为此，企业会采取种种措施来降低成本，提高效率。扩大生产规模是降低成本的一种有效途径。根据生产成本理论，在一定时期内，企业边际产量的提高会带来边际成本的下降。但是这种效应是有限的，超过了一定规模会导致企业效率的下降，其他长期成本费用的上升，届时的边际成本反而会随着产量的提高而上升。因此，用扩大企业规模来提高效率，追求利润最大化是有一定限制的。企业规模扩张是有边界的，在达到企业规模饱和点以后就无法继续使用这个手段来降低企业成本。企业为了在激烈的市场竞争中获胜，必须寻求其他的方法来降低成本，提高利润。连锁可以极大地提高连锁集团内各个酒店的效益，并且可以提升连锁集团的品牌形象。

（二）经营差异化和品牌建设是经济型饭店竞争发展的生存之道

目前，中国经济型饭店的市场划分还处于比较初级的阶段，很多经济型饭店定位比较模糊，有些只是笼统地把自费出游和中小商务客人作为目标市场，很少有进一步的划分。然而，在经济型饭店非常发达的美国，不同的经济型饭店所针对的目标市场是非常明确和独特的。有专门为青年背包旅游者提供的住宿设施，有专门接待女性旅游者的酒店，还有针对家庭出游的公寓式酒店。

国内经济型饭店在达到一定数量之后，市场竞争必然会加剧，笼统的市场定位和无差异的产品已经不能有效地吸引顾客，尤其是产品的同质化将是经济型饭店参与市场竞争的致命缺陷。因此，市场细分和产品差异化是酒店经营者必须面对的问题。另外，在现代社会中，品牌已经成为了一种文化载体，酒店行业作为一种无形服务和有形产品紧密结合的行业，品牌对其意义尤为重要。每个经济型饭店品牌必须在未来的几年时间内完成品牌形象的定位和内涵的定义、目标市场的细分和顾客忠诚度的树立、产品设计的改进和服务的完善，只有这样才能在越来越激烈的市场竞争中获得稳定的客源。

为此，按照顾客群体的年龄、性别、出行目的、职业、收入等指标，可以将目前的经济型饭店客源市场进一步细分为很多目标市场，如老年游客市场、青年市场、求医者市场、学生市场、商务游客市场，白领度假市场等等。根据这些细化的目标市场的消费特征设计不同的经济型饭店产品和服务，填补市场的空白，形成稳定的目标消费群体。

另外，在我国酒店行业中，欠缺的不是经济型酒店的产品形态，而是群体意义上的经济型酒店品牌。对于经济型酒店来说，规模是管理的基础，品牌高于有形资产。只有在若干个知名品牌的旗帜下聚集了一定规模的企业群，才可以说经济型酒店已经发展到了相对成熟的业态。首先，从品牌营销角度来看，目前大多数经济型饭店采取的单品牌战略应该继续加深。单品牌可以很深地切入某个特定市场，例如在20世纪70年代发展起来的著名汽车旅馆SUPER 8就始终坚持单一品牌的发展战略，通过对汽车旅馆这个细分市场的深刻把握，SUPER 8不断完善产品设计，推进汽车旅馆产品的演进，在成本控制、销售网络建设、市场营销策略、产品更新等各个方面精益求精，使得这个品牌成为汽车旅馆行业的龙头品牌。单品牌战略的深化对于专业的经济型饭店企业来说，能保证其提高产品质量，不断加深对细分市场的理解和把握，提供日趋完善的产品。这种战略尤其适合力量不是非常强大的酒店企业，当他们没有足够的财力和人力进行多品牌多市场开拓时，最合理的方法是专注于一个细分市场，提供这个市场上最符合消费者要求的专业产品。

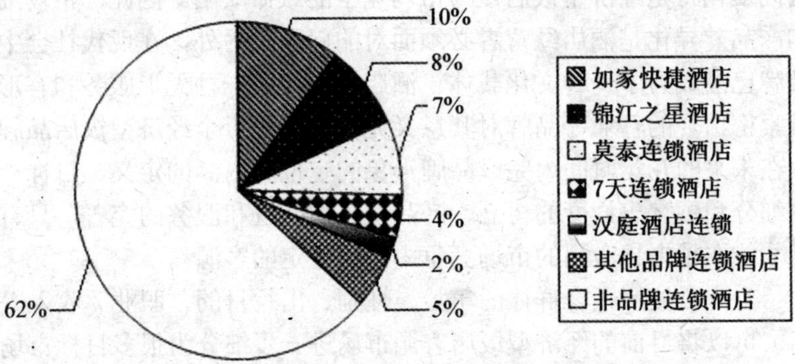

图 13-3 2007 年中国经济型饭店的品牌连锁的市场份额比例

其次，多品牌管理也是经济型商务酒店企业可以重点考虑的一种战略。所谓多品牌战略，就是企业根据系列产品的不同特点，采用两个以上品牌的战略。多品牌战略往往采取主品牌和副品牌相辅相成的格局，形成品牌网络，通过各个品牌的有效整合，充分挖掘品牌资源，提高所有品牌价值和产品市场竞争力。采取多品牌战略有很多优势，首先，可以维护不同品牌的定位和形象，避免由于单品牌延伸导致的主品牌定义模糊、产品特点的不一致。每个品牌都会在消费者心目中产生特定的定位和相对稳定的核心内涵，甚至代表特定的文化；每个品牌往往只能对应一个特定市场，在多个细分市场上的扩张需要相应的不同品牌。其次，多品牌战略可以利用主品牌的已有影响力，迅速打开市场，防止无形资产的流失；甚至通过品牌网络的共同营销整合资源，提高原有品牌和新品牌的价值，提升整体形象。

因此，采取多品牌、多品种、多风格、多价位的市场战略可以提高经济型商务酒店的市场覆盖率，支持产品多元化。举例来说，在美国市场上，假日酒店与假日快捷酒店互为补充，主、副两个品牌分别覆盖了自驾车旅游者和一般商务旅行者市场。圣达特集团下属的经济型饭店业务板块中，AMERIHOST INN针对的是自驾车旅行的游客，而DAYS INN则更多地针对了市场层次更高的商务客人。正是通过多品牌战略的应用，使得酒店企业得以有效地开发新产品，占领不同细分市场。

（三）管理专业化和技术进步将推动经济型饭店的发展

经济型饭店的主要特点是“物美价廉”，这就要求经营者必须寻求服务质量和成本控制的最佳结合点。许多新的技术，如电子预订系统、财务控制系统，以及一些先进的管理制度，如前台管理、客户管理等，能有效提高服务效率，降低管理成本，经济型饭店对这样的技术和制度具有很大的需求。但是目前这些管理系统都是针对高星级饭店的，经济型饭店的管理系统亟待改善。具体来说，经济型饭店管理系统的完善主要表现在几个方面：

1．预订系统

随着竞争的激烈化，建设一个非常畅通的预订分销系统是非常重要的举措。“如家”和“锦江之星”已经建立了独立的预订系统，但是很多刚起步、规模不大的经济型饭店在此方面仍是空白。很多酒店的销售和预订是模仿星级酒店，通过旅行社、订房中心、旅游预订网站，如携程、E 龙等来销售客房，但这些销售渠道攫取了经济型饭店的相当一部分利润，不利于经营成本的控制。而且，对销售渠道的控制不力会给以后的经营造成诸多不稳定的隐患。因此，建立一个自身独立的预订系统既能降低销售成本，又能稳定分销渠道，因而是十分必要的。

2．人事管理系统

经济型饭店的管理人才目前在这个行业是非常稀缺的，传统的酒店管理机构培养的人才都是适应星级酒店的运营系统，很少能适应经济型饭店“一人多岗”、“一职多能”的特点。因此，人才短缺是限制经济型饭店发展的最大障碍。一些发展比较成熟的经济型饭店，如“锦江之星”已经建立了自身的人事培训系统，这种系统必然会在其他经济型饭店中得到推广和改进，也是这些经济型饭店建立人才培育的重要途径。因此，人才培训系统是未来经济型饭店必须关注的一个重要方面。另外，以往的人事管理系统都是针对星级饭店的特点发展而来的，在经济型饭店的管理框架下，如何做好人事激励和考核管理是经营中的一个新问题。

3．经营成本的控制

经济型饭店低廉的价格完全取决于经营者对成本控制的力度和角度。一些经济型饭店的经营者还没有完全摆脱星级饭店的经营思路，成本居高不下；又有一些经营者对成本控制太严格，严重影响了酒店产品的舒适度。这两种极端都是应该避免的。因此，对成本控制的探索和完善将是未来经济型饭店管理的主题。许多国外知名的经济型饭店品牌的管理经验将在中国得到借鉴和推广。

相关链接13-2　关于中国经济型饭店的网络调查报告（2007）

一、市场供应继续保持高速增长

在中国经济快速发展，旅游市场持续增长，各地相关的交通、会议、展览和城市基础设施建设加速改善以及奥运会、世博会等众多利好因素的推动下，2007年中国经济型饭店市场供应继续保持高速的增长态势，全年已开业饭店数比2006年增长125%，客房总数同比增长123%。

二、投融资呈现集中性放量

2007年也是中国经济型饭店外来投资和新增融资急剧放大的一年，在本次调查中，有5家以上的企业2007年度的投融资额度超过500万美元。估计全年整个经济型饭店市场的新进资本达到4～5亿美元。在资本的推动下，企业的市场扩张模式也从单一的自生式扩张向整合式扩张发展。

三、市场总体运行平稳，但出现局部失衡

与2006年相比，2007年经济型饭店平均房价上涨13%，为190元。平均出租率微降0.4%，为82%，但在经济型饭店的热点区域如北京、上海以及整个华东区域，出租率下降幅度较大，达4%～5%。由于企业在选址、定位以及服务专业性上的不同，即使在同一城市仍然存在有效供给不足而同时出租率不断下滑的结构性失衡。需要说明的是，虽然2007年经济型饭店的出租率微幅下降，但82%的平均出租率仍然远远高于同时期星级饭店60%左右的平均出租率水平。

四、企业运营成本持续上升，市场预期出现分歧

2007年，新开业的经济型饭店的平均投资额比2006年增长18%，物业租赁成本平均上涨29%，店长平均年薪上涨24%，而营收增幅仅为11%，企业的利润空间进一步压缩，投资回收期也相应延长。由于扩张过快，专业管理人才和合适经营的物业相对缺乏，这一矛盾也进一步制约了经济型饭店的良性发展，特别是2007年部分物业的租赁价格已远远超出了经济型饭店“运营经济”的上限。市场对未来的预期出现了一定的分歧，部分企业相应调整了扩张的节奏和发展的方向。

五、品牌效应日益突显，品牌差异和产品创新逐步深化

在不断激化的市场竞争中，专业品牌的市场效益日益呈现，并不断强化。2007年，中国经济型饭店的市场实践也清晰地反映了这个特点。为应对未来追求差异化、个性化的经济型饭店市场需求，企业在研发推出细分品牌的同时，也加大挖掘品牌内涵和服务品质的力度。部分领先企业更是在此基础上推出了一系列节能环保、安全健康的产品和服务，把国家创建节约型社会和谐社会的号召落到了实处，充分彰显了经济型饭店的品牌意识和社会责任感。

（资料来源：搜狐旅游，2008-7-2）

本章小结：

1. 关键术语

未来发展趋势　市场定位　经济型饭店品牌　类型分化　构建和谐社会

2. 逻辑框架

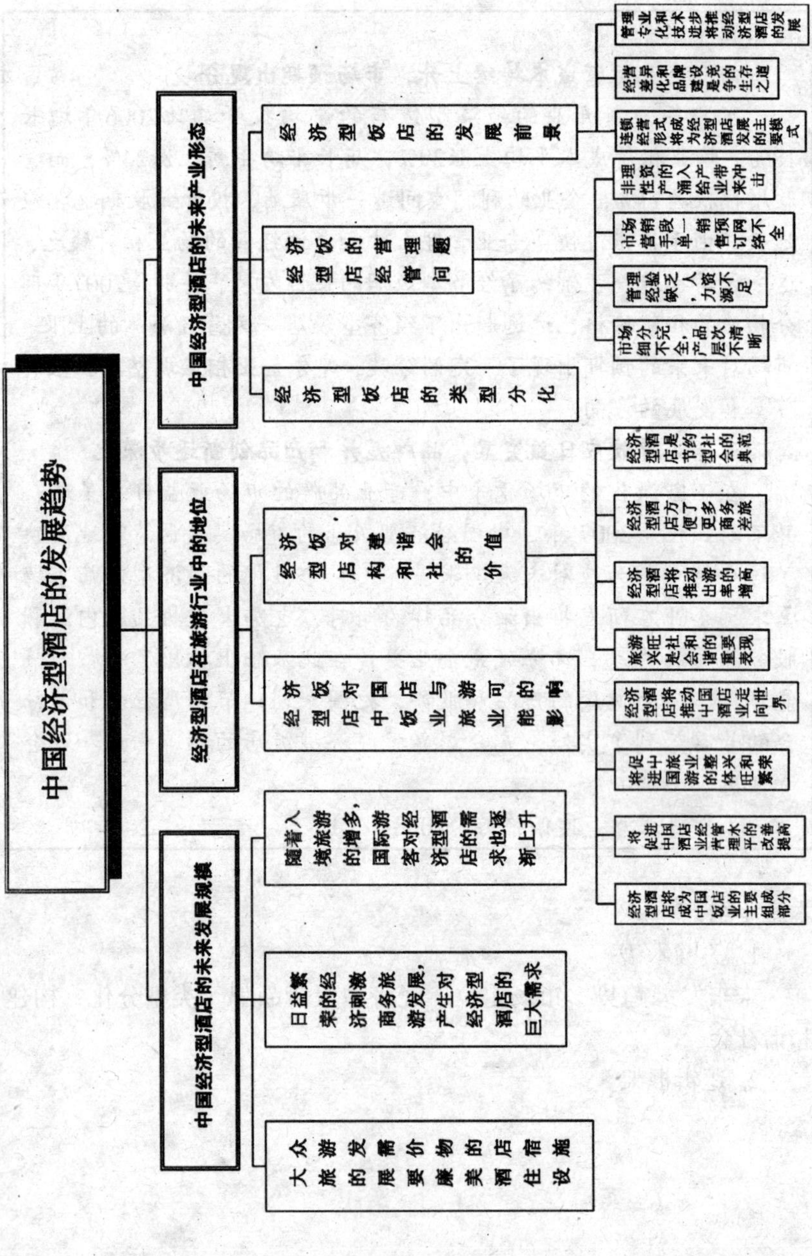

中国经济型酒店的发展趋势
中国经济型酒店的未来发展规模
经济型酒店在旅游行业中的地位
中国经济型酒店的未来产业形态
大众旅游的发展需要价廉物美的酒店住宿设施
日益繁荣的经济刺激商务旅游发展，产生对经济型酒店的巨大需求
随着入境旅游的增多，国际游客对经济型酒店的需求也逐渐上升
经济型饭店对中国饭店业与旅游业可能的影响
经济型饭店对构建和谐社会的价值
经济型饭店的类型分化
经济型饭店的经营管理问题
经济型饭店的发展前景
经济型酒店将成为中国饭店业的主要组成部分
将促进中国酒店业经营管理水平的改善提高
将促进中国旅游业的整体兴旺和繁荣
经济型酒店将推动中国酒店业走向世界
旅游兴旺是社会和谐的重要表现
经济型酒店将推动出游率的增高
经济型酒店方便了更多商务差旅
经济型酒店是节约型社会的典范
市场细分不完全，产品层次不清晰
管理经验缺乏，人力资源不足
市场营销手段单一，销售预订网络不全
非理性资产的涌入给产业带来冲击
连锁经营形式将成为经济型酒店发展的主要模式
经营差异化和品牌建设是竞争的生存之道
管理专业化和技术进步将推动经济型酒店的发展

案例讨论

经济型饭店行业仍然向好 发展渐渐理性

2008年6月12日，商务部商业改革发展司和中国饭店协会联合发布了《2008中国经济型饭店调查报告》，这是国家发改委连续第四年发布中国经济型饭店调查报告。虽然去年经济型饭店行业充斥着“泡沫论”、“拐点论”，但从调查报告显示，2007年中国经济型饭店行业继续保持翻番高速增长态势，民族品牌仍占据较强的领先优势。行业龙头如家、锦江之星稳步发展，行业黑马7天连锁酒店则实现“三级跳”，从06年的第八位一跃成为四强之列。此外，2007年也是中国经济型饭店资本扩张和市场分化极为激烈的一年，前十强中，有五家以上企业在2007年的融资额超过5000万美元，其中7天酒店以9500万美元融资额位居第一位。融资使企业对市场的格局和战略规划中更趋向理性的思考和调整。

1. 行业发展迅猛，收入稳中有升

《报告》显示，由于经济型饭店物业的租赁成本继续高涨，全国平均涨幅达到29%，因此平均单店的投资额增长到860万元，平均每间客房投资为6.5万元。总体而言，以租赁物业方式经营的经济型饭店的投资回报率有一定的降低，延长了投资的回收周期。但去年主要品牌企业的开业分店数和客房数仍有大幅增长。前十强企业已开业店数超过1000家，比2006年增长125%。其中，7天连锁继续保持前两年的高速增长势头，分别以分店数384%、客户数354%增长率，连续三年成为增速最快的经济型饭店企业，进一步拉近了与行业老大的距离。

2007年，随着主流品牌在全国扩张加速，经济型饭店的空间布局呈现由东向西逐步推进的走势，但华东、华北、华南仍是发展的重要区域。其中华东地区的市场供应量达到46%，而华南区域的市场供应量位居第三，7天连锁酒店在该区域仍占绝对优势，开业分店数是第二位莫泰的两倍。

随着如家连续两个季度财务报告出现亏损，业内物业争夺战、人才争夺战不断升级，引发业界关于“经济型酒店泡沫破灭时代来临”的激烈争议。然而《报告》显示，与2006年相比，2007年经济型饭店品牌企业的整体经营能力和经营收入有显著的提高，增幅达11%。其中，平均房价为190元，涨幅为13%。除西北地区略有下降外，其他地区均有不同程度的上涨。而平均出租率微幅下降，但82%的出租率仍远高于同期星级饭店60%左右的平均出租率水平。部分地区的出租率有一定程度的增幅，而热点区域的北京、上海和整个华东区域出租率则有4%～5%的下降。客房收入仍为我国经济型饭店的主要收入来源，比重达88%。

2. 注重核心竞争力打造，对未来前景乐观

随着经济型饭店行业竞争日趋激烈，企业更加注重核心竞争力的打造。《报告》中显示，100%的企业高管认为预订系统与营销网络是经济型饭店核心竞争力的主要要素。相较去年，该比例仅为87%。可见，预订系统的便捷性和营销网络的有效性越来越受到企业的重视。以行业黑马7天为例，7天一直以会员制直销模式为主，建立国内独家集互联网络、呼叫中心、短信、手机WAP及财务管理为一体的系统，网络预订的比例高达40%，为消费者提供最便捷的网络预订服务。利用电子商务的强大优势，7天不仅大大降低了运营成本，同时还对消费者的观念进行了有效的引导。7天CEO郑南雁表示，重整价值链条，即在原有的服务流程上向两边延伸。

通过会员网络预订的方式，把传统的消费预订习惯提前了；通过网站论坛的完全开放，让消费者把真实的消费感受在论坛上分享，使整个消费体验得以有效地延展。正是这一核心优势令7天迅速提升，奠定行业领导品牌的地位。

对于2008年的市场总体感觉，各品牌企业都有较为乐观的预期，其中98%的企业认为2008年入住率较2007年相比持平或有所增加。而各品牌企业都认为2008年的房价不会下降，且超过半数以上的企业认为将保持增长态势。业内人士指出，未来经济型饭店竞争优势将向具有品牌经营优势、资本市场优势的企业聚拢，行业发展更趋理性。

资料来源：酒店用品网

思考题

1. 读了这段报告，你认为我国的经济型饭店行业是否真的在向好的方向发展？为什么？

2. 收集资料，对比一下，目前的经济型饭店发展态势有什么变化（例如 2009 年）。

2009：锦江之星逆市而上，意图何为？

随着金融危机影响的不断扩大，经济型饭店客源减少、酒店入住率降低，主打国内客源的经济型饭店也开始感到寒意。近日，7天连锁酒店、如家、锦江之星等经济型饭店相继推出各种变相降价促销策略，据称这是经济型饭店历年来打折幅度最大的一次。

锦江之星总裁徐祖荣坦言："2008年锦江之星整体出租率下降了10%左右。"7天连锁酒店CEO郑南雁则表示，两年前经济型饭店赚钱太容易，随便做，入住率都高达95%，根本看不出经营水平的高下。现在市场转冷后，钱不那么好赚了，经济型饭店才回归到低成本运作的正常轨道上。

目前我国经济型饭店占酒店总量的比重在10%到20%，远低于欧美国家平均60%到70%的水平。从长期看，经济型饭店由于价格优势，业务量受金融危机影响较星级酒店要小，反而会面临新一轮发展机遇。经济型饭店应在创新服务模式、开拓细分市场方面寻求突破。

金融危机使得一些企业减少商务活动或者降低出差标准，前者会对经济型饭店带来负面影响，后者则意味着机遇。实际情况是金融危机对经济型饭店行业影响不大，甚至可以说很小。经济型饭店比高星级酒店出租率高得多，而且今年的物业成本可能下降，对酒店投资来说是个机遇。

在市场上价格和价值一定是一致的，就算背离也是短暂的，客人最后还是会根据产品的实际价值来选择酒店。锦江之星2009年会有很多促销活动，如春节省钱计划，从1月16日开始到2月28日，宾客选择入住锦江之星任何一家连锁店，便可立即享受10元至60元的优惠。

事实上有的经济型饭店每间客房每天只有6元的利润，还有多少房价可以降？因此部分业内人士并不认为行业内会掀起价格战，至少几大品牌之间不会。如果单体酒店不注重运营、品牌建设、系统建设，一定会被市场淘汰，这也是市场规律。

在严峻的经济形势下，锦江之星逆市而动，宣布52家连锁店将在2009年春节前后集中开门迎客。这是出于什么样的考虑？目前一些经济型饭店为何纷纷“试水”细分市场？

锦江之星2009年春节前后将有50多家酒店开业，由于建造周期比较接近，开业时间比较接近，因此在市场上造成春节前后集中开门迎客的轰动效应。锦江之星的战略目标依然锁定在2010年达到600家，从股市等方面的融资足够支持发展到这个规模。

锦江之星未来还将坚持多品牌发展战略，进一步开发细分市场。2009年2月，锦江之星会在全国开3家更经济、更简约的“百时快捷酒店”，房价百元左右，此外还会推出一个高端品牌。

有专家认为，未来经济型饭店市场的格局应该在10家左右，行业领先者的规模应该在1000家以上，但即便如家、锦江之星、莫泰168前三强目前也都没有形成绝对优势。经济型饭店经历了过去几年的大幅扩张，在目前的经济大环境下，整体扩张步伐会否放慢？

锦江之星现在投入营运的连锁店是253家，项目总数是367家。扩张的数量一直在增加，扩张的加速度相比前两年有所降低，主要还是好的物业难以找到。酒店还有一个扩张模式就是合并，当然合并需要你有足够的资金、足够的人才、足够的运营能力和整合能力才行。

2009年经济型饭店的竞争一定还是品牌的竞争、服务的竞争、运营能力的竞争、成本控制的竞争，留下的就是最好的。

（资料来源：《工人日报》2009 年 1 月 22 日）

思考题

1. 从以上资料，你对未来中国经济型饭店的发展趋势得出了什么判断？

2. 锦江之星在目前经济危机时期的逆市而上的高调投资举措，真实意图是什么？

附录1　经济型饭店效益分析和运作模式

一、投入产出分析

对经济型饭店的效益，我们进行了初步测算，测算口径为目前国内经济型饭店常见开发模式即租赁场地改造，建筑面积 5000 平方米、客房 150 间、餐位 150 个、停车场 50 个的单店测算投入为 620 万元左右（项目改造周期控制在 6 个月左右）。

1．改造、装修费用为 5000 平米×500 元/平米=250 万元

2．消防系统 30 万元

3．照明系统、通信系统、电脑系统 100 万元

4．电梯 1 台 50 万元

5．客房家电 150 间×4000 元/间=60 万元（单位空调和电视机及其他）

6．客房用具、布草 150 间×2500 元/间=37.5 万元

7．餐厅设施设备 40 万元

8．其他 50 万元

（一）收入预测，预计销售收入在 880 万元左右

1．客房收入 150 间×80%×365 天×130 元/间/天=569.40 万元

2．餐饮收入 150 餐位×2×60%×40 元/人×365=262.80 万元

3．其他收入 50 万元（小商场等）

（二）运行成本及费用合计 630 万元

1．租金 120 万元（按杭州市旧厂房租赁均价 250 元/平米/年测算）

2．税金 50 万元

3．水电等能耗 60 万元（按收入 7%测算）

4．员工工资 70 万元（按 40 人测算）

5．办公费 30 万元（按收入 4%测算）

6．布草洗涤费用、维修费用 20 万元

7．广告及培训费用 20 万元

8．折旧 60 万元（按 10 年计提）

9．物料消耗及其他费用 170 万元

10．财务费用 30 万元(投入资金均为银行贷款算)

（三）经营利润初步估算为 250 万元，投资回收期两年半左右

但如果以购地自建方式开发(按占地 3000 平方米，建筑面积 5000 平方米估算)则投资成本需要在 1500 万元左右，则投资回收期为 5 年左右。

二、运作模式

（一）开发模式

1．利用旧厂房、旧酒店、旧仓库等进行改造对建筑物的要求

（1）建筑物为长方体，建筑面积在 4500 平方米～6000 平方米的范围内，宽度或进深以 16 米左右为最佳。建筑物高度为 5 层左右，有一个电梯井位。

（2）建筑物结构为框架结构，允许进行改造。

（3）周边有一定的空地，出路通畅并可停车。

（4）水、电、气、排污、通讯等设施到位。

2．租地自建对地块的要求

（1）三通一平，市政配套到位，到红线。

（2）占地面积 3000 平方米左右，视地理位置与价位而定。

3．购地自建

（1）必须拥有产权，并无对外抵押事宜。

（2）已立项（旅游用地）。

按照国际上操作汽车酒店的成功经验，购地成本需控制在总造价 10%以下。

4．联合其他公司共同投资合资、合作

对方以现有固定资产投入，如酒店、厂房、土地等评估作价投入，酒店管理公司以品牌及建造或改造资金投入，确定各方占股比例，成

立一家单店，输出品牌，经营利润分成。

5. 加盟、特许经营

经济型饭店的连锁经营，品牌化和规模化的互动结果。先有一定数量的自营店和形象店，积累一定的经营理念和品牌商誉后，才能吸引加盟者。因此要吸引加盟需要：总部拥有一个良好信誉和市场感召力的品牌，或者拥有订户中心、旅行社等经营资源。有成功的单店及连锁店的管理模式，单店具有良好的赢利性，已消费市场较成熟、潜力较大。有统一的物品供应系统，给加盟者提供全方位的支持。总部能够持续不断地为加盟者提供培训，有统一的、强有力的市场推广计划。

加盟者需缴纳一定额度的品牌使用费和管理费用，酒店管理公司则输出品牌和管理模式。

6. 委托管理

由业主方委托酒店管理公司经营管理，人员由酒店管理公司配备、培训、管理，委托方缴纳一定额度的管理费。

三、选址要求

（一）地理位置

1. 靠近文教区、大型工业区、商贸中心、批发市场、展览中心、大型娱乐场所等区域。

2. 邻近主要公路（或高速公路）的交叉道口，交通枢纽，城市入口处、飞机场、火车站、汽车站、码头、地铁出口、大型停车场、商业网点等。

（二）交通条件

在选址附近有三条以上通达商业中心、火车站、汽车站的公交站线。

（三）市场环境调研

1. 周边有没有饭店、酒店，他们的等级、经营情况（客源、房价等）。

2. 客流量（车流量、人流量，能否滞留）。

3．附近的企事业单位的情况，如单位种类、单位数量、基本经营情况等。

假如我们选择的是汽车酒店，则选址的要考察拟建酒店所在地点的车辆的流量，观察新的公路、机场发展的动向，靠近一条主要公路的交叉道附近为理想的兴建地点。此外，某一特殊设施如机场、工业区、大学等附近，还有各大都市的市郊，由于人口集中的情形日益增加，再加上我国积极倡导小城镇建设，这些日后遍布全国的新兴小城镇也是兴建汽车酒店的考虑地址。选址时还要考虑周边的酒店的竞争势态和配套设施的情况，在建设酒店期间可与城镇管理部门和其他相关公司联系设立加油站、汽车维修点、小网吧、自动售货机、洗衣房、IC 卡电话机、杂志和报刊零售店等。

四、注册成立酒店管理公司

下设事业拓展部（市场推广中心）、财务核算部（物资采购中心）、人事培训部、工程筹建部（根据开发模式确定是否需要）。编制一本《连锁酒店标准手册》，对连锁酒店的建造、室内设备、服务规程、人力资源管理及培训等做详细的规定，做到有“章”可循，有序发展。

（一）规模

经济型饭店从控制投资成本和经营定位考虑，建筑面积应控制在5000～6000 平方米之间，占地 2000～3000 平方米为宜。客房 100～150 间左右，餐位 150 个左右，停车位 50 个左右。

（二）风格简约，设施到位

酒店内设置单人房、双人房、家庭房和套房，以淡黄色、淡粉色为主色调，房内配备单体空调、卫浴、电视、电话等设施，家具采用板式结构，如简单的存衣柜、床头柜及写字台，提供 24 小时热水。

餐厅提供点菜及商务快餐服务，也可考虑自创一个大众化餐饮品牌，与经济型饭店相配套。设置小规模的商场、书报销售店。

（三）人员配备

配备 30～40 名服务人员，结构为：店长 1 人，综合部（财务、人事、工程）10 人，主管 5 人，前厅接待 3 人，保安兼行李员 3 人；

客房服务员10人；餐厅服务员5人，厨师3人，小商场2人。

（四）人力资源管理、培训、质量检查

各连锁店的人员培训均由酒店管理公司按照服务规程统一培训，保证规范化的服务，定时对各连锁店进行检查，以保证服务质量，维护品牌形象。

（五）广告宣传

所有连锁店的广告宣传策划均由酒店管理公司统一对外发布，做整体形象设计和制作宣传资料，如同页、广告宣传册、广告牌的制作等。

（六）物资供应

由酒店管理公司物资采购中心统一采购，集中采购以降低成本。

（七）订房中心

设立酒店管理公司订房中心，配备免费订房热线，实现网上预订和各连锁店之间的交互订房。建立会员卡制度，锁定一批消费群。

（八）确定各连锁店的建筑设计风格，形成一种模式

附录 2　经济型饭店项目投资收益模型（2008 年）

客房数	员工人数	人房比	人均工资	其他费用						年月数	营业天数
100	30	3.33	1200	50000						12	365
建筑面积（M^2）	日租金（元/M^2）	日租金（元/间）	年总租金	租金递增			易耗品（间）	能源消耗	维修	其他	税收
3000	1	30.00	1095000	0%			14	10%	2%	4%	5.50%
装修费（元/M^2）	装修费（元/间）	装修费用	折旧年限	改造追加	银行利率						
1167	35000	3500000	5	60%	7%						
指标	年份	第一年	第二年	第三年	第四年	第五年	第六年	第七年	第八年	第九年	第十年
毛收入	出租率	70%	85%	90%	90%	90%	90%	90%	90%	90%	90%
	平均房价	150	150	160	160	160	170	170	170	170	180
	REVPAR	105	128	144	144	144	153	153	153	153	162
	客房营业收入	3832500	4653750	5256000	5256000	5256000	5584500	5584500	5584500	5584500	5913000
总成本	工资成本	432000	432000	432000	432000	432000	432000	432000	432000	432000	432000
	易耗品	357.700	434350	459900	459900	459900	459900	459900	459900	459900	459900
	能源维修	383250	465375	525600	525600	525600	558450	558450	558450	558450	591300
	维修	76650	93075	105120	105120	105120	111690	111690	111690	111690	118260
	其他	153300	186150	210240	210240	210240	223380	223380	223380	223380	236520
	经营成本合计	1402900	1610960	1732860	1732860	1732860	1785420	1785420	1785420	1785420	1937980
	财务费用	245000	245000	245000	245000	245000	147000	147000	147000	147000	147000
	其他费用	50000	50000	50000	50000	50000	50000	50000	50000	50000	50000
	营业税	210788	255956	289080	289080	289080	307148	307148	307148	307148	325215
	非经营成本合计	505788	550956	584080	584080	584080	504148	504148	504148	504148	504148

附录 3　经济型饭店运营部开业验收标准

大类	小类	检查项目	检查标准	检查结果
符合开业的必备项目	硬件和系统	酒店门头	安装完毕、符合连锁 VI 标准、设备完好、正常使用	
		外立面	按照工程装修标准完成装饰，颜色和造型符合要求	
		大堂装修	装修全部完成，符合标准，设施设备齐全完好	
		大堂照明	照明完好、照度合理	
		酒店供电	电力供应满足酒店需要、配电间设备运行正常、电压稳定	
		酒店供水	冷、热水供应满足酒店需要，压力合适，泵房设备运转正常	
		有线电视	有线电视信号接通，正常使用且稳定、清晰	
		消防设施	报警设备、烟感、喷淋、灭火器材、消防泵、消防通道、消防门、应急指示等设备设施正常使用、位置和配备数量合理	
		监控设备	监控设备正常使用，布点合理，图象清晰	
		通讯	交换机系统运行正常，有电话录音，外线和内线满足酒店运营需要	
		宽带	宽带开通，运行正常，有网络防火墙	
		空调	营业区域空调安装到位，配备数量合理，正常使用	
		客房装修改造和门锁系统	客房装修基本结束，房间设备按连锁标准配备，功能齐全。剩余工程不影响已装修完的客房营业。已安装电子门锁，并能正常使用	
		客房布置	家具、电器、棉织品、客用品基本按照标准配备	
		电脑、PMS 系统、会员卡系统、制卡系统	电脑已按标准配备。已安装 PMS 系统，并能正常运行，使用稳定。已按规定安装会员卡系统，能正常接待会员客人。已安装钥匙制卡系统，并能正常制作钥匙	
		电梯	层高 4F（含）以上的建筑，电梯必须配备到位，正常使用	

续表

大类	小类	检查项目	检查标准	检查结果
符合开业的必备项目	人员和服务	人员	各服务岗位已按服务时间标准开展翻班服务	
		服装	所有服务人员按规范着装	
	物品	房价牌	已安装符合标准的房价牌，并执行公司批准的门市价格	
		房号牌	客房房号牌按规范安装	
		前台表单	前台已按规范配备服务用的基本表单（入住登记单、杂项收入转帐单、房卡套、预收款收据）	
大类	小类	检查项目	检查标准	
硬件设施	VI 视觉	酒店门头、广告灯箱	符合连锁 VI 标准、设备完好、按时开关	
		宣传品（酒店介绍、800 预订卡、会员手册、行李牌、房卡套）	前台摆放（800 卡、店卡）自大门方向面对服务台，左手面摆放样宣传架，45 度角面向前方，右手侧摆放灯牌，45 度角面向前方。可摆放一绿色植物。宣传架后排从左至右摆放，具体位置按公司标准	
		宣传资料架		
		房价牌		
		电梯内连锁宣传		
		酒店告示牌	清洁、内容制作保证质量	
		公众指示标识	标识齐全、符合连锁 VI 标准、位置适当、指示正确	
	大堂	酒店外场、绿化	外场干净、整齐、无杂物堆放，绿化排列有序、保养良好	
		门窗及配件	门窗开闭自如、配件齐全、无破损	
		地面	地面色调符合连锁标准、平整、无破损	
		墙面	墙面颜色一致、色调符合连锁标准、无开裂、破损	
		照明	照明完好，照度合理	
		小商品橱	小商品橱美感、牢固，无破损、符合连锁统一标准	

续表

大类	小类	检查项目	检查标准	检查结果
硬件设施	大堂	沙发、家具	沙发、家具无破损、脱漆、开裂、配备符合连锁统一标准，沙发靠垫弹性符合要求	
		总服务台	内部分隔符合使用、高度符合标准、插座接线符合规范、家具牢固	
		装饰画	装饰画框安装牢固、端正、内容符合连锁统一标准、无破损	
		书报架	式样符合连锁统一标准、无破损，书籍摆放符合标准	
		糖缸	式样符合连锁统一标准、无破损	
		24头伞架	完好无破损、锁具灵活有效、钥匙齐全、根据天气正确使用	
		踏脚红地毯	完好无破损、陈旧，大小符合要求	
		大堂地图	大小合适、位置符合要求、无破损、有连锁酒店标贴、标识正确、齐全	
		贵重物品保险箱	贵重物品保险箱位置摆放符合规定、开启手续符合规范、钥匙摆放符合规范	
		绿化	位置适当、养护良好	
		酒店相关指示牌	标识齐全、符合连锁VI标准、位置适当、指示明确	
		空调	空调位置适当、工作正常、无异声、室温适中	
		电梯	有检验合格证书、设备完好、运行正常、照度适中、电梯内外按键使用有效、有应急呼叫系统、装饰品安装牢固	
		立式烟桶	位置适当、烟桶完好	
	楼层及走道	门窗及配件	门窗开闭自如、配件齐全、无破损	
		地面或地毯	地面平整、无破损，地毯无卷边、无破损	
		墙面	墙面颜色一致，无开裂、破损	
		照明	照明完好，照度合理，能分区开关	
		装饰画	装饰画框安装牢固、端正，根据需要适当配置绿化	
		酒店相关指示牌	标识齐全、符合连锁VI标准、位置适当、指示明确、禁烟楼层有禁烟指示牌	
		立式烟桶	位置适当、烟桶完好	
		应急通道	完好、无破损	

续表

大类	小类	检查项目	检查标准	检查结果
硬件设施	公共卫生间	门窗及配件	门窗开闭自如、配件齐全、无破损、外门安装闭门器	
		墙面	墙面颜色一致、无开裂、破损	
		地面	地面平整、无破损	
		照明	照明完好，照度合理	
		梳妆镜	完好，安装牢固、端正	
		装饰画	安装牢固、端正	
		洁具、感应器	洁具无开裂、漏水、感应器及抽水正常	
		垃圾筒	符合标准、摆放位置准确	
		挂衣钩、厕架	挂衣钩、厕架安装牢固，位置适宜	
		烘手器或擦手纸架	安装牢固、使用方便	
		换气扇	换气扇工作正常、无噪音、空气通畅	
		冷热水龙头	冷热水龙头开闭自如、流量适中、开向明确，面池塞使用灵活、下水通畅	
		地漏	地漏排水顺畅、无异味	
	餐厅(咖啡厅)	地面	地面无破损、地毯无卷边	
		墙面	墙面颜色一致，无明显开裂	
		电视机或背景音乐	电视收视正常、画面清晰、安装牢固、插座电线隐蔽或有背景音乐	
		照明	照明完好，照度合理	
		门窗及配件	门窗开闭自如、配件齐全、无破损	
		窗帘及窗纱	悬挂无脱钩、导轨灵活，窗帘平整、无破损	
		装饰画框	装饰画框安装牢固、端正	
		绿化	位置适当、养护良好	
		空调	空调位置适当、工作正常、无异声、室温适中	
		电源面板	电源面板无破损、布线整齐合理	
		台布	台布大小符合桌面，铺放正确	
		餐桌物品	餐桌物品位置正确、无破损	
		餐具	餐具无明显破损，杯、勺、碗不得有缺口	
		餐桌椅	餐桌椅牢固、无破损	

续表

大类	小类	检查项目	检查标准	检查结果
硬件设施	客房设施	噪音	客房安静、无噪音	
		客房门及附属品	客房门及附属品无变形、脱漆，开闭自如、隔音性能良好、限位正确	
		防盗链	防盗链安装牢固、无损坏、位置适中、长度合适、起到防护作用	
		猫眼	高低适中、有效防止窥视	
		防火疏散图	防火疏散图位置明显、指示明确、符合连锁标准	
		窗帘杆或窗帘轨道	窗帘杆安装牢固、滑动自如	
		窗帘及窗纱	窗帘、窗纱平整、自然下垂，无破损、脱钩、陈旧	
		窗户	窗户开闭自如、玻璃无破损，窗锁完好、窗户隔音良好	
		灯具	灯具有效、无损坏，照度适中	
		开关	开关无破损、打火、划痕、安装牢固、用途标识明确	
		取电器	取电器接触良好，安装牢固、无划痕、损坏	
		电视机及遥控器	电视机摆放稳定，清晰度正常、节目设置符合连锁标准，遥控板完好、遥控功能正常。音量设置合适	
		宽带	正常使用、网速正常	
		空调机及遥控器	空调机工作正常、无噪音、遥控完好有效	
		墙面	墙面无明显开裂、脱漆，颜色区域一致、色调符合连锁规范	
		踢脚板	不起壳、接缝平整	
		地毯或地板	地毯无起毛、无卷边，地板平整、无破损划痕、无松动起壳	
		行李架（柜）	行李架（柜）牢固，无变形、脱漆，无破损、划痕	
		床头板	床头板安装牢固，无变形、脱漆，无破损、划痕	
		床头柜	床头柜安装牢固、平稳，无脱漆，无破损、划痕、开裂	
		床箱床垫	床箱床垫牢固平稳无凹陷，无异声、断裂、缺腿，床垫弹性符合要求	

续表

大类	小类	检查项目	检查标准	检查结果
硬件设施	客房设施	储物柜	储物柜安装牢固，无开裂、脱漆、损坏	
		台桌	台桌面牢固平稳，无开裂、脱漆；桌布、玻璃完好	
		椅子	椅子牢固、稳定，无开裂、无脱漆，无开线、无破损	
		垃圾筒	符合标准、摆放位置准确。套在上面的垃圾袋大小合适，结朝内	
		装饰画	装饰画框安装牢固、完好、悬挂平整、内容符合连锁统一标准	
		电源插座	电源插座安装牢固、插接紧密、面板端正无损、指示准确	
		电话线	电话线路无噪音、压线牢固、面板安装牢固端正	
		电话机	电话号码正确，按键操作正常，提示标签完好、符合规范	
		挂衣架	安装牢固、位置适当	
	卫生间设施	浴室门	浴室门无变形、脱漆，开闭自如、朝向准确、限位正确	
		门锁	门锁开闭、灵活、安装牢固、无故障	
		挂衣钩	挂衣钩安装牢固、位置适合	
		座便器	座便器无损坏、漏水、抽水正常、底边密封良好	
		洗面盆	洗面盆无开裂、漏水，溢水口正常有效；水龙头指向正确、水流适中；面池塞灵活有效、下水通畅	
		洗面镜	洗面镜无破损、安装牢固、无花斑划痕	
		卷纸架	卷纸架安装牢固、使用方便	
		物品托架	物品托架安装牢固、无破损、位置适当	
		毛巾架	毛巾架安装牢固、镀件明亮	
		给皂器	给皂器完好，使用方便正常、无漏液，标贴完整清晰	
		换气扇	换气扇安装牢固、换气正常、无噪音	
		淋浴喷头、水流	淋浴喷头位置适合、安装牢固、镀件明亮；淋浴水流畅通，水温、水量、热水出水时间达到标准	
		淋浴玻璃门	玻璃门开启、移动灵活，限位正确、门吸有效、防水有效无渗漏，玻璃门无破损、平开门粘贴推拉标志	

续表

大类	小类	检查项目	检查标准	检查结果
硬件设施	卫生间设施	插座	插座接线规范、安装牢固、端正，无破损、插拔自如	
		灯具	灯具位置合理有效，无损坏，照度符合标准	
		地面	地面平整、无破损，周边防水处理有效	
		墙面	墙面瓷砖无破损起壳、区域颜色一致	
		地漏	地漏排水顺畅、无异味	
		吊顶	浴室吊顶平整、无开裂、检查口处理符合规范	
	员工区域	员工餐厅	能和员工人数相匹配。装修结束，投入使用。墙地面选用经济合适的材料。照明良好，窗户配纱窗。使用的配件和装修标准低于客房，但简洁耐用	
		员工更衣室		
		员工浴室		
		店长、店助、财务办公室		
酒店客用品	棉织品	浴巾	浴巾折叠规范、位置摆放正确、无破损毛边、陈旧，柔软度适中、数量正确	
		面巾	面巾折叠规范、位置摆放正确、无破损毛边、陈旧，柔软度适中、数量正确	
		垫脚巾	垫脚巾折叠规范、位置摆放正确、无破损、数量正确	
		床单	床单大小合适、熨烫平整、铺床规范，无破损毛边、陈旧，柔软度符合标准、数量正确	
		枕套	枕套大小合适、熨烫平整、开口方向符合规范，无破损毛边、陈旧，柔软度符合标准、数量正确	
		被套	被套大小合适、熨烫平整、做床符合规范，无破损毛边、陈旧，柔软度符合标准、数量正确	
		床垫	床垫大小合适、熨烫平整，无破损毛边、陈旧，柔软度符合标准、数量正确	
		被芯	被芯按季节厚薄两种，无破损、陈旧，柔软度符合标准、数量正确	
		枕芯	枕芯分厚薄两种、位置摆放正确、无破损，饱满度、弹性符合标准、数量正确	

续表

大类	小类	检查项目	检查标准	检查结果
酒店客用品	客用品	客房垃圾桶	客房垃圾桶位置摆放正确、无破损、使用统一式样、数量正确	
		牙刷/牙膏（双色）	牙刷/牙膏完好、颜色和质量符合要求、位置朝向摆放规范、无破损、包装使用统一标识、数量正确	
		木梳	木梳质量完好、位置朝向摆放规范、无破损、包装使用统一标识、数量正确	
		浴帽	浴帽质量完好、位置朝向摆放规范、无破损、包装使用统一标识 、数量正确	
		小香皂	小香皂质量完好、位置朝向摆放规范、无破损、包装使用统一标识、数量正确	
		杯罩	杯垫质量完好、位置朝向摆放规范、无破损、使用统一标识、数量正确	
		擦鞋纸	擦鞋纸质量完好、位置朝向摆放规范、无破损、使用统一标识、数量正确	
		铅笔	铅笔质量完好、位置摆放规范、无破损、使用统一标识、数量正确	
		便签垫	便签垫质量完好、位置摆放规范、无破损、使用统一标识、数量正确	
		便签纸	便签纸数量正确，纸质符合标准，无破损、褶皱、使用统一标识	
		拖鞋	拖鞋质量完好、位置摆放规范、无破损、有包装、使用统一标识、数量正确	
		袋泡茶	袋泡茶包装完好、位置摆放规范、使用统一标识、数量正确、质量符合要求	
		网线	网线质量、长度符合要求、捆扎整齐	
		垃圾袋	垃圾袋质量完好、无破损	
		衣架	衣架质量完好、数量齐全、位置摆放规范、颜色符合要求	
		防滑垫	防滑垫质量完好、位置在淋浴下水正中、无破损、无霉斑	
		小心地滑标识	小心地滑标识质量完好、粘贴牢固、位置符合统一规范，无破损	

续表

大类	小类	检查项目	检查标准	检查结果
酒店客用品	客用品	洗发液	洗发液质量符合要求，液量充足	
		肥皂碟	根据需要配备，肥皂碟质量完好、无破损、式样符合连锁统一要求、位置摆放符合规范	
		烟缸	无破损，摆放位置正确，大小尺寸符合连锁统一标准	
		请勿打扰牌	式样符合连锁统一标准、摆放、位置、朝向符合规范，无破损、褶皱	
		挂钟	挂钟式样符合连锁标准、位置摆放明显，走时准确	
		桶装水	需经检验合格、有有效期标识、水质符合饮用要求、商标朝向正确	
		卷纸	纸质符合要求、纸量充足、折叠符合要求	
		糖果	糖果品种质量符合连锁要求	
清洁卫生	前台	大门、玻璃	大门运行良好、门楣无蛛网、积灰，玻璃清洁明亮	
		地面、窗台	地面、窗台干净；无灰尘、污渍，角落无小垃圾	
		空调	空调干净；无灰尘、污渍，出风口过滤网定期清洁	
		沙发、家具	大堂休息区家具干净、无污渍，沙发套无污渍、陈旧	
		吊顶（含灯具）	吊顶干净、整洁，表面无灰尘、污渍、蜘蛛网	
		总台及配备设备	总台及配备设备干净、无灰尘、垃圾，抽屉内无杂物，有序摆放	
		总台工作区域	总台工作区域干净、整洁，无灰尘、污渍、垃圾、杂物，墙面无污渍	
		前台或咖啡厅展示冰柜	前台或咖啡厅展示冰柜干净，物品摆放有序、定期清洁消毒	
		商品展柜	无积灰、摆放整齐，商标包装无破损，商品要有标识，食品要在有效期内	
		电源开关、插座	无灰尘、污渍	
		装饰画	无积灰、污渍	
		酒店指示牌	干净、无污渍	
		绿色植物	干净、表面无灰尘、无枯枝败叶，花盆内无垃圾	

续表

<table>
<tr><th>大类</th><th>小类</th><th>检查项目</th><th>检查标准</th><th>检查结果</th></tr>
<tr><td rowspan="25">清洁卫生</td><td rowspan="2">前台</td><td>前台办公区</td><td>前台办公区整洁卫生、无垃圾、杂物，前台办公区禁烟</td><td></td></tr>
<tr><td>行李房</td><td>行李摆放整齐，清洁、无灰尘、垃圾、杂物，行李摆放整齐</td><td></td></tr>
<tr><td rowspan="16">餐厅（咖啡厅）</td><td>大门、玻璃</td><td>大门运行良好、门楣无蛛网、积灰，玻璃清洁明亮</td><td></td></tr>
<tr><td>餐桌椅</td><td>餐桌椅干净、清洁、无油污，餐桌椅摆放整齐</td><td></td></tr>
<tr><td>窗纱、窗台</td><td>窗纱、窗台干净、无灰尘、污渍、角落无小垃圾，无严重变色</td><td></td></tr>
<tr><td>餐桌上物品</td><td>餐桌上物品清洁、卫生、无油腻、污渍，印刷品无破损、涂改</td><td></td></tr>
<tr><td>餐桌面、桌布</td><td>餐桌面和桌布干净、清洁、无油腻、污渍</td><td></td></tr>
<tr><td>餐厅保温台、工作台</td><td>餐厅保温台、工作台干净、清洁、无油腻、污渍</td><td></td></tr>
<tr><td>绿色植物</td><td>干净、表面无灰尘、无枯枝败叶，花盆内无垃圾</td><td></td></tr>
<tr><td>地面</td><td>地面干净、无灰尘、垃圾、无杂物</td><td></td></tr>
<tr><td>墙面</td><td>墙面无灰尘、污渍、蛛网</td><td></td></tr>
<tr><td>吊顶（含灯具）</td><td>吊顶干净、整洁；表面无灰尘、污渍、蜘蛛网</td><td></td></tr>
<tr><td>电源开关、插座</td><td>无灰尘、污渍</td><td></td></tr>
<tr><td>餐厅冷柜</td><td>干净、物品摆放有序、定期清洁消毒</td><td></td></tr>
<tr><td>吧台</td><td>吧台内无灰尘、垃圾、杂物，吧台整洁</td><td></td></tr>
<tr><td>空调</td><td>空调干净；无灰尘、污渍，出风口过滤网定期清洁</td><td></td></tr>
<tr><td>装饰画</td><td>无积灰、污渍</td><td></td></tr>
<tr><td rowspan="7">公共区域</td><td>地面、窗台</td><td>地面、窗台干净；无灰尘、污渍，角落无小垃圾</td><td></td></tr>
<tr><td>墙面</td><td>墙面无灰尘、污渍、蛛网</td><td></td></tr>
<tr><td>吊顶（含灯具、排风）</td><td>吊顶干净、整洁；表面无灰尘、污渍、蜘蛛网，</td><td></td></tr>
<tr><td>烟灰缸、烟灰筒</td><td>烟灰缸、烟灰筒表面干净，内筒定时清理、清洗</td><td></td></tr>
<tr><td>楼梯</td><td>楼梯扶手、台阶干净、无灰尘、垃圾、污渍</td><td></td></tr>
<tr><td>电梯内地板（地毯）</td><td>电梯内地板（地毯）干净、无灰尘、污渍、垃圾</td><td></td></tr>
</table>

续表

大类	小类	检查项目	检查标准	检查结果
清洁卫生	公共区域	电梯	电梯内干净	
		卫生间空气	卫生间空气清新无异味	
		卫生间洁具	卫生间洁具清洁、卫生、干燥，五金件光亮	
		卫生间镜子	卫生间镜子干净、无灰尘、污渍	
		卫生间墙面	卫生间墙面干净、无灰尘、污渍	
		卫生间地面	卫生间地面干净、无灰尘、污渍、干燥、无虫害，小水口清洁无异味	
		电源开关、插座	无灰尘、污渍	
		卫生间纸托架	卫生间卫生纸数量充足，纸托架干净、无污渍	
	客房卫生	空气	客房空气清新达到标准、卫生间无异味	
		门牌、门锁、门套	门牌、门锁、门套等干净，无灰尘、污渍	
		电器插座外壳	电器插座外壳干净、无灰尘、污渍	
		取电器外壳	取电器外壳干净、无灰尘、污渍	
		客房所有的灯具	客房所有的灯具干净、无灰尘、污渍、小虫	
		客房内镜子	客房内镜子干净、无灰尘、污渍	
		客房内墙面	墙面无灰尘、污渍、蛛网	
		装饰画	无积灰、污渍	
		烟灰缸	烟灰缸表面干净，无灰尘、垃圾	
		椅子（或沙发）、茶几	桌椅干净、清洁、无油污，桌椅摆放整齐	
		窗帘及相关设备	窗帘、窗纱、窗台干净、无灰尘、污渍、窗台角落无小垃圾，窗帘、窗纱无严重变色，窗户定期清洁	
		挂衣架	无积灰、污渍	
		衣架	无积灰、污渍	
		电话机	无积灰、污渍	
		电视机和遥控器	无积灰、污渍	

续表

大类	小类	检查项目	检查标准	检查结果
清洁卫生	客房卫生	储物柜	储物柜干净、无灰尘、垃圾，摆放物品整齐、统一；数量正确	
		空调和遥控器或中央空调	空调和遥控器或中央空调进出风口干净、无灰尘、污渍、垃圾，出风口、滤网定期清洁	
		地板（地毯）	地板（地毯）干净、无灰尘、污渍、无垃圾、无毛发	
		客房垃圾筒	客房垃圾筒内外干净、无灰尘、污渍、垃圾	
		床上用品	床上用品干净整洁；无污渍、无毛发、杂物、褶皱、异味	
		《服务指南》	无灰尘、污渍，	
		杯具	杯具清洁、卫生、干燥、无污渍，有杯垫纸	
		洁具	洁具清洁、卫生、干燥，五金件光亮	
		浴帘、浴帘杆	浴帘、浴帘杆干净、无灰尘、污渍、毛发	
		物品托托架	物品托托架干净、无灰尘、污渍、镀件光亮	
		卫生纸托架	卫生纸托架干净、无灰尘、污渍，卫生纸按标准折叠	
		客用品	干燥、无灰尘、污渍，标识符合标准	
		棉织品	棉织品干净、无污渍、无毛发，无明显变色	
		天花板（含换气扇）	吊顶干净、整洁；表面无灰尘、污渍、蜘蛛网，	
		卫生间墙面	表面无灰尘、污渍、蜘蛛网，	
		卫生间地面	卫生间地面干净、无灰尘、污渍、垃圾、毛发，地漏无异味、小虫	
	厨房卫生	冰箱	冰箱每周除霜清洁，无油腻污垢（包括门吸条内）	
		食品卫生	保证食品新鲜、包装食品在保质期内使用；冰箱内食品，生熟荤蔬分开，荤菜和半成品须加膜或加盖	
		食品保洁柜	食品保洁柜须清洁干净，无尘无虫，无杂物存放；	
		厨房用具	炉灶每市清洁，油烟罩每周清洗，厨房用具使用前后清洁；	
		调料	调料用毕加盖，并须保持器皿清洁卫生；	

续表

大类	小类	检查项目	检查标准	检查结果
清洁卫生	厨房卫生	餐饮工作区域	餐饮工作区域无杂物堆放；	
			餐饮区域有灭蝇措施；无蟑螂、小虫	
		食品仓库	食品仓库干净整洁，无霉烂变质过期食品，食品不得落地存放；	
		餐具	保持餐厅清洁卫生，餐具存放过夜须用清洁的口布遮盖；	
		洗皿间	洗皿间干净	
		器皿消毒柜、贮藏柜	器皿消毒柜、贮藏柜干净	
		大门、门套	大门、门套干净	
		灭蝇灯	工作正常有效，定期清洁	
		吊顶（含灯具）	无灰尘、污渍、油腻，无破损、无蛛网	
		墙面	无灰尘、污渍、油腻，无破损、无蛛网	
		地面（含下水槽）	干燥、无灰尘、污渍、垃圾、油腻，无破损，下水槽定期清洁	
		灶台	灶台干净	
		排风、排烟	排风、排烟设备干净	
		电气设备干净	电气设备干净	
		水池、水槽	水池、水槽干净、无杂物、阻塞，定期清洁隔油池	
		加工工作台	加工工作台干净	
		冷冻柜	冷冻柜干净	
		货物架	货物架干净、整洁、物品摆放有序	
		健康证	餐饮员工须持证上岗（健康证）	
		食品卫生和保洁制度	建立食品卫生和保洁制度	
商务服务	免费服务	借用物品服务（插座、熨斗和烫板、吹风机）	免费借用物品配比合理，功能完好无损坏，无灰尘、污渍，电线按规范整理，借用手续制度符合规范	
		贵重物品寄存	寄存符合规范、开启符合手续、制度、钥匙安全保管	

续表

大类	小类	检查项目	检查标准	检查结果
商务服务	收费服务	复印、收发传真、长途、打字、商务中心上网	价格符合规定，操作符合规范	
		小商品服务	品种齐全、摆放整齐，有价目牌，定价符合连锁统一规定，质量符合要求	
服务质量	前台服务		在接待中主动招呼客人	
			在接待中有微笑服务	
			能以姓名称呼宾客	
			预定、接待、住店、结账服务符合连锁操作规范	
			能提供信用卡服务，操作符合规范	
			能提供代客洗衣服务，操作符合规范	
			前台操作熟练、速度符合连锁规范标准	
			及时准确地完成前台的各项接待服务工作	
			对客服务中使用敬语，并双手递送账单、资料、物品	
			规范处理客人投诉、妥善处理各种突发事件	
			向客人道别亲切自然，并能指示方向	
	客房服务		做好客房清洁服务的事前准备工作	
			客房清洁符合程序和规范	
			及时、准确、规范的填写客房清洁工作单	
			在对客服务中能够做到主动、热情、微笑、礼貌	
			及时、准确的满足客人提出的服务要求、操作符合规范	
			妥善、规范的处理客房异常情况和突发事件	
			客用品的使用、棉织品的管理、清洁工具的保管符合管理要求	
	餐饮服务		做好市前准备工作，并经管理人员检查	
			早餐品种符合规定，质量良好	
			在接待中主动、热情、微笑、礼貌	
			引领客人入座符合规范、标准，提供茶水服务	

续表

大类	小类	检查项目	检查标准	检查结果
服务质量	餐饮服务		为客人点菜能够介绍菜点，点菜服务符合规范	
			上菜及时、准确，操作符合规范	
			适时提供席间服务	
			关注宾客就餐情况、及时发现客人的服务需求	
			结账服务及时、准确，操作符合规范	
			适时主动征求宾客意见	
			规范处理客人投诉、妥善处理各种突发事件	
			保持良好的就餐氛围、服务操作符合规范	
			能够礼貌向客人道别、致谢	
	电话服务		电话铃响三声内接听，并用礼貌用语向客人问好	
			叫醒服务准确、及时、规范	
			全面、准确记录客人的预订信息	
			预订中问候、介绍、服务主动	
			全面、准确地接受客人电话留言，并及时通知客人	
			熟记酒店相关信息常用分机电话	
			转接电话必须问清客人的姓名，核对无误，征得客人同意后方可转接	
			转接电话遇客人等候、占线时要礼貌地向客人致歉	
			电话中重要信息，需复述确认	
			礼貌道别并致谢	
	行为规范		着装整齐，衣扣齐全扣好，鞋子符合要求	
			工作铭牌佩戴左胸前，清洁光亮	
			头发、面容、鬓角符合要求	
			仪容大方，不留长指甲，不涂色	
			女士淡妆打扮，不戴手镯、手链及夸张头饰	
			手势自然、适度	
			站立端正，眼睛平视，表情自然大方	
			服务员在接待中面带微笑，神情自信	
			使用礼貌用语、规范敬语	
			员工主动向宾客打招呼，行走轻稳	

续表

大类	小类	检查项目	检查标准	检查结果
基础管理	销售	销售计划	有阶段性和年度的销售计划，销售工作有目标措施和实施方案，有量化的考核指标	
		客户维护	有客史档案，有客户维护记录	
		预定管理	前台和销售的预订职责明确，规范的接受和处理预订，有效的控制和管理预订	
		销售业绩管理	定期评估销售业绩，有效的对销售业绩进行奖惩考核	
	前台	交接班记录	按规范交接，交接记录认真、清楚，有双方交接签字	
		房态核对	客房与前台定时核对房态（包括日房核对），房态差异及时处理、有记录	
		住宿登记和保管	内外宾登记符合规定。按政府职能部门要求装订和保管。有公安信息传送系统的，能按照规范准确进行信息录入	
		钥匙管理	密码钥匙、客房磁卡钥匙、客房机械钥匙、酒店总钥匙分门别类、规范管理，有明确的控制权限，有交接手续。配备备用钥匙箱	
		遗留物品处理	有专门的存放地点。有专用记录本。每个遗留物品独立存放，有标签记录捡拾人、捡拾日期和房号信息	
		商品管理	商品进、销、存账务处理清楚，定期盘点、每班交接，规范的处理溢缺	
		行李寄存	行李存放处安全、整洁，拿取方便。过夜行李收费符合标准，存取手续符合规范	
		访客登记	有访客登记记录，填写规范，总台有访客登记提示牌	
		换房	使用房型、房价变更记录单，并规范填写保管	
		洗衣服务	有洗衣服务记录本，规范收发	
		开门服务	凭开门单开门，开门单规范保管	
		医药箱	有按公司规定配备的医药箱。前台人员掌握规范使用药品的程序。药品和急救用品配备充足。药品和用品在有效期内	

续表

大类	小类	检查项目	检查标准	检查结果
基础管理	前台	宾客意见征求	按公司规定主动征求宾客意见，规范登记、及时输入GIFTS系统，数量符合公司要求	
		现场管理	有现场巡逻制度，现场管理效果良好	
		员工培训	有培训计划，培训内容切合实际，正常的开展培训，培训要有记录和考核	
		员工考核	要有明确的考核标准，要有员工表现记录，考核与分配挂钩	
	客房	棉织品管理	有效控制棉织品使用质量，规范处理缺损，定期盘点，定期处理溢缺，做到账账、账实相符。收发记录准确，清点场所合适，运送线路合理	
		客用品管理	有耗用记录，定量发放，每月有实际耗用与客房销售比较分析，客用品耗量合理	
		客房钥匙管理	客房钥匙有交接手续，客房钥匙要有防盗、防遗失措施，安全保管和携带	
		大清洁、计划卫生的安排	有大清洁和计划卫生的制度，有计划和记录，大清洁和计划卫生的质量符合要求	
		工作车	工作车整洁完好，物品摆放整齐。打扫房间时工作车定位准确	
		清扫工具	按规定配备拖把、扫帚、工作篮、清洁剂、抹布、百洁布等工具和清扫用品。服务员按规范使用	
		杯具消毒	员工按规范程序完成杯具消毒	
		客房检查	有分级检查制度，各级检查要有详细记录，检查结果纳入员工质量考核、与分配挂钩	
		员工培训	有培训计划，培训内容切合实际，正常的开展培训，培训要有记录和考核	
		员工考核	要有明确的考核标准，要有员工表现记录，考核与分配挂钩	
	餐饮	餐券管理	餐券的发售和回拢要有严密的核对制度，签单要及时落帐，现金收入有严格的管理办法	
		原材料采购管理	采购要有价格控制，定期进行市场比价，有效控制结算环节	

续表

大类	小类	检查项目	检查标准	检查结果
基础管理	餐饮	进货验收、盘点	财务、厨房专人验收，定期盘点	
		食品质量控制	进货、储存、加工有质量控制环节，出菜质量要有把关，食品质量投诉要有记录和处理	
		成本控制	菜单要有成本单，有效的进行成本核算，专人进行成本控制	
		员工培训	有培训计划，培训内容切合实际，正常的开展培训，培训要有记录和考核	
		员工考核	要有明确的考核标准，要有员工表现记录，考核与分配挂钩	
	安全	安全制度	各项安全制度齐全，安全制度的执行要有定期检查，检查要有记录、整改	
		巡逻制度	有合理巡逻路线、时间规定，巡逻要有记录	
		员工安全知识培训	有员工安全培训，掌握相关安全知识，全体员工要有安全意识	
		可疑人员控制	监控系统正常，妥善的做好访客登记，有效的进行可疑人员控制	
		消防安全	消防设施运行正常，烟感、灭火器、消防栓定期检测和检查，消防通道畅通无阻塞，有消防专项培训，有消防应急预案演练计划	
		关键重点部位安全	财务、仓库、易燃物品、收银台、员工更衣室等安全重要部位有安全措施，定时巡逻，定期进行安全检查	
	工程	报修及维修质量管理	明确报修响应时间，维修质量要有抽查和考核，有坏房控制程序	
		锅炉房管理	设备运行良好，有维护保养记录，有压锅炉定期检测，员工经专业培训，锅炉房清洁、卫生、无杂物，有锅炉房安全管理制度。有日常巡视记录	
		电器设备管理	电器设备运行良好，电器设备维护要有记录，变配电房清洁、无杂物，员工持证上岗，操作安全有防护，电器设备定期检查、有记录，规范配备应急灯，变配电房有停电应急预案	

续表

大类	小类	检查项目	检查标准	检查结果
基础管理	工程	电梯维护	电梯运行良好，电梯维护保养有记录，电梯内有应急对讲系统，电梯机房清洁、无杂物，电梯故障有应急预案。有日常巡视记录	
		泵房	运行良好，有维护记录。清洁无杂物。有日常巡视记录	
		煤气设施管理	煤气表房清洁、无杂物，安全使用煤气无泄漏，厨房下岗要有煤气安全检查制度	
		弱电系统管理	音控、电脑设备、电话系统运行良好无故障，有维护措施，设备维护要有记录。有日常巡视记录。	
	财务	收入审计	全部收入必须每天对原始凭证进行审计，异常收入须根据权限进行审批	
		采购价格控制	零星采购要求货比三家，固定供应商要求定期市场比价，申购有明确的审批控制制度	
		物品进、销、存管理	进货专人验收、有验收记录，存货定期盘点，进、销、存账账、账实相符	
		应收帐款管理	严格执行公司客账管理规定，按时结算应收客账，账龄超过规定期限的、由经手人负责催讨，对不能回收的客账应及时报告	
		财产管理	有财产管理制度，定期进行财产盘点，及时进行损溢处理，做到账账、账实相符	

资料来源：中国经济型酒店

附录4　经济型饭店经营预算表

酒店名称：

序号		年考核指标	合计	1月	2月	……	……	12月
1	客房数							
2	出租率							
3	平均房价							
4	REVPAR							
5	客房收入							
6	非客房经营收入							
7	总收入							
8	客房 GOP 百分比							
9	客房经营利润							
10	非客房 GOP 百分比							
11	非客房经营利润							
12	酒店经营利润							
13	GOP 百分比							

附录5 经济型饭店客房主管工作日报表

主管\领班签名：　　　　　　　　　　　　　　　　日期：

姓名	房号	检查情况	整改结果
公共检查项目			
特别事项			
没行李（NB）		少行李（LB）	
未过夜（SO）		未打扫（DND）	
维修房（OOO）			
工程维修情况			
今日检查主要问题			
交接事项			

注：本表每日工作结束后交值班经理\总经理。

附录 6　顾客出行入住酒店的方式（2008 年）

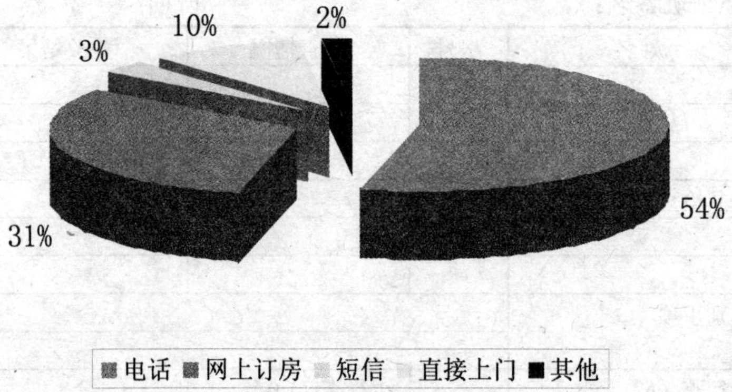

附录 7　顾客预订酒店的方式（2008 年）

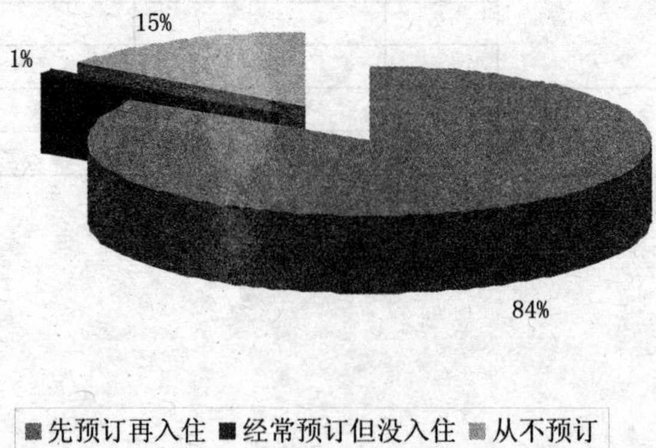

附录 8 顾客对经济型饭店的价格认同（2008 年）

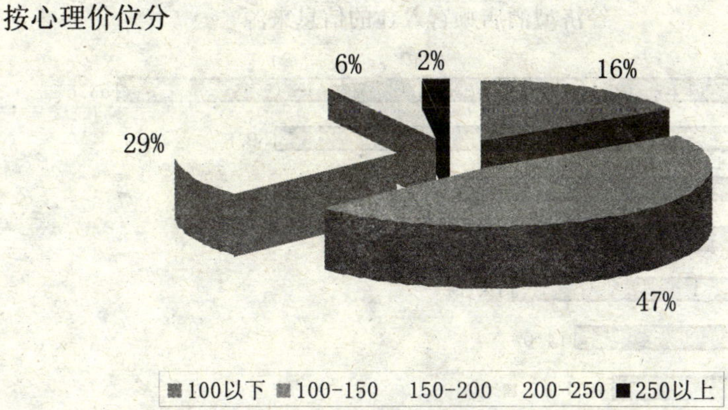

附录 9 顾客对经济型饭店房间大小的选择(2008 年)

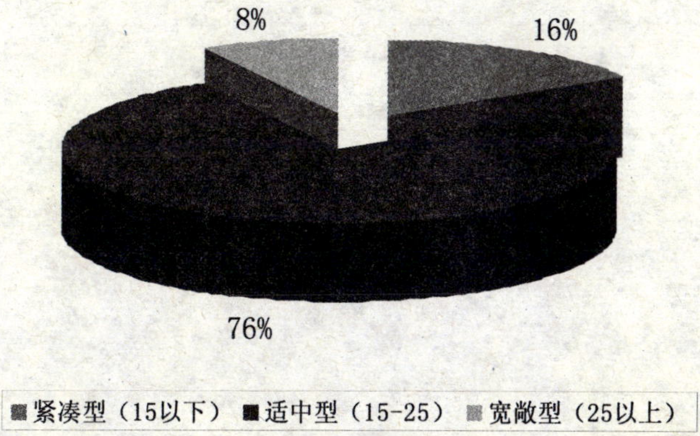

附录 10　顾客入住经济型饭店的信息来源（2008 年）

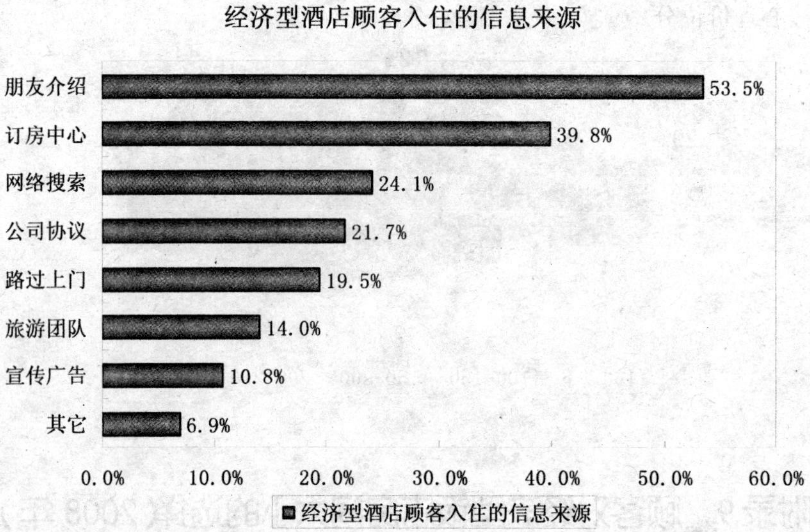

资料来源：中国经济型酒店网 www.inn.net

附录 11　经济型饭店顾客认可的促销方式（2008 年）

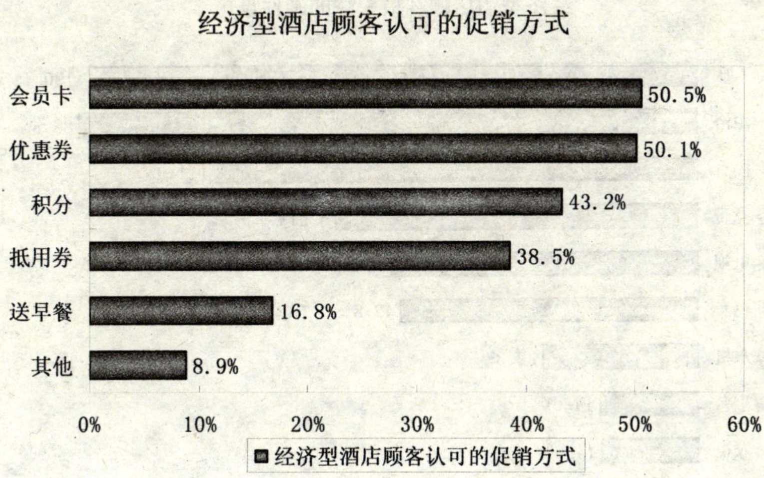

资料来源：中国经济型酒店网 www.inn.net

附录 12　经济型饭店顾客最关注的硬件设施（2008 年）

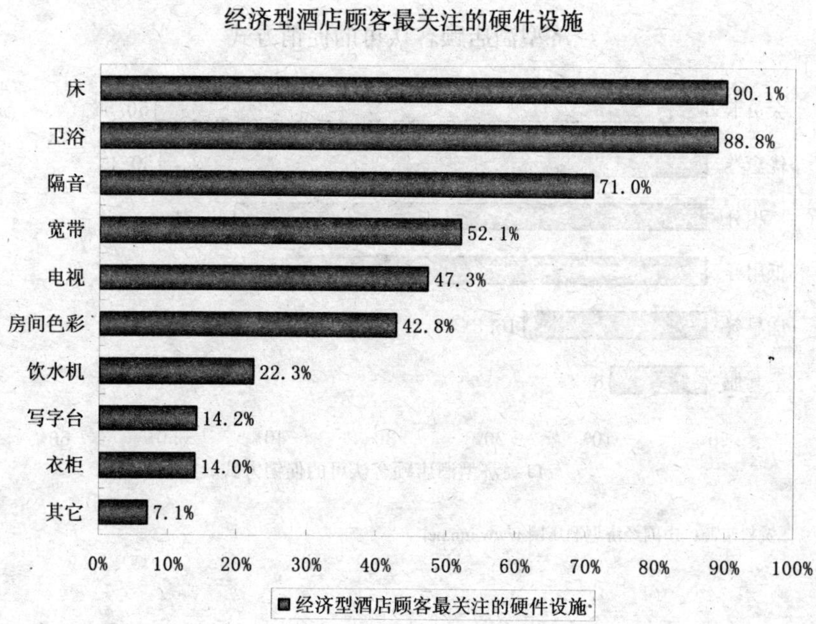

附录 13　经济型饭店顾客最关注的服务项目（2008 年）

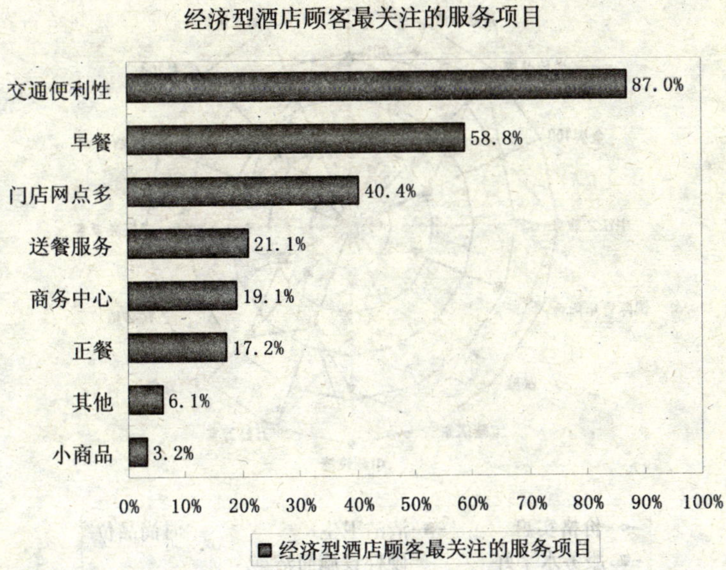

附录14　经济型饭店顾客首选品牌的原因(2008年)

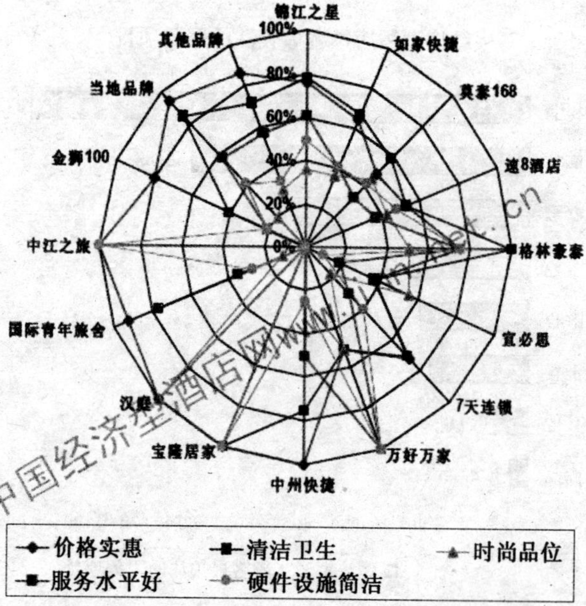

附录15　经济型饭店顾客放弃品牌的原因(2008年)

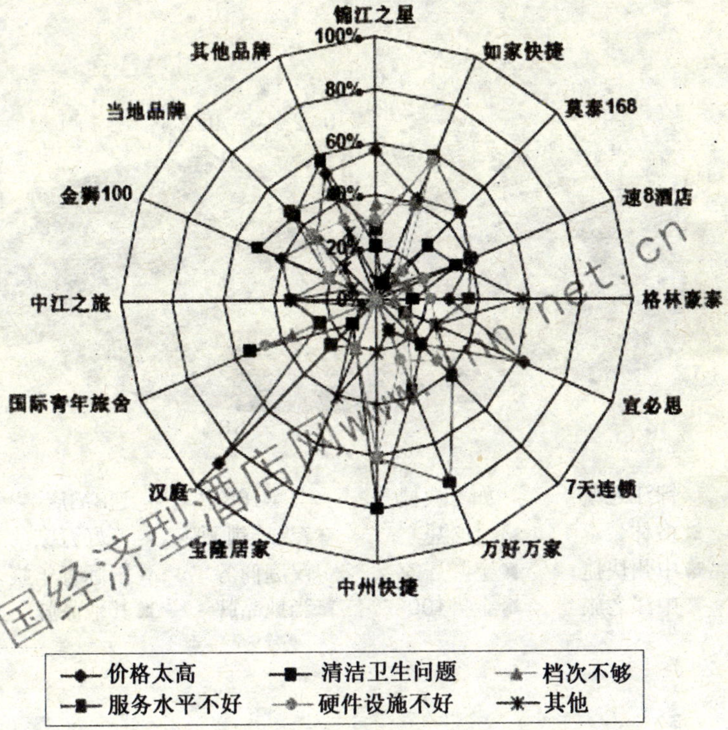

附录 16　经济型饭店顾客入住酒店时的首选品牌

（2007 年）

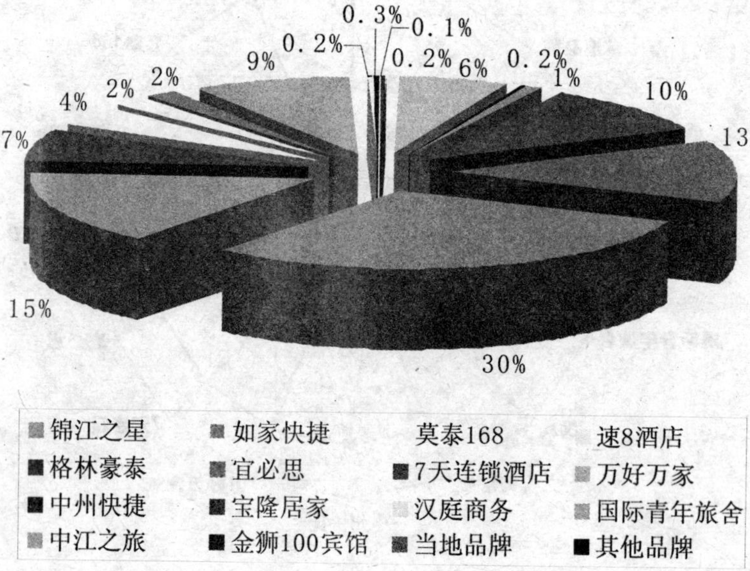

附录17　经济型饭店顾客入住酒店时的放弃品牌

（2007年）

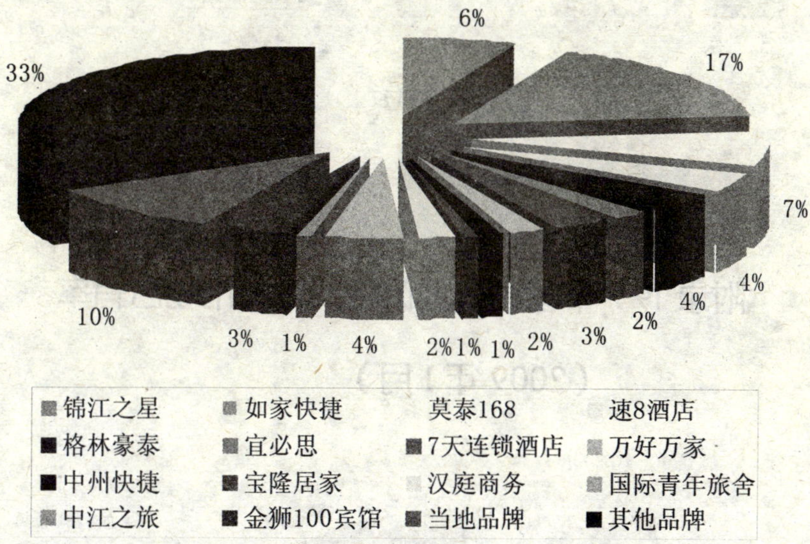

资料来源：中国经济型酒店网 www.inn.net

附录 18　中国经济型饭店主要品牌标识

附录 19　中国经济型饭店品牌的市场占有率

（2009 年 1 月）

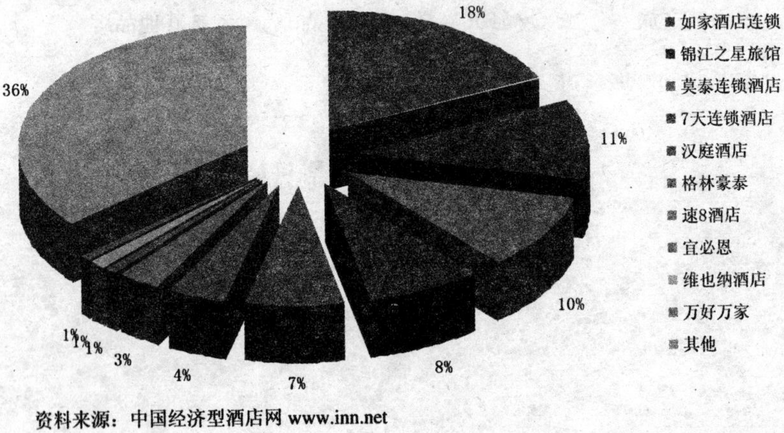

资料来源：中国经济型酒店网 www.inn.net

附录20　中国经济型饭店品牌全国10强(2009年1月)

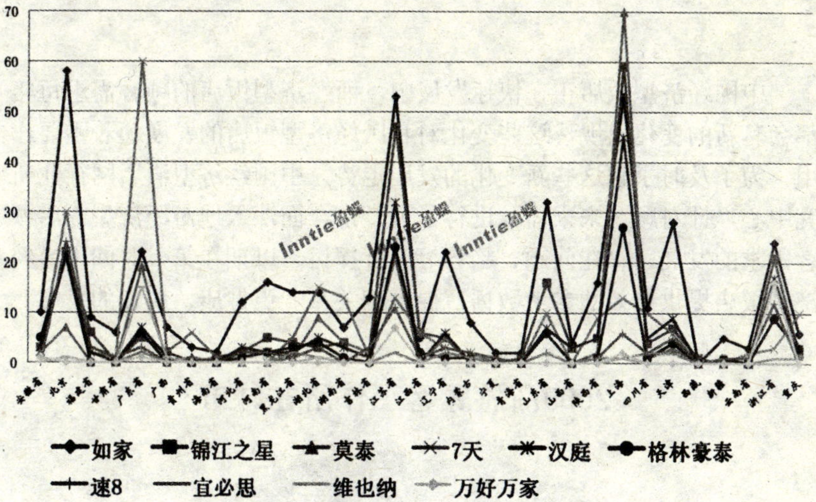

附录21　2009年经济型饭店未来顾客需求调查

（部分摘录）

中国经济型饭店正在快速发展中，而经济型饭店的顾客需求每年都会有新的变化出现，这些变化对我国经济型饭店的发展起着重要作用。为了及时了解这些新变化的发展走势，中国经济型酒店网行业研究中心，针对顾客未来需求进行了调查，全面深入地对经济型饭店顾客需求的发展、存在问题、趋势等进行探讨，以期在第一时间内为经济型饭店提供有效的参考数据，促进相关产业更健康、快速的发展。

由经济型饭店顾客工作所在城市情况看，顾客分布还是比较平均的，都是在30%左右，上海、北京等一线城市略高出1～2个百分点，各级省市比例相当，而就现有经济型饭店的地理位置分布看，二三线城市的发展空间巨大。

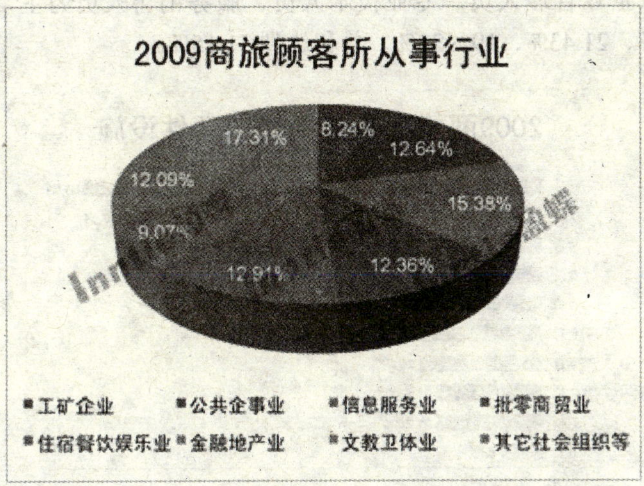

同样就顾客从事的行业正态分布情况来说，也是相当平均，没有任何一个行业的顾客比例高出其他行业一倍以上的情况，说明经济型饭店的消费受众面广、潜力大。

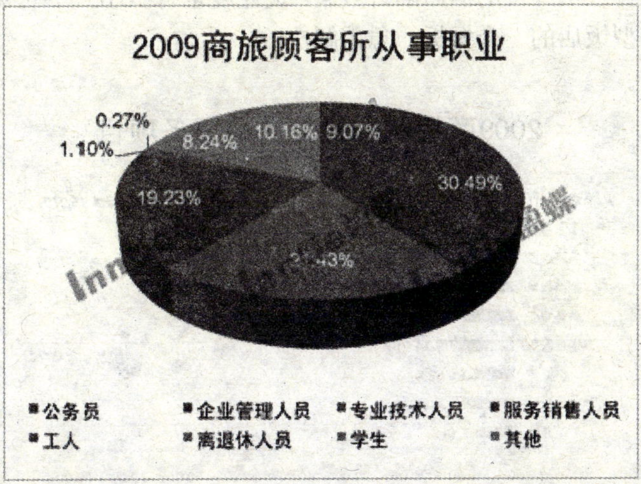

与商旅顾客所从事的行业的平均分布不同的是，商旅顾客的职业

通常以企业管理人员、专业技术人员、服务销售人员为主，分别为30.49%、21.43%、19。23%，总和达到71.15%。

经济型饭店推行B+B的服务理念，重视提升顾客的睡眠质量，同样顾客也是把床作为最关注的硬件设施，关注度达到94.51%，值得注意的是排在第三位的酒店隔音效果，关注度也有76.65%，可见这是目前经济型饭店的一个短板，急需解决。

顾名思义，商旅顾客多是以商务出差为出行目的，对交通便利性的关注度以 75.27%排在首位，而对早餐和网点的关注同样是出于商务活动便利的需求。而对旅游信息的需求超过商务中心达到 28.57%，就这点可以看出目前经济型饭店所忽视的盲点。

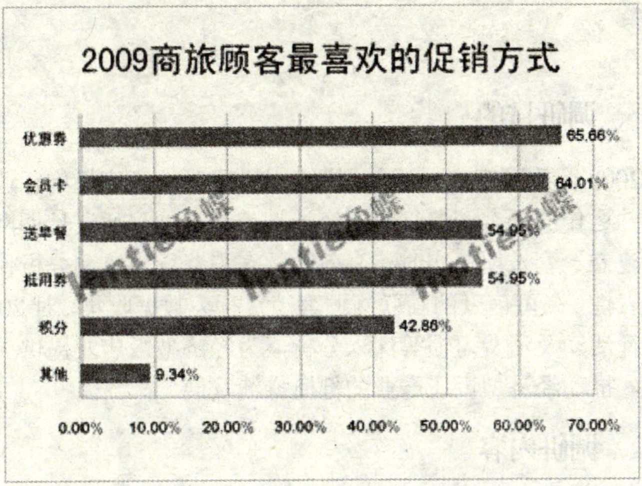

顾客最喜欢的促销方式是优惠券比例达到 65.66%，说明目前经济型饭店顾客对待促销活动还是比较传统，主要要求简单、方便、易用。而会员的理念一逐渐为大家所接收，受欢迎程度排在第二，达到 64.01%，值得留意的是很多顾客往往拥有多张会员卡，除了加大会员卡发放量意外，现有会员的忠诚度和激活率是摆在经济型饭店面前新的课题。

（资料来源：盈蝶公司相关调研报告）

附录 22　2008 年商旅顾客出行活动调研报告

（部分摘录）

一、调研目的

“2008 商旅顾客出行活动调研报告”是盈蝶酒店机构行业研究中心发起并运作的顾客消费行为研究计划。该计划将通过长期网络顾客样本，建立一套长期、实时、高效的顾客消费行为监测分析体系，通过高代表性、高可信度的互联网顾客消费行为数据收集，对 2008 商旅顾客出行活动及消费习惯等深入分析，为经济型饭店业提供更强的数据动力，推动经济型饭店产业的健康持续发展。

二、调研内容

商旅市场规模和增长潜力；商旅顾客的不同分类、比例；商旅顾客的使用习惯和消费情况；商旅顾客对酒店的态度或满意度 ；商旅顾客对相关服务的需求程度；潜在顾客群消费倾向。

三、调研结论

本次调查推出的研究报告，首先介绍了商旅顾客的各种分类方式，接着分析了商旅顾客的出行习惯的发展概况。随后，报告对商旅顾客的消费趋向做了预测，最后分析了商旅顾客市场的未来前景和发展趋势。您若想对商旅顾客有个系统了解，本报告是您不可或缺的重要工具。

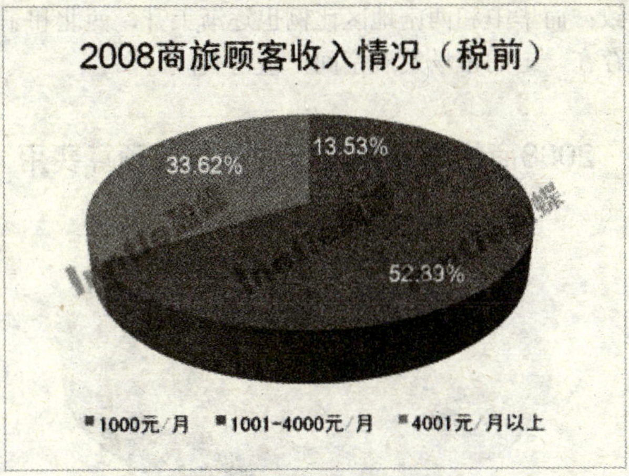

商旅顾客收入结构分析，对于一般的中低收入商务客人来说,经济型饭店是最好的选择，调查显示中等收入者高达 52.89%，占绝对的优势，同时也迎合部分高收入人群的喜好。此信息为经济型饭店顾客目标市场定位提供了有利的依据。

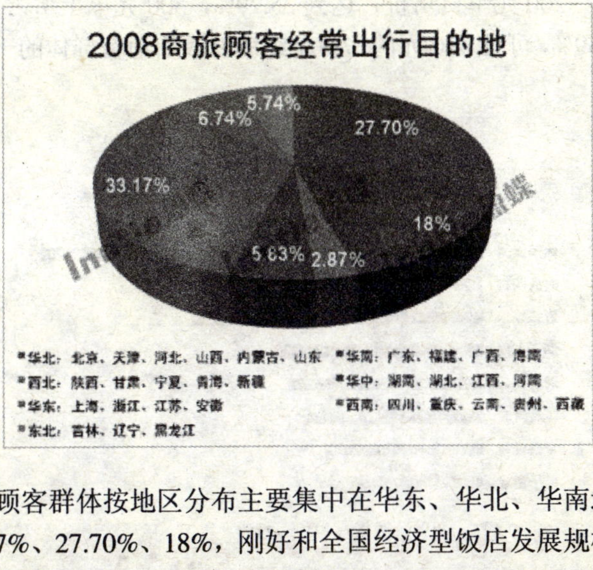

商旅顾客群体按地区分布主要集中在华东、华北、华南地区，分别占 33.17%、27.70%、18%，刚好和全国经济型饭店发展规模和景气

状况相一致；而华中和西南地区比例也逐渐上升，西北和东北相对较少，因此存在一定的市场发展空间，值得关注。

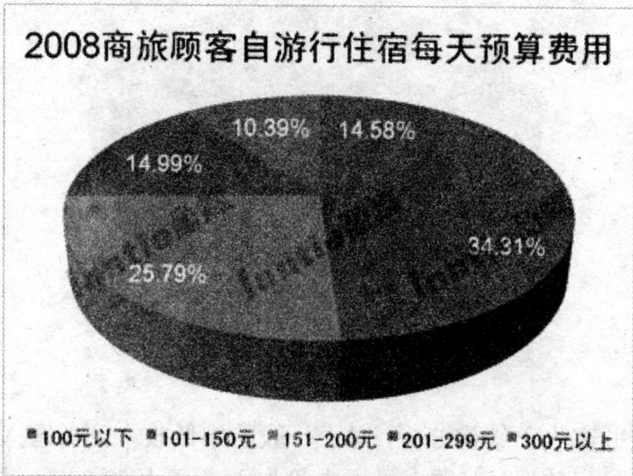

商旅顾客的预算费用也反映了商旅顾客对住宿消费的一般心理价位，单日房价在100～150元最被接收，比例最高达到34.31%，其次是151～200元单日房价，达到25.79%，300元以上所占比例最少，只有10.39%，可见300元的房租是经济型饭店消费群体的一个心理关口。

从受调查的商旅顾客的爱好角度分析，休闲旅游以 75.76%的比重遥遥领先，这也暗示着经济型饭店欲唱旅游主角。并列其后的是时尚购物、体育汽车，音乐娱乐、金融理财等等。

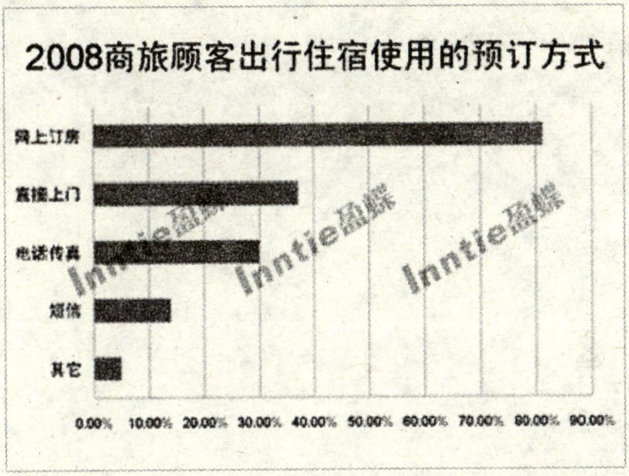

在 2008 年中，商旅顾客的网上订房比例迅猛发展，已达到 81.32%，超过直接上门 2 倍多，已对传统预订模式产生了一定的冲击。网上预订省去了订房的代理商环节，实现用户与酒店的直接交流，起到一个信息交互平台的作用。在这种模式下，用户订房效率也有提升，客房预订价格也有所下降，这将是未来的重要发展趋势。

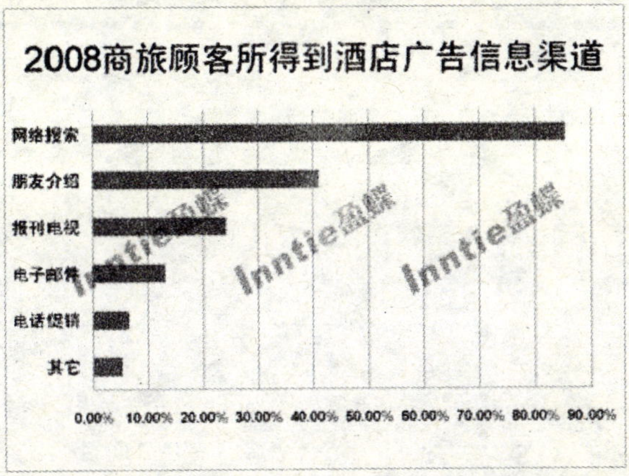

调查显示，中国在线搜索对旅游市场的推动作用已越来越大，85.51%的受调客户了解酒店信息要依赖网络，受网络普及、国内电子商务环境改善等诸多因素影响，中国商旅顾客的消费习惯将与互联网紧密联系。

（资料来源：上海盈蝶酒店管理咨询公司相关调研报告）

致　谢

中国经济型饭店行业近年来发展速度之快令人惊叹！一方面，它为我们全面近距离地了解这个行业的真实全貌提供了大量鲜活的时代素材；另一方面，也对我们的理论总结工作提出了挑战：如果不能站在较高起点，则无法窥全豹！深入经济型饭店行业的过程即学习的过程，衷心感谢以下专业机构和行业专家在我们收集相关资料的过程中给予的大力帮助，因为他们的指引拉近了我们与中国经济型饭店行业发展的现实距离。他们分别是：

《中国酒店》杂志社主编赵忠庭

如家快捷连锁酒店武汉区域总经理邰国峰先生

宜必思酒店武汉区域总经理李培勇先生

瑞斯特连锁酒店北方区域总经理路国胜先生

扬子江连锁酒店总经理李彦先生

武汉艳阳天商贸发展有限公司董事长 余震彦

中国经济型酒店网

上海盈蝶酒店管理咨询公司

编著者

2009 年 3 月

于武汉